BIBLIOTHÈQUE

DES

ÉCOLES FRANÇAISES D'ATHÈNES ET DE ROME

FASCICULE CINQUANTE-SIXIÈME

LES MANUSCRITS DE DANTE DES BIBLIOTHÈQUES DE FRANCE

Par Lucien Auvray

TOULOUSE. — IMP. A. CHAUVIN ET FILS, RUE DES SALENQUES, 28.

LES
MANUSCRITS DE DANTE

DES

BIBLIOTHÈQUES DE FRANCE

ESSAI D'UN CATALOGUE RAISONNÉ

PAR

LUCIEN AUVRAY

SOUS-BIBLIOTHÉCAIRE A LA BIBLIOTHÈQUE NATIONALE

AVEC 2 PLANCHES EN HÉLIOGRAVURE

PARIS

ERNEST THORIN, ÉDITEUR

LIBRAIRE DES ÉCOLES FRANÇAISES D'ATHÈNES ET DE ROME
DU COLLÈGE DE FRANCE ET DE L'ÉCOLE NORMALE SUPÉRIEURE
DE LA SOCIÉTÉ DES ÉTUDES HISTORIQUES
7, RUE DE MÉDICIS, 7

1892

AVANT-PROPOS

Je ne saurais mieux indiquer le but de ce livre qu'en empruntant à M. L. Delisle ces quelques lignes d'un de ses plus récents ouvrages : « Un travail des plus utiles, dit-il à » propos des inventaires actuels ou projetés des manuscrits de » la Bibliothèque nationale, consisterait à dresser des catalo- » gues spéciaux de différents groupes de manuscrits, en s'atta- » chant à classer méthodiquement tous les textes de même » nature... Le travail serait immense, mais il pourrait être » subdivisé à l'infini : Bibles ou parties de la Bible, — livres » liturgiques, etc... » Ce travail, je l'ai tenté pour tout ce que nos collections manuscrites possèdent d'œuvres de Dante, et, en général, de littérature dantesque.

La publication d'un inventaire raisonné comme celui-ci ne semblera sans doute pas inopportune, au moment où les études italiennes, après un long abandon, paraissent reprendre chez nous une faveur toute nouvelle. Il y a vingt-cinq ou trente ans, elles étaient totalement délaissées ; et, pour ne parler que de Dante, tandis qu'autour de ce grand nom, se formait en Italie et en Allemagne un mouvement scientifique considérable, il n'y avait guère en France pour suivre les progrès des études dantesques, que Karl Hillebrand, qui n'était *pas Français. Les temps glorieux de Fauriel et d'Ozanam étaient déjà loin, et si, en 1830, Lamartine avait pu dire, non sans quelque exagération il est vrai : « Dante est vérita- » blement le poète de notre époque », un pareil jugement aurait paru, en 1865, singulièrement peu justifié. Et pourtant, c'est précisément en cette année 1865 que tombait le centenaire de Dante, célébré avec tant d'éclat en Italie et en Allemagne. Ce fut l'occasion de fêtes dont l'écho ne semble guère être parvenu jusqu'à nous, et d'une quantité de livres ou brochures auxquels le public français resta fort indifférent. La* Divine Comédie *serait moins connue chez nous, sans les admirables illustrations de Gustave Doré ; et ses traduc- teurs français, peu versés dans les études dantesques (Ozanam excepté, mais sa traduction du Purgatoire est l'une des moins connues), étaient moins préparés assurément que Longfellow ou Philalethes.*

Cependant, le mouvement d'études qui avait pris naissance en Italie au commencement du siècle, loin de s'arrêter, prenait chaque jour plus de force et d'étendue. Les publications sur Dante et son temps se multipliaient à l'infini, non seulement en Italie, mais encore, on pourrait presque dire surtout, en Allemagne. A Dresde, sous le patronage du roi dantologue Jean de Saxe, et sous l'impulsion du savant Karl Witte, fut créée une première société dantesque, qui, dans l'espace de dix années (1867-1877), publia quatre volumes de mémoires, dont plusieurs de grande valeur ; elle n'avait trouvé chez nous aucun adhérent. Elle a disparu aujourd'hui, mais pour faire place à deux autres : l'une, établie en Amérique, à Cambridge- Massachussets, imprime depuis 1882 un Report *annuel, et l'excellent catalogue des collections réunies par ses soins constitue une bibliographie dantesque des plus précieuses ;*

l'autre, qui a pour siège Florence, la patrie même de Dante, publie un important Bulletino, et prépare des œuvres de Dante des éditions critiques. Ajoutons que le public anglais est constamment mis au courant par des notes de l'Academy ou de l'Athenæum, des découvertes ou publications sur Dante qui présentent quelque intérêt.

Comment, d'ailleurs, les études dantesques auraient-elles été négligées, quand la littérature italienne des premiers siècles est fouillée en tous les sens, et suscite des travaux qui suffisent à alimenter plusieurs revues considérables?

Il était impossible que la France ne s'associât, tôt ou tard, à ce mouvement de curiosité et de sympathie qui pousse aujourd'hui tant d'esprits vers l'Italie du moyen âge, et dont on trouvera l'expression dans les charmantes études italiennes de M. Gebhardt. Pour ne pas sortir du domaine restreint qui est le nôtre, plusieurs travaux importants sur Dante ont paru chez nous dans ces derniers temps. Deux ouvrages surtout sont à signaler. D'abord le petit livre de M. Edouard Rod, destiné au grand public et que l'auteur avait fait précéder de plusieurs articles ou lectures. Puis vint la traduction, par Mlle C. Augis, du livre enthousiaste et original de M. John A. Symonds, ouvrage où le génie poétique de Dante est très finement analysé. Mais ce que le lecteur français peut lire peut-être de plus neuf et de plus substantiel sur Dante, c'est le très remarquable article que lui a consacré M. Alfred Jeanroy dans la Grande Encyclopédie; le caractère de la poésie lyrique de Dante y est admirablement défini, et l'auteur a donné sur les points controversés de la vie de Dante les aperçus les plus judicieux.

Ajoutons qu'un érudit français, le R. P. Berthier, des frères Prêcheurs, a entrepris, à Fribourg, en Suisse, une *grande édition de luxe de la* Divine Comédie, *copieusement illustrée, mais dont le vaste commentaire théologique est le principal mérite.*

Je voudrais pouvoir signaler ici les récents ouvrages étrangers qu'il y aurait le plus de profit à consulter. J'en indiquerai trois seulement, qui me paraissent capitaux : La grande Histoire de la littérature italienne *de M. A. Bartoli, dont trois volumes entiers sont relatifs à Dante; — les deux excellents chapitres sur Dante de l'excellente* Histoire de la littérature italienne *(édition italienne, t. I) de M. Adolph Gaspary; l'auteur est admirablement informé, et son jugement est aussi sûr que son érudition; — enfin les* Prolegomeni *de M. Scartazzini à sa grande édition de la* Divine Comédie; *c'est là une œuvre de polémique autant que d'exposition; mais, si l'on ne peut toujours suivre l'auteur dans ses discussions, les nombreux renseignements bibliographiques dont il fait suivre chacun de ses chapitres font de son livre, comme on l'a dit justement, le vade-mecum de quiconque s'occupe d'études dantesques.*

Pour le reste, qu'il me soit permis de renvoyer aux bibliographies spéciales, aux notes que j'ai multipliées à dessein au bas des pages de ce volume, et, pour les dernières publications italiennes, à l'un des plus récents numéros de la Revue historique, *qui, innovation fort heureuse, met aujourd'hui ses lecteurs au courant du mouvement dantesque en Italie.*

Je ne voudrais pas terminer cet Avant-propos sans exprimer mes remerciements aux personnes qui ont bien voulu me prêter pour ce travail le concours de leur expérience, et particulièrement ceux de mes collègues de Paris, de la province ou de l'étranger, à qui je dois sur tel ou tel manuscrit plus d'un renseignement précieux. Si je ne puis donner ici la liste, trop longue, de toutes les personnes dont je suis l'obligé, du moins je me fais un plaisir de témoigner ma reconnaissance particulière envers M. Léopold Delisle, à qui je dois l'idée première de ce travail, envers M. A. Geffroy, qui a bien voulu m'encourager dans cette publication, et envers M. Samuel Berger, qui, avec une obligeance extrême, a revu la plupart des épreuves de ce volume et m'a suggéré plus d'une correction utile.

OUVRAGES CITÉS EN ABRÉGÉ

OU CITÉS LE PLUS SOUVENT

BATINES. — *Bibliografia dantesca, ossia Catalogo delle edizioni, traduzioni, codici manoscritti..., compilata dal sig. visconte Colomb de Batines...* Prato, 1845-46. 2 vol. in-8°.

DEL BALZO. — *Poesie di mille autori intorno a Dante Alighieri raccolte ed ordinate cronologicamente con note storiche, bibliografiche e biografiche da Carlo Del Balzo.* Roma, 1889-1890. 2 vol. in-8°.

GIUNTE. — *Visconte Colomb de Batines. Giunte e correzioni inedite alla Bibliografia dantesca, p. p. dott. Guido Biagi.* Firenze, 1888. In-8°. (Biblioteca di Bibliografia e Paleografia.)

FRATICELLI. — *Opere Minori di Dante Alighieri.* Firenze, 1856-57. 3 vol. in-8°.

HEGEL. — *Hegel (C.). Ueber den historischen Werth der älteren Dante-Commentare, mit einem Anhang zur Dino-Frage.* Leipzig, 1878. In-8°.

JAHRBUCH. — *Jahrbuch der deutschen Dante-Gesellschaft.* Leipzig, Brockhaus, 1867-1877. 4 vol. in-8°.

MARSAND. — *I Manoscritti italiani della regia biblioteca Parigina, descritti ed illustrati dal dott. Ant. Marsand.* Paris, 1835-38. 2 vol. in-4°.

MAZZATINTI. — *Giuseppe Mazzatinti. Inventario dei Manoscritti italiani delle biblioteche di Francia.* Roma, 1886-88. 3 vol. in-8°.

MOORE. — *Contributions to the textual criticism of the Divina Commedia...,* by the Rev. Edward Moore. Cambridge, 1889. In-8°.

PROPUGNATORE. — *Il Propugnatore, studii filologici, storici e bibliografici di varii soci della commissione pe' testi di lingua.* Le premier volume a paru à Bologne, en 1868; le sous-titre a été modifié depuis; une nouvelle série a été inaugurée en 1888, sous la direction de M. Giosuè Carducci.

ROCCA. — *Di alcuni Commenti della Divina Commedia composti nei primi vent' anni dopo la morte di Dante, saggio di Luigi Rocca.* Firenze, 1891, in-8°.

WITTE. — *Karl Witte, Dante-Forschungen, altes und neues.* Halle, 1869; Heilbronn, 1879. 2 vol. in-8°.

Bibl. des Éc. Fr. d'Athènes et de Rome.

Fasc. LVI. Pl. I

L'Enfer de Dante commenté par Guiniforte delli Bargigi

Bibl. Nat. ms. ital. 2017, fol. 10 r°

Ernest Thorin, Éditeur, à Paris.

INTRODUCTION

Les manuscrits de la *Divine Comédie* actuellement connus sont
au nombre de cinq cents environ ; tous sortis de mains italiennes, ils sont aujourd'hui dispersés dans les principales bibliothèques de l'Europe. Trente-six d'entre eux sont conservés en
France ; mais ils sont loin de représenter tout ce qui, dans nos
collections, mérite d'appeler l'attention des savants — et jamais
ils n'ont été si nombreux — qui ont fait de Dante et de tout ce
qui se rapporte à Dante, le principal objet de leurs études. Si, en
effet, à ces trente-six exemplaires de la *Divine Comédie* ou d'une
partie de la *Divine Comédie*, on joint les copies, beaucoup plus
rares, des *Opere Minori* de Dante, et celles des commentaires,
traductions, résumés, etc., qui, à des époques bien diverses, ont
été faits de son grand poème, on arrive, pour la France seulement, à un total de plus de soixante manuscrits, qui, directement
ou indirectement, intéressent la littérature dantesque.

On n'a pas eu d'autre but, dans le présent mémoire, que de
dresser un catalogue raisonné de ces différents manuscrits et
d'indiquer, aussi exactement que possible, le contenu de chacun
d'eux. Ce n'est pas là, tant s'en faut, une entreprise entièrement
nouvelle, et une bonne partie des volumes décrits plus loin avaient
déjà fait l'objet de notices plus ou moins complètes ; mais le développement vraiment extraordinaire que les études dantesques
ont pris dans ces dernières années, a rendu bien insuffisants les
travaux des anciens bibliographes en usage jusqu'à ce jour, et
l'on accordera sans peine qu'il restait encore beaucoup à dire.

Le lecteur trouvera, dans la première partie de cette Introduction, quelques indications sur les essais qui ont précédé celui-ci,
et qui en ont rendu la composition singulièrement plus facile ;
dans la seconde, ont été coordonnés et disposés méthodiquement
les principaux renseignements épars dans les notices qui suivent :
sur le texte de la *Divine Comédie* ; sur les différents commentaires,
traductions, résumés, etc., que nous en possédons ; sur les autres

œuvres de Dante; sur les anciennes biographies et épitaphes du
grand poète qui se sont rencontrées au cours de ces recherches;
sur la date, les copistes, l'ornementation des manuscrits examinés dans ce mémoire; enfin sur leurs diverses provenances.

I

Dès 1835, Marsand, dans l'ouvrage intitulé *I manoscritti italiani della regia biblioteca Parigina*, donnait la description de la
plupart des exemplaires manuscrits de Dante conservés à Paris.
Le catalogue de Marsand, dont on ne saurait nier cependant qu'il
ait rendu beaucoup de services aux travailleurs, était assez défectueux en plus d'un point. Par exemple, il est arrivé trop souvent à l'auteur de donner en deux endroits de son ouvrage, sous
deux numéros différents, la notice d'un même volume : et parfois
les deux notices sont loin de concorder entre elles. Ces inadver-
tances et d'autres encore lui ont été reprochées assez vivement (1)
pour qu'il n'y ait pas lieu d'y insister ici. Disons seulement que
rien ne subsiste aujourd'hui de la double numérotation du catalogue de Marsand, qui, eût-il été complet lors de son apparition,
ce qui n'est pas, aurait cessé de l'être aujourd'hui, par suite des
accroissements successifs de notre collection de manuscrits italiens pendant ces cinquante dernières années.

La *Bibliografia Dantesca*, de Colomb de Batines, parue en 1845-
1846, dix ans après le catalogue de Marsand, réalisait un très réel
progrès. L'auteur, qui travaillait en Italie, n'a pas vu par lui-
même les manuscrits de Paris ; mais, grâce aux communications
de son érudit correspondant Jacopo Ferrari, et aussi à quelques-
unes des notices insérées par M. Paulin Paris dans ses *Manuscrits
françois de la Bibliothèque du roi*, il a pu réunir sur une trentaine
de nos exemplaires des renseignements assez copieux, sinon toujours exacts. Malgré certaines erreurs, dont plusieurs sont impu-
tables à Marsand, et certaines omissions, insuffisamment répa-
rées dans le volume d'*Additions* ou *Giunte* paru longtemps après
la mort de l'auteur, on peut dire de l'ouvrage de Colomb de Batines qu'il est excellent pour le temps où il a paru, et qu'il n'a pas
peu contribué au progrès des études dantesques. Si la *Bibliografia
Dantesca* n'est plus au courant, cela tient beaucoup moins à un
défaut d'informations de la part de l'auteur, qu'aux vicissitudes

____

(1) K. WITTE, *Dante-Forschungen*, I (Halle, 1869), p. 270-277; extrait du
Magazin für die Literatur des Auslandes (1836, n° 2).

par lesquelles sont passées, depuis un demi-siècle, les collections manuscrites particulières, allant sans cesse s'appauvrissant au profit des dépôts publics (1).

Dans le second volume de la *Bibliografia*, consacré presque tout entier aux manuscrits de la *Divine Comédie*, les exemplaires des collections publiques de France sont classés sous les numéros 413-449. Ils se trouvent encore où l'on pouvait les voir du temps de Batines ; mais il n'en va pas de même des numéros 450-464, affectés aux exemplaires des collections privées. Ces derniers sont aujourd'hui pour la plupart retournés à leur pays d'origine. Les manuscrits de Libri (n° 450-461) sont passés, comme l'on sait, dans la collection du comte d'Ashburnham, et, de là, à la Laurentienne de Florence. A la Laurentienne appartiennent également les anciens numéros 463 et 464 de Batines. Le premier, signalé par lui comme se trouvant alors dans la collection Barrois, peut être identifié avec le n° 23 de l'ancien fonds Barrois, à la bibliothèque d'Ashburnham-Place. L'autre, indiqué par Batines comme appartenant à M. Magnoncourt, de Besançon, a figuré également dans la collection de lord Ashburnham, sous le n° CLXXXI du fonds dit *Appendix* (2).

Voilà donc quatorze manuscrits de la *Divine Comédie* qui ont quitté la France ; je ne puis, par contre, en mentionner qu'un seul qui, depuis le temps de Batines, soit passé de l'étranger en France, et cela dans une bibliothèque particulière : l'un des exemplaires du marquis Archinto, à Milan, et non le moins remarquable (Batines 256), fait aujourd'hui partie de la magnifique collection de Chantilly.

Enfin, parmi les manuscrits cités par Batines (n° 462) comme se trouvant en France, en possession de collectionneurs, il en est un dont j'ignore le sort : c'est un exemplaire de la *Divine Comédie*, en parchemin, in-folio, avec titres à l'encre rouge, qui appartenait, il y a cinquante ans, à M. Nepveu, ancien libraire à Paris (3).

---

(1) Sans parler des manuscrits de Dante qui, depuis la publication de l'ouvrage de Batines, ont passé et repassé les Alpes et la Manche, j'en puis citer deux qui ont émigré jusqu'en Amérique : le numéro de Batines 189, qui se trouve aujourd'hui dans la collection particulière de M. Charles Eliot Norton, à Boston, et le numéro de Batines 190, actuellement conservé dans la bibliothèque du Harvard-College, à Cambridge (Massachusetts).

(2) C'est le précieux manuscrit Malespini, anc. num. 1330 du catalogue de la collection Boutourlin (1re partie, 1839).

(3) Ajoutons que les manuscrits de Dante, qui formaient, au siècle dernier, les n° 3554, 3555, 3557 et sans doute aussi 3556 du catalogue de la

On a vu plus haut que le catalogue de Marsand est incomplet. Un inventaire des manuscrits qui n'y figurent pas a été publié, en 1882, par M. Gaston Raynaud (1); cet inventaire fait connaître plusieurs manuscrits dantesques qui avaient échappé aux recherches de Marsand, ou qui n'ont pris place sur nos rayons que postérieurement à la publication de son catalogue (2).

On trouvera dans l'*Inventario dei manoscritti italiani delle biblioteche di Francia* (3), publié en 1886-1888 par M. G. Mazzatinti, l'indication sommaire, avec leur cote actuelle, de tous les manuscrits du fonds italien de la Bibliothèque nationale jusqu'au numéro 2000; parmi les volumes acquis depuis, il faut signaler le numéro 2017, qui est peut-être, de tous les exemplaires manuscrits de Dante qui se trouvent à Paris, le plus précieux quant à l'ornementation.

Enfin, tout récemment, M. Moore, dans ses précieuses *Contributions to the textual criticism of the Divina Commedia*, a examiné, principalement au point de vue de la valeur du texte, vingt et un des manuscrits qui font l'objet de ce mémoire; c'est par ce savant ouvrage, maintes fois cité dans les pages qui suivent, que j'ai eu connaissance du précieux manuscrit de Chantilly.

II

L'ordre adopté dans le présent catalogue est le suivant : en tête figurent les manuscrits où la *Divine Comédie* est dépourvue de tout Commentaire, ou accompagnée seulement de gloses sans importance ; — puis viennent les manuscrits des *Commentaires* de la Divine Comédie, avec ou sans le texte de Dante ; — ensuite, les *Traductions* et *Abrégés* de la Divine Comédie ; — enfin, les *Opere Minori* de Dante.

collection La Vallière de 1783 (Batines, 465, 466, 468 et 467), sont passés à l'étranger. Le plus important de ces exemplaires (Batines, 465) est aujourd'hui, si je ne me trompe, le n° 203 du fonds Hamilton, à la Bibliothèque royale de Berlin.

(1) *Inventaire des manuscrits italiens de la Bibliothèque nationale qui ne figurent pas dans le Catalogue de Marsand*, par GASTON RAYNAUD (Paris, 1882); extrait du *Cabinet historique*, t. XXVII, Catalogues (1881), p. 133 à 164 et 225 à 343.

(2) Le ms. italien 75, acquis par la bibliothèque en 1841, ne pouvait être connu de Marsand; il l'a été de Batines (n° 415) ; — le ms. italien 1470, omis par Marsand, ne l'a pas été par Batines (n° 444); le ms. italien 1015, qui contient le commentaire de Pietro di Dante, a été passé sous silence et par Marsand et par Batines.

(3) Tome I tout entier, et tome II, p. 1-7.

Manuscrits de la Divine Comédie. *Tentatives de classement.* —
On sait combien il est parfois difficile de classer scientifiquement
les manuscrits d'un auteur par familles. Mais c'est là, en ce qui
concerne les manuscrits si nombreux de la *Divine Comédie*, une
tâche particulièrement longue et ardue ; les résultats obtenus
jusqu'à ce jour sont bien loin d'être définitifs. Il ne suffit plus de
dire, comme l'on faisait autrefois, que le texte de tel exemplaire
est bon, médiocre ou mauvais ; et Marsand, qui trop souvent
se contentait d'appréciations vagues de ce genre, est tombé
dans de graves erreurs, dans de fâcheuses contradictions, don-
nant ici pour excellent un texte que tout à l'heure il déclarera
défectueux.

La première étude vraiment critique sur le texte de la *Divine
Comédie* est celle de Karl Witte (1), dans ses *Prolegomeni* à l'édition de Berlin de 1862. Mais K. Witte, malgré un immense
labeur, n'a pas réussi, faute d'une méthode sûre, à donner un
classement satisfaisant des manuscrits de la *Divine Comédie*. Il
fallait procéder autrement : éliminer les variantes purement orthographiques, dont il n'y avait pas à tenir compte, du moins
dans un classement général, et faire un choix de leçons caractéristiques, dont le relevé pût servir de base aux futurs éditeurs.
C'est précisément ce qui a été tenté, il y a bientôt quatre ans, par
M. Monaci. M. Monaci, dans une note lue à l'Académie des
Lincei et insérée dans les Comptes Rendus de cette Académie (2),
indiquait la meilleure méthode à suivre, d'après lui, pour aboutir
enfin à un classement des manuscrits de la *Divine Comédie*, et proposait une liste de passages à collationner dans tous les exemplaires : ces collations, une fois groupées, permettraient de faire
le départ des copies à retenir, à examiner de plus près pour les
distribuer en familles, et des copies à négliger. L'appel du savant
professeur de Rome ne tarda pas à être entendu (3) : à Rome
même, à Venise, à Padoue, ailleurs encore, on s'empressa de faire

---

(1) Je n'ai malheureusement connu cette édition capitale que de seconde
main, par les travaux qui s'en sont inspirés.

(2) *R. Accademia dei Lincei, Rendiconti*, t. IV (1888), p. 228-237 (*Sulla
classificazione dei mss. della D. C.*, nota del socio E. Monaci).

(3) Pour les mss. de Rome, voy. *R. Accad. dei Lincei, Rendiconti*, l. c.;
pour les mss. de la Lombardie et de la Vénétie, *ibid.*, t. V, p. 256-263; les
variantes de cinq autres mss. sont relevées dans ce même tome V, p. 403. —
Pour les mss. de Parme, voy. *Rivista delle Biblioteche*, t. I (1889), p. 38-40.
— Le même travail a été entrepris sur les mss. de Florence (voy. TÄUBER,
I capostipiti dei mss. della D. C., p. 8, note 1).

les collations indiquées. Ce qui a été fait déjà pour un grand nombre de manuscrits d'Italie, il n'y avait assurément pas moins d'intérêt à le faire pour les manuscrits de France; et j'ai, à cet effet, dressé, sur le modèle des tableaux déjà imprimés, un tableau des variantes caractéristiques que fournissent pour l'*Enfer* tous les exemplaires qui me sont passés par les mains.

La nécessité de procéder à une classification méthodique des manuscrits de la *Divine Comédie* s'imposait si évidemment aux savants qui ont fait du poème de Dante le but principal de leurs recherches, que, même hors d'Italie, plusieurs tentatives dans ce sens, indépendantes les unes des autres, se sont produites presque simultanément.

M. Monaci n'avait pas depuis bien longtemps communiqué aux *Lincei* la note dont je viens de parler, que ses souhaits se trouvaient en partie réalisés par la publication du gros volume, cité plus haut, de M. Moore, disciple fervent, mais indépendant, de K. Witte. Dans cet ouvrage, fruit de longues années de travail, M. Moore, s'inspirant, sans le savoir, des principes mêmes de M. Monaci, a recueilli les leçons fournies par plus de deux cent cinquante manuscrits pour un certain nombre de passages de l'*Enfer*, du *Purgatoire* et du *Paradis*. Mettant lui-même en œuvre la quantité considérable de matériaux qu'il avait patiemment accumulés, il a publié, dans la première partie de son volume, un texte soigneusement établi de l'*Enfer*, avec la collation de tous les manuscrits d'Oxford et de Cambridge. Si M. Moore ne propose pas un classement général des manuscrits de Dante, du moins, de la masse des copies qu'il a examinées, il a pu dégager un groupe dit *Vatican* (1), ainsi appelé du ms. 3199 du fonds Vatican, — qui en est, selon lui, le prototype, — et représenté par une trentaine d'exemplaires. Ceux de nos manuscrits que M. Moore rattache à cette famille sont les numéros 71, 531, 532 et 542 de notre fonds italien, auxquels il faut vraisemblablement joindre le manuscrit de Chantilly.

Peu de temps après le grand ouvrage de M. Moore, paraissait à Winterthur un travail analogue, mais de proportions beaucoup moindres, dû à M. Täuber. Dans cet essai, intitulé *I capostipiti dei manoscritti della Divina Commedia* (1889), essai où l'on trouvera des aperçus ingénieux, encore que présentés un peu confusément, et dont les conclusions, un peu hâtives, ne sauraient être

---

(1) K. Witte avait déjà reconnu une famille siennoise de manuscrits de la *Divine Comédie* (voy. *Dante-Forschungen*, t. I, p. 278-292).

acceptées sans réserves, M. Täuber reconnait l'existence de deux familles de manuscrits :

1° un groupe dit *Boccaccio*, dont le type serait le manuscrit du fonds Vatican 3199, longtemps attribué à Boccace ; ce manuscrit est précisément celui qui, pour M. Moore, est la tête de la famille dite *Vaticane* ;

2° un groupe dit *Barberino*, ainsi nommé du copiste Francesco ser Nardo da Barberino, que l'auteur croit pouvoir identifier avec le célèbre poète Francesco da Barberino. Ce groupe est d'autant plus important, que l'on est porté aujourd'hui à considérer ser Nardo, non plus comme un simple copiste, mais comme le véritable éditeur de la *Divine Comédie* (1). A cette famille, M. Täuber rattache le ms. italien 528, et, moins sûrement, le manuscrit italien 79 (2).

Les manuscrits transcrits par Nardo ou dérivés de ses copies ont fait l'objet d'un examen particulier de la part de M. Prompt. Entre autres caractères communs à ces différents exemplaires, M. Prompt, qui n'a pas encore publié son travail d'ensemble sur le groupe Barberino, mais qui a bien voulu me communiquer quelques notes sur ce sujet, a remarqué dans plusieurs de ces manuscrits un intéressant *explicit*, dont les déformations successives sont fort curieuses à observer.

Dans deux exemplaires signés de Nardo et datés, l'un de 1337 (3), l'autre de 1347 (4), le texte des premières lignes de cet *explicit*, texte qui est le seul acceptable, est celui-ci :

Explicit liber Comedie Dantis Alagherii de Florentia, per eum editus sub anno Dominice Incarnationis millesimo trecentesimo de mense Martii, sole in Ariete, Luna xiiii^a in Libra.

De xiiii^a à viiii^a, au point de vue paléographique, il n'y a pas loin. Il n'existe, il est vrai, à ma connaissance, aucun exemplaire avec la leçon Luna viiii^a ; mais cette leçon est la transition naturelle et nécessaire entre la forme Luna xiiii^a, qui est celle des deux copies précitées de Nardo, à date certaine, et la forme luna nona, que nous trouvons dans un certain nombre de manuscrits : dans les manuscrits de la Laurentienne, XL, xi (Batines 14) et

(1) Lettre de M. Fr. Carta à M. E. Monaci, et note de M. Monaci dans les *Rendiconti della R. Accademia dei Lincei*, séance du 17 mai 1891.

(2) *I capostipiti*, etc., p. 110, note 1. — Les mss. de Batines 413-432 ont été collationnés pour M. Täuber, par le Dr R. Zenker, d'Erlangen ; le ms. de Montpellier, par M. Chabaneau.

(3) Milan, bibliothèque Trivulziana, n° II (Batines, 257).

(4) Florence, Laurent., Gaddi XC super., cxxv (Batines, 2).

XL, xxxv (Batines 23) ; dans le manuscrit, déjà cité, du fonds
Vatican n° 3199 (Batines 319, ms. *B* de Witte) ; dans le ms. de
Venise, S. Marc n° L (Batines 284) ; dans le ms. Hamilton 203 de
Berlin — sauf erreur — (Batines 465) ; dans nos mss. ital. 538 et
539, peut-être ailleurs encore. — Enfin, par suite d'une dernière
altération, LUNÁ NONA devient LUNA NOVA dans notre ms. ital. 532.

Quelle est la portée de cette observation judicieuse de M. Prompt?
Quel parti peut-on en tirer pour le classement des manuscrits du
groupe Nardo (1)? Nous laissons le soin de cette recherche à
M. Prompt lui-même, qui a recueilli sur ce sujet de nombreux
renseignements et qui, mieux que personne, sans doute, pourra
les mettre en œuvre.

Un autre élément de critique assez négligé jusqu'ici, mais dont
l'importance a été justement remarquée par M. Täuber (2) et par
M. Prompt, ce sont les arguments placés en tête de chaque chant, et
dont les différents textes pourraient, sans grandes difficultés, être
classés en plusieurs groupes distincts. J'ai pensé qu'il y aurait
utilité à donner pour chaque exemplaire un spécimen de ces arguments ; j'ai choisi à cet effet l'argument du chant III de l'*Enfer* (3).

Les manuscrits de la Bibliothèque nationale que M. Prompt
considère comme appartenant au groupe Nardo sont les mss. italiens 69, 78, 532, 539, 542, 1470, 540, 71 (4). Les exemplaires
pour lesquels la chose me paraît le plus évidente sont les manuscrits 539 et 540. Je dois ajouter que le n° 543, qui ne figure pas
dans le classement de M. Prompt, présente, au point de vue de
l'écriture et de l'aspect général, l'analogie la plus frappante avec
le n° 539 (5) ; ils sont l'œuvre, sinon du même copiste, du moins,
il ne saurait y avoir de doute à cet égard, de copistes d'une même
école et contemporains.

De tout ce qui précède, il résulte qu'un classement des manuscrits de la *Divine Comédie* conservés en France, comme des manuscrits de la *Divine Comédie* en général, serait prématuré ; le

---

(1) Ce qui augmente la difficulté du classement, c'est que cet *explicit*
peut, dans certains exemplaires, avoir été ajouté après coup : c'est le cas
pour le ms. 3199 du Vatican, dans lequel cet *explicit* a été écrit, au quin-
zième siècle, par Bernardo Bembo (voy. P. DE NOLHAC, *La Bibliothèque de
Fulvio Orsini*, p. 303-305).

(2) *I capostipiti*, etc., p. 101.

(3) Sauf à le remplacer par un autre, dans le cas où il fait défaut, comme
dans les ms. ital. 71 et 528.

(4) Rappelons que M. Moore rattache cependant trois de ces mss., les n°ˢ 71,
532 et 542, à la famille qu'il appelle *Vaticane*, et qu'il y joint le n° 531.

(5) De même les mss. 528 et 531, mais à un degré moindre.

mieux est, pour le moment, de se borner à faire parvenir, soit à M. Monaci, soit à la *Società Dantesca italiana* (1), récemment fondée, les collations et autres renseignements qui peuvent aider à atteindre le but que tant de savants ont déjà poursuivi (2).

Commentaires de la Divine Comédie. — La *Divine Comédie* était à peine connue, que la nécessité s'imposa d'expliquer, d'interpréter ce poème d'une construction si savante, si profond, mais parfois si obscur ; de rechercher le sens allégorique qui, sur le témoignage de Dante lui-même, se cache sous le sens littéral ; de pénétrer le mystère de tant d'allusions et de sous-entendus ; de faire ressortir enfin ce que cette prodigieuse encyclopédie renferme de connaissances multiples, accumulées dans un récit d'une concision extraordinaire. De là cette multitude de commentaires, les uns plutôt historiques, les autres plutôt théologiques ou moraux, qui, sans parler des innombrables travaux des modernes, se sont succédé presque sans interruption pendant le XIVe, le XVe et même le XVIe siècles (3).

(1) Le but principal de la *Società Dantesca italiana* est précisément de préparer un texte critique des œuvres de Dante ; elle publie, depuis mars 1890, un *Bullettino* où sont recueillis les matériaux de ce travail. Dans cette revue, que je regrette de n'avoir pu avoir à ma disposition, a paru un important travail sur les manuscrits de Dante du XIVe siècle ; la direction se propose de publier, si elle ne l'a fait déjà, une liste de passages caractéristiques ou *punti critici*, analogue à celles de M. Monaci et de M. Moore ; le relevé des variantes de ces passages dans tous les manuscrits servirait de base à la grande édition critique de la *Divine Comédie* projetée par la Société : ce grand travail d'ensemble sera bien facilité par les relevés si nombreux de M. Moore, par les tableaux déjà publiés en Italie sur les indications de M. Monaci, et, j'ose l'espérer, par le tableau imprimé sur le même modèle à la fin de ce volume.

(2) Rien, peut-être, ne favoriserait mieux les vues de la nouvelle Société Dantesque que la formation d'un album paléographique, composé de spécimens de l'écriture de Nardo et de ses élèves, et en général de fac-similés des mss. de la *Divine Comédie*, considérés dès aujourd'hui comme les plus importants au point de vue de l'établissement du texte. — Un album dantesque, composé de 85 planches, a été offert, il y a cinq ans, par le ministère de l'Instruction publique italien, à la Bibliothèque royale de Dresde (voy. G. CATTABONI, dans la *Rivista delle Biblioteche italiane*, 1888, p. 179 et suiv., et G. LOCELLA, *Zur deutschen Dante-Litteratur* (1889), p. 88 et suiv.) ; mais cet album, formé entièrement à l'aide de mss. d'Italie, n'a pas été, que je sache, livré au commerce, et est resté, en tout cas, complètement ignoré du public français, de même que les *Tavole fotografiche di codd. Danteschi della R. Bibl. Laurenziana* (au moins 13 pl.).

(3) Sur les divers commentateurs, comme aussi sur les traducteurs et imitateurs de Dante, on peut consulter les *Prolegomeni* de M. SCARTAZZINI à

Il y a peu de problèmes d'histoire littéraire aussi compliqués que celui de l'origine, de la filiation, de la date des plus anciens commentaires dantesques. Tel de ces commentaires n'est qu'une compilation formée de la juxtaposition plus ou moins maladroite de morceaux empruntés à des commentaires un peu antérieurs. Tel autre nous est parvenu dans trois ou quatre rédactions, très différentes les unes des autres ; tel autre sous forme d'original et sous forme de traduction, et de traduction assez infidèle pour défigurer souvent l'original. Dans tel manuscrit, les gloses qui accompagnent le poème de Dante appartiennent, jusqu'à tel vers de tel chant, à tel commentaire, et le reste, sans que le lecteur en soit averti par aucun signe, à tel autre.

Ces nombreuses difficultés ont, pour une bonne part, trouvé une heureuse solution dans un excellent petit livre de M. Rocca (1) ; ce livre, on le trouvera cité presque à chaque page de celui-ci : cela tient à ce que les problèmes qui se posaient pour M. Rocca, dans l'examen qu'il a fait des manuscrits d'Italie, j'ai eu souvent l'occasion de les aborder dans cette revue des manuscrits dantesques de nos bibliothèques françaises, et particulièrement de la Bibliothèque nationale, qui est extrêmement riche en commentaires de Dante. En effet, des nombreux commentateurs de la *Divine Comédie* au XIVe et au XVe siècle, il en est peu qui ne soient représentés dans nos collections par un ou plusieurs exemplaires. Mais, à l'exception d'un ou deux, nos manuscrits n'ont pas été utilisés par les éditeurs de ces commentaires ; plusieurs même, qui n'avaient jamais été cités ou étaient indiqués très vaguement dans les catalogues, sont signalés ici pour la première fois sous leur vrai titre (2).

Voici, rangés dans l'ordre chronologique adopté par M. Hegel (3) et par M. Moore (4), les commentaires de la *Divine Comédie* dont il sera question dans les pages qui suivent (5) :

son édition de la *Divine Comédie* (Leipzig, 1890), p. 523 et suiv. ; on trouvera, à la fin de chaque chapitre, un appendice bibliographique très fourni.

(1) L. Rocca, *Di alcuni Commenti della D. C.*, etc., 1891.

(2) Notamment les mss. italiens 70, 72, 79, 535, 537 et 1015, les mss. latins 8701 et 8702 de la Bibliothèque nationale, et le ms. 8530 de l'Arsenal.

(3) Dans son mémoire *Ueber den historischen Werth der älteren Dante-Commentare* (Leipzig, 1878).

(4) Dans ses *Contributions*, etc., p. xv-xvi. Cette chronologie est encore sujette à controverses ; elle est légèrement modifiée dans l'ouvrage précité de M. L. Rocca.

(5) J'ai intercalé, à sa place chronologique, le commentaire de *Guido da Pisa*, dont M. Hegel ne parle pas, et que M. Moore cite seulement en note.

1° Les *Chiose anonime*, publiées par Selmi en 1865, qui constituent le plus ancien commentaire connu sur la *Divine Comédie*, se trouvent dans le ms. ital. 534, mêlées à une traduction italienne du commentaire de *Graziolo dei Bambaglioli* et précédées d'une préface qui appartient à un troisième commentaire, attribué à *Jacopo di Dante*. Les obscurités qui enveloppaient ces vieux textes sont aujourd'hui à peu près dissipées; elles le seront sans doute complètement, quand aura paru l'édition, longtemps attendue, du texte original de ser Graziolo, découvert il y a quelques années par K. Witte.

2° Les manuscrits du commentaire de *Guido da Pisa* sont extrêmement rares; le plus ancien est celui de la collection de Chantilly.

3° De tous les commentaires dantesques que nous a laissés le moyen âge, aucun ne paraît avoir eu autant de succès que celui de *Jacopo della Lana* ou *Comento Laneo*, qui peut, dit Scartazzini, s'appeler « il padre dei commentatori di Dante (1) ». Non seulement les manuscrits, qui présentent entre eux des différences considérables, en sont particulièrement nombreux, mais il en a été fait, dès le XIV° siècle, au moins deux traductions latines, dont la plus répandue est celle d'*Alberico da Rosciate*.

La Bibliothèque nationale possède trois exemplaires du texte original de ce commentaire (ms. ital. 73, 535, 537); l'un d'eux au moins, le ms. 73, aurait mérité, à cause de son texte assez spécial, d'attirer l'attention des éditeurs.

Nous avons trois exemplaires également, tous les trois incomplets, mais qui se complètent les uns les autres, de la traduction latine d'*Alberico da Rosciate* : l'un contient le commentaire sur l'*Enfer* et le *Paradis* (ms. ital. 538); un autre, le commentaire sur l'*Enfer* seul (ms. lat. 8701); un autre enfin, le commentaire sur le *Purgatoire* (ms. ital. 79). — Ajoutons que des gloses extraites de cette même traduction d'Alberico da Rosciate ont été ajoutées, dans le ms. ital. 1015, au commentaire plus développé de Pietro di Dante.

Une traduction latine autre que celle d'Alberico se rencontre accompagnant, dans le ms. 8530 de la bibliothèque de l'Arsenal, les cinq premiers chants de l'*Enfer*, et dans le ms. ital. 541 de la Bibliothèque nationale, la fin du chant XVI et les chants XVII à XXIII du *Purgatoire*. Avons-nous là deux fragments de deux traductions différentes ou d'une seule et même traduction; et, dans ce dernier cas, cette traduction ne serait-elle autre que celle

(1) Scartazzini, *Prolegomeni*, etc., p. 525.

de *Gulielmus de Bernardis*, dont une copie, contenant le commentaire sur l'*Enfer* seul, se trouve à Oxford? Je ne puis que poser
la question, sans être à même de la résoudre.

Deux mots encore, qui attesteront le long succès du *Comento
Laneo.* — Un commentaire, dont quelques fragments sont conservés
dans notre ms. ital. 70, est composé en grande partie d'emprunts
faits à *Jacopo della Lana*; on trouvera un exemple de ces emprunts
dans les quelques passages de cet anonyme imprimés plus loin en
Appendice. — Enfin, c'est encore *Jacopo della Lana* qui a fourni à
notre traducteur du XVIᵉ siècle, *François Bergaigne*, la matière
des *Déclarations* qui accompagnent sa traduction du *Paradis*.

4° La Bibliothèque nationale possède un très bel exemplaire du
commentaire dit *Ottimo*, du moins de la rédaction la plus commune de ce commentaire, très différente, en certaines parties,
du texte imprimé à Pise, en 1827 ; c'est le ms. ital. 74.

En outre, des passages de l'*Ottimo* se retrouvent, conjointement
avec des passages du *Laneo*, reproduits çà et là dans les fragments
du commentaire, déjà cité, du ms. 70.

5° Si j'ai pu déterminer assez exactement, du moins pour certains
passages, les sources de ces fragments anonymes du ms. 70, il
n'en est pas de même des gloses, anonymes aussi, et certainement
très anciennes, les unes en latin, les autres (presque la totalité)
en italien, qui, dans notre ms. 79, encadrent le texte de l'*Enfer* (1).
On trouvera toutes ces gloses latines et quelques-unes de ces
gloses italiennes ou *Recollette* imprimées dans l'*Appendice*. — Je
ne saurais pas dire davantage à quel commentaire actuellement
connu appartiennent les gloses dont deux chants du *Purgatoire*
sont accompagnés dans le ms. 8530 de l'Arsenal, et les gloses
anonymes qui, dans notre ms. ital. 543, se trouvent mêlées à des
extraits de Benvenuto da Imola. — Sans importance sont les
gloses isolées de quelques autres de nos manuscrits (B. N., ital. 69
et 533 ; Sainte-Geneviève, Fᵒ Y, lat. 2, Montpellier, H. 197).

6° Le savant commentaire de *Pietro di Dante*, fils du poète, se
rencontre dans les mss. ital. 541 et 1015. A propos du commentaire de Pietro di Dante, il n'est pas inutile de rappeler ici que
M. A. Bartoli (2) et M. Rocca (3) ont relevé dans un exemplaire

---

(1) Quelques-unes se retrouvent dans notre ms. 72, suivies de la syllabe
Ber (*Bernardus ?*).

(2) Dans la *Nazione* de Florence, du 2 avril 1886.

(3) Dans le *Giornale storico della Letteratura italiana*, t. VII (1886), p. 306
et suivantes.

de ce commentaire (ms. Ashburnham 841 de la Laurentienne) des particularités de rédaction très curieuses, pouvant offrir de nouvelles preuves de l'authenticité de ce commentaire et de la réalité historique de Béatrice. Je n'ai pas remarqué, dans les deux copies de la Bibliothèque nationale, ces particularités; le texte de ces manuscrits est conforme au texte imprimé, entièrement pour ce qui est du ms. 1015, sauf certaines différences assez notables et des lacunes pour le ms. 541.

7° La plus développée des trois rédactions du commentaire connu sous le nom de *Faux Boccace* se trouve, avec quelques additions, dans le ms. ital. 75.

8° Le ms. ital. 77 est vraisemblablement le plus ancien exemplaire que l'on connaisse du volumineux commentaire de *Benvenuto da Imola* sur la *Divine Comédie*, que l'on retrouve, mais pour l'*Enfer* seulement, dans le ms. lat. 8702. Une ancienne traduction italienne, fort peu commune, de ce même commentaire, est conservée dans le ms. ital. 78; enfin, les gloses plus ou moins étendues des mss. italiens 540 et 543 sont empruntées, celles du ms. 540 pour la totalité, celles du ms. 543 pour la plus grande partie, au commentaire de Benvenuto.

9° Le commentaire le moins ancien qui soit représenté dans nos collections est celui de *Guiniforte delli Bargigi* sur l'*Enfer*; on n'en a jamais signalé, à ma connaissance, que deux exemplaires; ces deux copies, qui toutes deux ont leur histoire, sont aujourd'hui les mss. 1469 et 2017 de notre fonds italien.

Traductions. — Parmi les traductions de la *Divine Comédie* examinées dans les pages qui suivent, j'en trouve trois qui méritent une mention spéciale.

D'abord, une ancienne traduction latine, en vers, celle de *Matteo Ronto*, dont un ms. de la bibliothèque Sainte-Geneviève (F° Y, lat. 2) contient, avec d'autres poésies latines du même auteur, l'une des assez rares copies qui s'en soient conservées.

Ensuite, deux traductions françaises. — L'une, dont l'auteur, *François Bergaigne*, nom à peu près nouveau dans l'histoire littéraire de la France, vivait au commencement du XVIe siècle, est peut-être le plus ancien essai de ce genre qui ait été fait chez nous sur le texte de Dante, après la curieuse traduction de l'*Enfer*, en vieux français, de la bibliothèque de Turin (1); la traduction de

---

(1) Après la traduction anonyme de Turin et avant la traduction de Bergaigne, Batines cite (I, 248) : 1° Une *Traduction en vers français de la Di-*

Bergaigne, qui ne porte que sur une partie du *Paradis*, ne nous est connue que par deux manuscrits, entrés tous deux assez récemment à la Bibliothèque nationale (nouv. acq. franc., 4119 et 4530). — L'autre, anonyme, et restée inédite, est de 1751. Il en existe au moins trois copies, dont une à Paris (B. N., fr. 12422) et deux en province (Nancy, 376, et Châlons-sur-Marne, 271). Cette traduction n'a guère d'autre mérite que sa date ; exécutée au milieu du XVIIIᵉ siècle, si indifférent à Dante, elle a précédé toutes celles qui depuis plus de cent ans se sont succédé chez nous avec plus ou moins de bonheur, mais sans satisfaire pleinement la critique.

Résumés en vers de la Divine Comédie. — En même temps qu'elle faisait naître de longs commentaires en prose latine ou italienne, dont quelques-uns sont encore très précieux, la grande épopée dantesque inspirait un certain nombre de petits poèmes didactiques, menue, souvent même bien menue monnaie de la *Divine Comédie*, dont ils sont ou veulent être à la fois le résumé et l'interprétation. — Ces poésies, rangées par Batines sous la rubrique générale de *Ristretti*, se trouvaient, jusqu'à ce jour, disséminées dans un grand nombre de publications, dont quelques-unes fort peu abordables, ou même dans des manuscrits restés inutilisés ; elles ont été récemment imprimées ou réimprimées, avec beaucoup d'autres, par M. C. Del Balzo, dans le recueil intitulé : *Poesie di mille autori intorno a Dante Alighieri.*

Voici, par ordre de date, ceux de ces résumés en vers qu'on trouvera signalés dans un ou plusieurs de nos manuscrits, dont aucun n'a été mis à contribution par M. Del Balzo.

Les plus anciens, qui sont aussi les plus courts et le plus fréquemment copiés, sont les *Capitoli* (ou *Divisiones*, ou *Repilogationes* de *Jacopo di Dante*) (1) :

O voi che siete dal verace lume...,

vine *Comédie*, conservée dans une bibliothèque publique de Vienne (Autriche) ; 2° *Les Œuvres de Dante, traduites en vers français*, ms. in-fol. de 237 feuillets, n° 43 de la collection Hoendorf. Peut-être ces deux mentions de Batines se rapportent-elles à une seule et même traduction, qui se trouve aujourd'hui à la Bibliothèque impériale de Vienne, n° 10201 (Hoendorf F. 43).

(1) Jacopo di Dante est considéré aussi comme l'auteur d'un joli sonnet :

Aciò che le belexe, segnior mio,

qui se lit dans le ms. italien 538, et publié par M. C. DEL BALZO, dans le recueil précité, I, 322-323.

et de *Bosone da Gubbio* :

> Però che sia più frutto et più diletto.....

M. F. Rœdiger, qui a fait de ces deux poèmes un examen assez détaillé dans le *Propugnatore* (1), divise les manuscrits assez nombreux du *Capitolo* de Jacopo di Dante en deux classes. La classe A se distingue de la classe B principalement par ce fait, qu'on y trouve une terzine absente des exemplaires de l'autre classe; cette terzine est la huitième dans le texte de M. Rœdiger :

> Con propria allegoria formata in tondo...

Des huit exemplaires du *Capitolo* de Jacopo di Dante que possède la Bibliothèque nationale (mss. italiens 75, 76, 528, 529, 538, 543, 544, 1298), seul le manuscrit 543 fournit un texte de la classe A; mais le ms. 76, quoique la terzine caractéristique de la classe A ne s'y trouve pas, présente les mêmes leçons que les manuscrits de cette classe; en outre, dans le ms. 544, se rencontre un texte intermédiaire, mêlé de leçons propres, d'après M. Rœdiger, à la classe A, et de leçons caractéristiques de la classe B.

Les copies du *Capitolo* de Bosone da Gubbio sont un peu moins nombreuses; la Bibliothèque nationale en possède cinq (mss. ital. 76, 528, 529, 538, 544).

Ajoutons que ces *Divisiones* de Jacopo di Dante et de Bosone da Gubbio se lisent aussi dans les manuscrits 395 de Carpentras et 397 de Valenciennes.

Beaucoup plus considérables et un peu plus récents sont les *Capitoli* en *terza rima* de *Mino di Vanni d'Arezzo*, et ceux de *Cecco di Meo Mellone degli Ugurgieri*, que nous trouvons entremêlés les uns avec les autres dans notre ms. ital 535.

Voilà des noms bien longs, mais bien peu connus assurément; en voici un illustre : *Boccace*, lui aussi, a composé sur la *Divine Comédie* des *Argumenti* en *terza rima*, dont le ms. 389 de Carpentras contient une copie qui n'avait jamais été signalée.

Dans ce même ms. de Carpentras se trouve transcrit un chant du *Centiloquio* d'*Antonio Pucci*, le LVᵉ, entièrement consacré à Dante.

Enfin, pour être complet, il nous faut joindre à ces poèmes d'une étendue plus ou moins considérable, quelques sonnets italiens (voyez plus loin les notices des mss. ital. 535 et 538), et quelques poésies latines très courtes, sur Dante ou sur la *Divine Comédie*,

---

(1) *Nuova serie*, t. I (1888), parte I, p. 358 et suivantes.

conservées dans nos mss. ital. 77, 528 et 540, et dans notre ms. lat. 8702; aucune d'elles n'était restée inédite (1).

Opere Minori *de Dante.* — Quelques manuscrits, généralement peu connus, des *Opere Minori* de Dante sont conservés dans des bibliothèques françaises. Deux d'entre eux me paraissent mériter une mention spéciale : notre ms. ital. 536, où l'on trouve un bon texte du *Convivio* et une intéressante traduction italienne de la *Monarchia*, et le ms. 835 de Grenoble, la meilleure et plus ancienne copie connue du *De Vulgari Eloquio.*

Vies de Dante. Epitaphes. — Il me faut signaler accessoirement les manuscrits où j'ai rencontré d'anciennes *Vies de Dante* et les *Epitaphes* gravées sur son tombeau, à Ravenne.

Une importante copie de la *Vie de Dante* par *Boccace* se trouve dans le ms. ital. 78. Cet exemplaire, non utilisé dans les éditions, se distingue par une ancienne distribution très caractéristique des chapitres.

La *Vie de Dante*, également bien connue, par *Leonardo Bruni* ou *Léonard Arétin*, est transcrite dans les mss. ital. 545 et 548 et dans le ms. de l'Arsenal 8588 (2).

Plus rare est la *Vie de Dante*, en latin, par *Giannozzo Manetti;* elle se lit, sans nom d'auteur, vers la fin d'un recueil de biographies qui forme notre ms. latin 5828.

Les copies des *Epitaphes* de Dante sont plus nombreuses.

Ces épitaphes ont été souvent réimprimées. Les recherches dont elles ont été l'objet sont résumées dans l'ouvrage de MM. Ludovico Frati et Corrado Ricci, intitulé : *Il sepolcro di Dante* (3).

J'en ai relevé trois dans les manuscrits qui me sont passés sous les yeux :

1°   Jura monarchie, superos, Flegetonta lacusque...

____

(1)   *Jamque domos stigias et tristia regna silentum.*
                (Mss. ital. 77 et 540; ms. lat. 8702. — DEL BALZO, II, 201.)
       Nescio quo tenui sacrum modo carmine Dantem.
                (Ms. ital. 77. — DEL BALZO, II, 476.)
       Hactenus ipse suas vidi tolerantia poenas.
                (Ms. ital. 540. — DEL BALZO, II, 498.)
       Natura, studio, ingengno, esperienza.
                (Ms. ital. 528. — DEL BALZO, II, 507.)
(2) Voy. MAZZATINTI, III, 143.
(3) Bologne, 1889. Cet ouvrage forme le fascicule 235 de la *Scelta di curiosità inedite o rare*, etc.

Cette épitaphe, qui est de Bernardo da Canaccio, ou plutôt de' Catenacci, et date de 1357 environ, existe encore à Ravenne (1) ; elle se rencontre dans les mss. ital. 75, 540 et 1298 de la Bibliothèque nationale, et dans le ms. 8530 de la bibliothèque de l'Arsenal ; on la trouve aussi dans le ms. latin 5828, à la fin de la *Vie de Dante*, mentionnée ci-dessus, de *Giannozzo Manetti*.

2°   Inclita fama cujus universum penetrat orbem...

Celle-ci, qui est de Menghino da Mezzano, et date comme l'autre du XIVe siècle, a disparu (2) ; je puis en citer à Paris cinq copies : Bibl. nat., mss. ital. 75, 77, 1015 et 1298 ; Arsenal 8530.

3° Enfin, l'épitaphe :

Theologus Dantes, nullius dogmatis expers...,

dont l'auteur est Giovanni di Virgilio (3), épitaphe qui n'est pas inscrite sur le tombeau de Dante, mais qui se trouve insérée dans une classe de manuscrits de la *Vie de Dante* par Boccace, est signalée plus loin dans le ms. ital. 78.

Manuscrits datés. — La proportion des manuscrits datés, parmi ceux qui sont décrits dans les pages qui suivent, est assez considérable. En voici la liste :

1351 —	italien 538.	1411 —	italien 530.
1370 —	latin 8701.	1456 —	italien 542.
1389 —	italien 75.	1456 —	italien 545.
1395 —	italien 77 (4).	1469 —	italien 76.
1403 —	italien 73.	1476 —	italien 548.

Ajoutons que le ms. ital. 534 portait une date qui a été grattée et est aujourd'hui illisible.

Copistes. — Voici maintenant les noms de copistes que j'ai re-

---

(1) Frati e Ricci, *Il sepolcro*, etc., p. VIII et p. 4. Carlo Del Balzo, *Poesie di mille autori*, etc., I, 269, et II, 72.

(2) Frati e Ricci, *Il sepolcro*, etc., p. XII et p. 5. Carlo Del Balzo, *Poesie di mille autori*, etc., I, 269.

(3) Frati e Ricci, *Il sepolcro*, etc., p. V et p. 3. Carlo Del Balzo, *Poesie di mille autori*, etc., I, 264. L'auteur de cet ouvrage publie, outre le texte original, une traduction italienne et une traduction allemande de cette épitaphe.

(4) Avec des additions de 1439.

levés ; quelques-uns ne figurent pas dans le dictionnaire des
enlumineurs, calligraphes, etc., de M. Bradley (1) :

A., à Padoue — *italien* 530. (En 1411.)
ANTONIO DE BELLANTE — *italien* 1298.
ANTONIO DE CORTONA — *italien* 529.
ANTONIO SINIBALDI — *italien* 548. (Copiste très célèbre, dont
M. Bradley, III, 244-246, ne cite pas moins de quinze manuscrits.)
BETINUS DE PILIS — *italien* 538. (En 1351.)
BONACORSO DI FILIPPO ADIMARI — *italien* 76.
M. S. DE BUONCONSIGLIO SITII — *italien* 532.
FRANCISCUS MAGISTRI ANDREE DE URBEVETERI — *italien* 75. (En 1389.)
PIERO BUONINSEGNI — *Montpellier* H. 197.
NICOLO DE GIUNTA — *italien* 527.
PAOLO DI DUCCIO TOSI DI PISA — *italien* 73. (En 1403.)
PETRUS (P. S.) — *italien* 77. (En 1395, en Istrie.)
PETRUS DE GUINZONIBUS DE CENE — *latin* 8701. (En 1370.)
ZORZI ZANCHANI — *italien* 78.

Ornementation. — Dans les notices de nos manuscrits de
Dante, je n'ai pas cru devoir négliger l'ornementation. Au contraire, bien que ce soit là un côté accessoire du sujet, j'ai donné
un certain développement à la description des miniatures. Outre
que le caractère de l'ornementation d'un manuscrit peut aider à
en faire reconnaître l'origine (2), on conçoit tout l'intérêt que
pourrait offrir pour l'histoire de l'art italien aux XIV⁰ et XV⁰ siècles, une étude d'ensemble sur les manuscrits de Dante à peintures. Plusieurs de ces vieux exemplaires enluminés sont bien
connus ; d'autres le sont mal ou même sont à peu près ignorés ;
c'est le cas de ceux qui sont examinés dans ce mémoire. Ce qui
ajoute à l'intérêt d'un certain nombre de ces séries de miniatures,
c'est que le texte de Dante y est le plus souvent interprété avec
une extrême fidélité. A ce point de vue, l'illustration, malheureusement très incomplète, du ms ital. 2017 est des plus remarquables. Les mss. ital. 74 et 78 présentent aussi une suite de
peintures assez curieuses ; celles du manuscrit de Chantilly ont
été vantées par Colomb de Batines et par M. Moore. On trouvera
dans le ms. ital. 72 une représentation du Paradis d'une très fine

(1) W. BRADLEY, A *Dictionary of miniaturists, illuminators,* etc., 3 vol.
(Londres, Quaritch, 1887-1889).
(2) On a même cru distinguer, dans l'ornementation des mss. du groupe
Nardo, un certain nombre de caractères communs (voy. TAUBER, *I capostipiti,* p. 97).

exécution ; enfin, les deux exemplaires de la traduction française de Bergaigne (n. a. fr. 4119 et 4530) sont décorés d'assez grandes miniatures, où sont reproduites, d'une manière peut-être trop fantaisiste, certaines scènes du *Paradis*.

Provenances. — Tous écrits en Italie, les manuscrits de Dante décrits plus loin ont été apportés en France à des époques bien diverses, et ont pris, pour arriver dans nos collections, les chemins les plus différents.

Dès la seconde moitié du XVe siècle, on constate la présence d'un de ces manuscrits (ital. 72) dans la bibliothèque de Charles de Guyenne, et d'un autre (ital. 1470) dans celle de Jean II de Bourbon. Les mss. 534, 537 et 1014 du fonds italien actuel se trouvaient, au commencement du XVIe siècle, dans la librairie de Fontainebleau. Le ms. 1469, donné à François Ier en 1519, s'est égaré pendant plus de deux siècles et demi dans diverses bibliothèques privées. Avant 1622, cinq manuscrits nouveaux étaient venus se joindre à ceux de Fontainebleau (ital. 69, 70, 71, 74, 548). Le ms. 73 était avant 1645 dans la Bibliothèque du Roi. Puis, avec la collection de Mazarin sont venus les mss. ital. 529, 530, 531, 532, 533, 554 et le ms. lat. 8701. Mabillon rapporte d'Italie (probablement en 1686) l'exemplaire du *commentaire de Benvenuto da Imola* qui est aujourd'hui le ms. latin 8702. Le ms. 527 est acheté à Rome en 1715. L'acquisition de la bibliothèque de Colbert a fait passer en 1732 dans les collections du roi un exemplaire de la *Divine Comédie* (ms. ital. 528) et un exemplaire du *Convivio* (ms. ital. 536) (1). Pendant la période révolutionnaire sont passés dans les collections nationales deux manuscrits de Dante : un de Saint-Germain-des-Prés (ital. 1298) et un du collège de Navarre (ital. 1470). Le lot venu de Pie VI en 1798 est assurément le plus considérable ; sept de nos exemplaires de la *Divine Comédie*, et non les moins précieux, ont fait partie de la collection particulière de ce pape (mss. ital. 79 et 539 à 544). Enfin, le ms. ital. 75 a été acquis en 1841, le ms. ital. 2017 en 1887, et le ms. nouv. acq. fr. 4530 (trad. de Bergaigne) en 1889.

(1) C'est par erreur que M. Mazzatinti considère comme ayant appartenu à Colbert les mss. italiens 74 et 534. L'ancienne cote 406, qui se trouve dans le ms. 74, et que M. Mazzatinti a prise (I, CXLI) pour celle que ce volume aurait portée dans la collection colbertine, est celle qui lui a été assignée dans le catalogue de 1622 (1re partie ; ms. lat. 10367). De même pour le ms. 534, qui est successivement porté, sous des numéros différents, dans les catalogues de 1622, 1645 et 1682.

Les renseignements font complètement défaut sur la provenance d'un certain nombre de nos manuscrits dantesques ; il en est d'autres, au contraire, que l'on peut presque suivre de collections en collections depuis un siècle ou deux ; c'est le cas pour les mss. ital. 1469 et 2017, et pour l'un des exemplaires de la traduction de Bergaigne (nouv. acq. franç. 4530).

Parmi les personnages, dont plusieurs sont illustres, qui se sont trouvés possesseurs de quelques-uns de ces volumes, il faut citer :

AGOSTINO DA GAGLIANO (XVI⁰ s.) — *ital.* 532.
ANDRIANO DI THILESE DE CUSENZA — *ital.* 1298.
BECKFORD (WILLIAM) — *n. a. fr.* 4530.
BISSAIGHE (JOHANNES), chanoine de Saint-Celse et Saint-Julien, à Rome (en 1680) — *ital.* 77.
CARACCIOLI et DE CARDAILLAC (familles) — *ital.* 2017.
CHARLES DE GUYENNE — *ital.* 72.
CORBINELLI (JACOPO) — *ital.* 536; *Grenoble 835.*
CROY (famille DE) — *Valenciennes 397.*
DUPRAT (le chancelier) — *n. a. fr.* 4119.
F. M. P. (?) — *ital.* 541.
FRANCISCHINO DI GIOVANNI DI SIENA — *ital.* 528.
GOUFFIER (amiral) — *n. a. fr.* 4530.
GUILLELMUS DE BO... — *ital.* 533.
JEAN II DE BOURBON — *ital.* 1470.
LA VALLIÈRE (duc de) — *ital.* 1469; *n. a. fr.* 4530; *Arsenal 8531.*
LA VERNADE (LOUIS DE) — *ital.* 1470.
MALATESTA (SIGISMOND-PANDOLPHE) — *ital.* 530.
MINUTIUS (IA.) — *ital.* 1469.
MONANNI (CLAUDIO) — *ital.* 78.
MUTI (MARCELLO) — *ital.* 77.
PAULMY (DE) — *Arsenal 8506* et *8531.*
PETAU? (ALEX.) — *n. a fr.* 4530.
PETRUCCI (FRANCESCO DI BARTHOLOMEO DE') — *ital.* 73.
SÉGUIER (le chancelier) — *ital.* 1298.
VESPUCCI (GEORGES-ANTOINE) — *ital.* 531.
VILLEQUIER (famille de) — *ital.* 1470.

Ajoutons que le ms. ital. 538 vient de Sainte-Justine de Padoue.

Tels sont, résumés en quelques pages, les principaux résultats de cette nouvelle enquête sur les manuscrits de Dante conservés dans nos collections. Je n'ose me flatter qu'elle soit définitive. Mon ambition n'a pas été au delà de mettre au courant, de rajeunir en quelque sorte, pour la partie française, le vieux répertoire de Colomb de Batines, livre admirable pour le temps, et qui ne paraît pas avoir joui chez nous de toute l'estime qu'il méritait.

LES

MANUSCRITS DE DANTE

DES

BIBLIOTHÈQUES DE FRANCE

———

I. — Italien **69** (1) (ancien fonds 7001).

DIVINE COMÉDIE.

Manuscrit en parchemin. 66 feuillets. 380 millimètres sur 280. Écriture de la fin du XIVe siècle, disposée sur deux colonnes, de 57 lignes chacune. Reliure en maroquin rouge, aux armes de France (2).

Incipit (fol. 1) : « Chomincia la Commedia di Dante Alleghieri, poeta Florentino, nella quale tracta delle pene e punimenti de' vizii, e de' meriti e premii delle virtudi. — Canto uno della prima parte, la quale si ghiama Inferno, nella quale l'autore fa prohemio a tocta l'opera. »

Explicit (fol. 66) : « Finito il libro di Dante Alleghieri, poeta Fiorentino, il quale passò di questa vita nella cictà di Ravenna, il dì di Santa Crocie, a dì XIIII del mese di sectenbre, anni Domini MCCCXXI, la chui anima requiescat in pace. Deo gracias. Amen. Amen. »

Commentaire. Aucun. Seulement quelques notes marginales en

———

(1) Les manuscrits qui, dans le présent catalogue, ne portent pas d'autre indication que la simple mention *italien*, *latin*, etc., appartiennent à la Bibliothèque nationale.

(2) Anciennes cotes : catalogue de 1622 : sept cent cinquante; — catalogue de 1645 : **746**.

latin et gloses de la fin du XVe siècle, et cela rien que pour l'*Enfer.*

Arguments en italien, en tête de chaque chant, sauf pour les chants suivants : *Purg.*, XXIV-XXVII, XXIX-XXXII, et *Par.*, I-VII, en tête desquels la place destinée au sommaire est restée blanche.

Voici l'un de ces arguments (*Inf.*, III) : « Canto III, nel qual tracta della porta e dell' entrata dell' Inferno e del fiume d'Acheronte, e della pena di coloro che vivectono sanza opere di fama dengne, e chome il demonio Caron li trae in sulla nave, e chome gli parloe a l'autore, e toccha qui questo vizio in persona di papa Cilestrino. »

Ornementation. Vignette en tête de chacune des trois cantiques; les vignettes placées en tête du *Purgatoire* et du *Paradis* n'ont pas été peintes, mais seulement dessinées. — Lettres ornées en tête des chants de l'*Enfer*, I-XX ; pour le reste, les initiales ornées sont seulement dessinées à la plume ou au crayon, ou même totalement absentes.

La grossièreté et le caractère archaïque de l'ornementation ont fait attribuer à ce manuscrit une date plus ancienne que ne semble le comporter l'écriture.

A remarquer dans les chants VI, VII, VIII du *Paradis* plusieurs interversions ; voici comment le texte de ces trois chants se présente dans le manuscrit :

Par., VI, 1-57.
— VII, 58 à la fin.
— VIII, 1-63.
— VI, 58 à la fin.
— VII, 1-57.
— VIII, 64 à la fin.

Ce volume a été, par erreur, décrit deux fois par Marsand (I, num. 6 et 696) et par Colomb de Batines (II, num. 418 et 426). Cet exemplaire est très incorrect; mais il paraît transcrit par un scribe négligent d'après une très bonne copie. On en peut comparer l'*incipit*, l'*explicit* et les *arguments* avec ceux des mss. ital. 532 et 539 ; or le 539 offre un texte généralement très pur. M. Moore, pour des raisons orthographiques, assigne au ms. 69 une origine toscane.

Marsand, I, 6, n° 6, et I, 804, n° 696 ; — Batines, II, 232, n° 418, et II, 238, n° 426 ; cf. *ibid.*, II, 354, n° XIII; — Moore, p. 626, n° 3 ; — Paulin Paris, *Les Manuscrits françois, etc.*, III, 308.

II. — **Italien 71** (ancien fonds 7251).

DIVINE COMÉDIE.

Manuscrit en parchemin. 73 feuillets. 350 millimètres sur 245. Écriture du XIVe siècle (1), disposée sur deux colonnes, de 51 lignes chacune. Reliure en basane, aux armes de Charles X (2).

Incipit (fol. 1) : « Comincia la Commedia di Dantè Alighieri di Firenze, nella quale tratta delle pene e punnimenti de' pecchati e vizi, e de' meriti e premii delle virtudi. — Canto primo della parte laquale si chiama Inferno, nella quale l'autore fa proemio a tutta l'opera. »

Explicit (fol. 73 v°) : « Finito la terza canticha della Commedia di Dante Alighieri di Firenze, chiamata Paradiso. A Dio sia gratia e lode. Amen. Amen. Amen. »

Commentaire. Aucun.

Arguments en italien en tête de chaque chant, le chant III de l'*Enfer* excepté. Voici l'argument du chant II : « Canto II della prima parte, nella (3) quale fa proemio alla prima canticha di questo libro. In questo canto tratta l'autore come trovò Vergilio, il quale il fecie sicuro del cammino per le tre donne che di lui avean cura nel cielo. »

Ornementation. En tête de chaque cantique, grandes lettres ornées bleues et rouges ; en tête de chaque chant, initiales alternativement rouges et bleues, à ornements alternativement violets et rouges.

Ferrari (dans *Batines*, II, 245) considère cet exemplaire comme une copie défectueuse d'un très bon texte. Sur les rapports de ce manuscrit avec le n° 242 du fonds dit *Appendix* de la collection Ashburnham, aujourd'hui à la Laurentienne de Florence, et avec le manuscrit 2373 du fonds Ottoboni, au Vatican, voir Moore, p. 671, n° 106 ; M. Moore rattache cet exemplaire à la famille dite « Vaticane ».

Marsand, I, 23, n° 23 ; — Batines, II, p. 245, n° 436 ; — Moore, p. 671, n° 106.

(1) C'est à tort que Marsand (I, 23) et Ferrari (dans *Batines*, II, 245) font dater ce manuscrit du XVe siècle.

(2) Anciennes cotes : catalogue de 1622 : MDCCCLIIII ; — catalogue de 1645 : 1964.

(3) *Ms.* : « della ».

III. — **Italien 72** (ancien fonds 7252).

DIVINE COMÉDIE.

Volume en parchemin. 89 feuillets. 368 millimètres sur 245. Écriture du commencement du XV⁰ siècle, disposée sur deux colonnes, de 42 lignes chacune. Reliure en ais recouvert de velours brun, dont les ornements (clous et fermoirs) ont disparu.

Incipit (fol. 1) : « Del (*sic*) mezo del camin... »

Explicit (fol. 89 v⁰) : « Finito libro, referamus gratia[s] Christo. Deo gratias. Amen. »

Commentaire. Aucun. Notes marginales du XV⁰ siècle.

Arguments. Consistent en de simples rubriques latines, comme celles-ci : « Capitulum tercium prime partis Inferni. — Capitulum quartum prime partis. »

Ornementation. En tête de chaque cantique, une miniature représentant (1) :

1⁰ (fol. 1) : l'Enfer ; — l'artiste a figuré quelques-uns des supplices de l'Enfer, mais en interprétant très librement le texte de Dante ;

2⁰ (fol. 30) : le Purgatoire ;

3⁰ (fol. 60) : le Paradis ; — le Christ dans sa gloire, entouré d'anges (et avec eux la Vierge et saint Jean-Baptiste) et d'élus.

En outre, en tête de chaque chant, une initiale bleue et or sur fond pourpre et or. Dans celle du premier chant ont été peintes les armes de France engrelées de gueules (Berry). Ces initiales, dans quelques-unes desquelles (fol. 14, 17 v⁰, 19, 20, 47 v⁰) figurent des fleurs de lys, sont dans le goût français plutôt que dans le goût italien. Au contraire, les trois miniatures sont certainement de la main d'un artiste italien.

Ce volume se trouvait en France dès la seconde moitié du XV⁰ siècle ; il appartenait alors à Charles de Guyenne, auparavant duc de Berry, frère cadet de Louis XI (2).

---

(1) Ces trois miniatures, d'ailleurs fort belles et fort curieuses, ne sont pas, comme le donne à entendre Batines (n° 437), formées par les initiales de chaque cantique ; elles en sont complétement indépendantes. M. Mazzatinti (I, XVIII) les a décrites avec trop de détails pour qu'il soit nécessaire d'en parler longuement ici.

(2) L. DELISLE, *Cabinet des manuscrits*, I, 85. C'est dans la bibliothèque de Charles de Guyenne que ce volume a dû recevoir de la main de Laurent Paumier, garde des livres du roi, et précédemment au service du duc Charles,

Le manuscrit italien 72 peut être identifié avec celui qui est ainsi décrit dans le catalogue de l'ancienne bibliothèque de Blois, de 1518, publié par M. Michelant (1) : « Dante, l'*Enfer*, *Purgatoire* et *Paradis*, couvert de velours tanné. »

Marsand, I, 25, n° 25 ; — Batines, II, p. 245, n° 437 ; — Moore, p. 674, n° 110.

<hr>

IV. — Italien 76 (ancien fonds 7002³).

DIVINE COMÉDIE.

Volume en papier. 169 feuillets (2). 390 millimètres sur 137. Daté de 1469. Écriture disposée sur une seule colonne ; 45 vers par colonne. Reliure en basane, sans armoiries.

Incipit (fol. 1) : « Inchomincia la Comedia di Dante Allegieri di Firenze, ne la quale tratta de le pene e ponimento (*sic*) de' vici, e de' meriti e anco i premi de le virtudi. »

La date du manuscrit et le nom du copiste nous sont fournis par les deux notes suivantes :

1° (fol. 164) : « Finito a dì primo di genaio MCCCCLXVIIII. »

2° (fol. 168) : « Finito è questo libro ; scrittòlo Bonacorso di Filippo Adimari. »

Commentaire. Aucun.

Arguments en italien, tels que celui-ci (ch. III) : « Come Virgilio il conducie a la porta d'Inferno e del fiume d'Acaronte ; come l'anime passono lo detto fiume. Cap. 3. »

Ornementation. Aucune.

Le texte de la *Divine Comédie* est suivi :

1° (fol. 164 v° à 168) : des *Capitoli* de Jacopo (*ici* Jacomo) di Dante et de Bosone da Gubbio :

Fol. 164 v° : « Capitolo fatto Jacomo figluolo di Dante, nel quale brievemente dichiara la intentione del padre nelle sue Comedie, cominciandosi dalla parte cioè Inferno :

[O] voi che siete dal verace lume... »

la cote : « 90 feuillets escrips, n° 15. » — On lit encore cette autre cote : « des vulgaires italiens, pulpito 2° », sur le verso du feuillet de garde.

(1) *Revue des Sociétés savantes*, t. VIII (1862), p. 641.

(2) Plus le feuillet A préliminaire, et moins le feuillet 83, omis dans la pagination ; le feuillet 60 est mutilé.

Fol. 166 : « Capito[lo] fatto messer Busone d'Agobi[o] ad intelligentia della soprascripta Comedia :

[P]erò che sia più frutto e più diletto... »

2° (fol. 168) : d'un sonnet que le copiste attribue, mais sans aucune raison sérieuse, à Dante lui-même : « Et questo sonetto dicie averlo fatto Dante. » Ce sonnet, qui commence par :

« Alexandro lasciò la signoria... »

se trouve dans un assez grand nombre de manuscrits et a été maintes fois réimprimé (1).

Les feuillets de garde A v° et 169 r°, en parchemin, sont occupés par des documents florentins du XVI° siècle.

Ce volume, après avoir fait partie de l'ancien fonds (7002³), a été versé pour un temps dans le Supplément français, sous le numéro 4144.

Marsand, I, 809, n° 699 ; — Batines, II, 244, n° 434 ; — Moore, p. 676, n° 115 ; — P. Paris, *Les Manuscrits françois*, etc., III, 319.

V. — Italien 527 (ancien fonds 7251²).

DIVINE COMÉDIE.

Volume en papier. 102 feuillets, plus le feuillet A préliminaire. 285 millimètres sur 212. Écriture du XV° siècle, disposée sur deux colonnes, à nombre variable de vers. Reliure en veau, sans armoiries.

Incipit (fol. 1) : « Incomincia la Commedia di Dante Allighierii di Firenze, ne la qual tratta delle pene de' vitii, e de' meriti delle virtù. — Comincia il primo canto della prima parte per lui chiamata Inferno, nel qual fa proemio a tutta l'opera. »

A la fin de chaque cantique, se lit une souscription du copiste Nicolo de Giunta :

1° (fol. 34 v°) : « Chi scrisse descriva, con Domine (*sic*) sempre viva. Nicolo de Giunta me fecit. Deo grazias. »

---

(1) Voy. *Il Propugnatore*, nuova serie, II (1889), parte I, p. 24. — Aux éditions indiquées en cet endroit, il faut ajouter : PAULIN PARIS, *Les Manuscrits françois*, etc., III, 320-321. — Notons que cette même poésie se lit dans le ms. de l'Arsenal 720, f. 106.

2° (fol. 68 v°) : « Explicit secunda cantica Commedie Dantis Aligherii de Florenzie. Deo gratias. Amen. Nicholo de Giunta me scrisse. »

3° (fol. 102 r°) : « Chi scrisse describat, chon Domine senpre viva[t]. Regnat in secula seculorum. Amen. Nicolo de Giunta. »

Commentaire. Aucun.

Arguments en italien, tels que celui-ci (ch. III) : « Canto terzo, nel quale tratta della porta e dell'entrata d'Inferno e del fiume d'Acheronte, e di coloro che vivono sanza opera di fama, e del dimonio Caron, com'elli parlò verso l'autore, e tocca questo vizio in persona del papa Cilestrino. »

Ornementation. Consiste uniquement en grandes initiales rouges en tête de chaque chant, plus grandes pour le premier chant de chaque cantique.

Il n'est pas exact de dire, comme fait Ferrari (dans *Batines*, II, 248), que ce manuscrit 527 a été copié sur le manuscrit actuellement 539 du même fonds; mais il est certain que ce sont deux exemplaires de la même famille.

On lit sur le verso du feuillet A préliminaire, cette note, écrite de la main de l'abbé de Targny, garde des manuscrits au commencement du XVIIIe siècle : *Achepté à Rome en 1745.*

Marsand, I, 23, n° 24; — Batines, II, 248, n° 442.

VI. — Italien 528 (ancien fonds 7252[5]).

DIVINE COMÉDIE.

Volume en parchemin. 85 feuillets. 320 millimètres sur 228. Écriture de la fin du XIVe siècle, disposée sur deux colonnes, de 42 vers chacune. Reliure en basane ; dos en maroquin rouge, aux armes de Charles X.

Le texte commence au vers de l'*Enfer*, X, 82 :

« E se tu mai nel dolce mondo regge... »

Commentaire. Aucun.

Arguments. Consistent en de simples rubriques en latin , telles que celle-ci : « Incipit capitulum XI Inferni. »

Ornementation. Grandes lettres ornées en tête du *Purgatoire* et du *Paradis.* Lettres alternativement rouges et bleues en tête de chaque chant.

A la suite de la *Divine Comédie*, se trouvent, sans titres :

1° (fol. 83), le *Capitolo* de Jacopo di Dante ;

2° (fol. 84), le *Capitolo* de Bosone da Gubbio ;

3° (fol. 85 v°), d'une autre main que tout ce qui précède, une poésie sur la *Divine Comédie*, imprimée d'après le manuscrit 580 de la bibliothèque Chigi, par Crescimbeni (1), sous le titre : « Recita di Dante d'un frate di S. Spirito, » puis par M. C. del Balzo (2).

Le premier vers est celui-ci :

« Natura, studio, ingengno, esperienza... »

On lit dans le volume deux fois le même *ex libris* :

1° (fol. 82) : « Di Francieschino di Giovanni di Siena, speziere in Par. »

2° (fol. 85) : « Chesto Dante è di Francischino di Giovanni di Siena, speziere in Par. »

Des armoiries à l'encre (un croissant), peut-être celles de ce personnage, se trouvent aux folios 22 r° et 85 r°.

Ancien manuscrit de Colbert 2097.

Marsand, I, 813, n° 703 ; — Batines, II, 241, n° 430 ; — Moore, p. 675, n° 111.

VII. — **Italien 529** (ancien fonds 7253¹).

Divine Comédie.

Volume en parchemin. 81 feuillets. 350 millimètres sur 248. Écriture du XIV° siècle, disposée sur deux colonnes, de 48 vers chacune. Reliure en maroquin rouge, aux armes de France.

Incipit (fol. 1) : « Incipit primus cantus prime Comedie Dantis de Florentia, in quo ad suum (3) totum opus proemizat, etc. »

(1) Crescimbeni, *Storia della volgar poesia*, II, 276-278 (Rome, 1711). — Cf. Batines, I, 229, et Biagi, *Giunte e correzioni, etc*, p. 84. — Je tiens de M. Prompt qu'il a publié la dernière partie de cette poésie, depuis *Purgha superbia*, etc., dans le *Pensiero di Nizza*, en 1889, d'après un ms. de la Bibliothèque palatine de Florence.

(2) C. del Balzo, *Poesie di mille autori. etc.*, II, 507-513 ; au texte déjà connu, M. del Balzo ajoute celui du ms 137, 4, R, de la bibliothèque Classense de Ravenne.

(3) *Ms* : « ad suum ad totum. »

Explicit (fol 81) : « Explicit tercia pars Comedie Dantis Aldighierii de Florentia, poete moderni, vocata Paradisus. Deo gracias. Amen. — Qui scripsit scribat. Antonium de Curtona Dominus benedicat. »

On peut, avec Ferrari (dans *Batines* II , 246), induire de cette dernière note que le manuscrit a été exécuté en Toscane.

Commentaire. Aucun.

Arguments en latin tels que celui-ci : « Incipit III^us cantus Inferni , in quo tractat de prima porta Inferni et de flumine Acherontis, et de spiritibus qui vixerunt absque fama , congregatis et currentibus subtus vexillo , et fecit Caron demon omnes in nave sua transitus, et sicut locutus est auctori. »

Ornementation. Aucune.

La *Divine Comédie* est suivie des *Capitoli*, appelés ici *Repilogationes*, de Jacopo di Dante (fol. 79) et de Bosone da Gubbio (fol. 80).

Marsand, I, 25, n° 26 ; — Batines, II, 246, n° 438 ; — Moore, p. 675, n° 112.

VIII. — Italien 530 (ancien fonds 7254).

DIVINE COMÉDIE.

Manuscrit en parchemin. 143 feuillets. 325 millimètres sur 235. Daté de 1411. Une seule colonne à la page ; 51 vers par colonne. Reliure en maroquin rouge, aux armes de France.

Commentaire. Aucun.

Arguments. Consistent en de simples rubriques en latin : « Capitulum III Inferni. »

Ornementation. En tête de chaque cantique, une grande vignette, avec initiale historiée, représentant :

1° (fol. 1), pour la première partie : Dante et Virgile dans l'Enfer, avec des damnés livrés aux flammes ;

2° (fol. 48), pour la seconde : Dante et Virgile dans une barque (la *navicella* du vers I, 2) ; sur les deux rives du fleuve, des damnés dans les flammes,

3° (fol. 96), pour la troisième : Couronnement de la Vierge , scène à laquelle assistent Dante et Virgile agenouillés.

En tête de chaque chant, une initiale peinte sur fond or.

Ce volume, exécuté avec grand soin à Padoue, en 1411, appartenait vers le milieu du XV⁰ siècle, à Sigismond-Pandolphe Malatesta (1).

Voici la note où se lit (fol. 143 r⁰) la date du manuscrit : « Explicit tertia et ultima cantica Comedie Dantis Aldigerii, excellentis poete de Florentia, quam ego A. scripsi Padue, anno Domini MCCCCXI, die decima mensis julii. Deo gratias. Amen. »

Sur un feuillet collé au plat inférieur du manuscrit, on lit cette épigramme sur le pape Pie II (suivie, en écriture plus moderne, d'une contre-épigramme en vers détestables) :

Epigrama pape Pii secundi :
Quo magis ingratus nemo fuit alter et idem
    Qui dici voluit impietate pius.
Hac sibi quam vivus construxit clauditur arcba ;
    Corpore nam Stygios atra lacus (*sic*).
Hic vatem quia se doctumque volebat haberi
    Vatibus et doctis omnibus hostis erat.
Elloquio insignes, musisque dicata juventus,
    Solvite vota deis, quia rapuere Pium.

In detractorem papae Pii secundi :
Quo magis ignorans nemo fuit alter et idem
    Qui laceravit impietate Pium, *etc.*

Marsand, I, 26, n⁰ 27 ; — Batines, II, 243, n⁰ 432 ; — Moore, 670, n⁰ 103.

IX. — Italien 531 (ancien fonds 7257).

DIVINE COMÉDIE.

Manuscrit en parchemin. 86 feuillets. 340 millimètres sur 250.

(1) On peut le conclure des armoiries peintes au bas du feuillet 1 r⁰, identifiées par Mazzatinti (I, 106) : écartelé, aux 1 et 4 bandés de 5 pièces d'argent échiquetées d'or et de gueules (Malatesta), aux 2 et 3 d'azur aux lettres I et S d'or entrelacées (initiales d'Isotta degli Atti, femme de Sigismond-Pandolphe Malatesta); bordure et croix brochant endentées d'or et de sable. — A droite de l'écu, cimier à deux têtes d'éléphant de sable, défendues d'argent, la trompe levée, le dos du col orné d'une crête échancrée d'or. Devise illisible. On sait que Sigismond Malatesta avait réuni une remarquable collection de manuscrits. (Voy. TIRABOSCHI, *Storia della Letterat. ital.*, t. VI [Milan, 1824], p. 225.)

Écriture de la seconde moitié du XIVe siècle, disposée sur 2 colonnes ; 42 vers par colonne. Reliure en basane, avec dos en maroquin rouge, aux armes de Charles X.

Incipit (fol. 1) : « Comincia la Comedia di Dante Alleghieri da Firenze, nella quale tratta delle pene e purgatione de' vitii e premio di virtù, divisa in III parti, cioè Inferno, Purgatorio e Paradiso. — Capitolo primo d'Inferno, dove [fa proemio] a tutta l'opera, e dice essere impedito da [   ] che sono contrarii generalmente a ogni virtù. »

Explicit (fol 86 v°) : « Explicit liber Comedie Dantis de Alligheriis de Florentia. Deo gratias. »

L'*explicit* est immédiatement suivi de cet intéressant *ex libris*, écrit sur un autre plus ancien, lequel a été complètement gratté : « *Liber Georgii-Antonii Vespucii.* » Ce Georges-Antoine Vespucci, oncle du célèbre Amerigo, est connu. Prévôt de la cathédrale de Florence, puis dominicain au couvent de Saint-Marc, c'était un esprit très cultivé. Il fut grand ami de Marsile Ficin, comme on peut le voir d'après la correspondance de ce dernier (1).

Commentaire. Aucun. Seulement quelques notes dans les marges, plus nombreuses pour le *Paradis.* Ferrari (dans *Batines*, II, 234) attribue ces gloses au possesseur du manuscrit, Georges-Antoine Vespucci, dont il vient d'être question.

Arguments en italien. Exemple : « Canto III d'Inferno, dove tratta della porta e entrata d'Inferno, e del fiume d'Acheronte, e di quelli che son vissati sanza infamia e sanza loda, et come Caron antico, cioè il Tempo, li trasporta in sua nave, cioè per questa vita fragile e caduca. »

Ornementation. En tête de chaque cantique, grandes initiales rouges et bleues ; en tête de chaque chant, initiales alternativement bleues et rouges.

Ce manuscrit n'est pas dû tout entier au même copiste ; il y a un changement de main au vers du *Purgatoire*, IX, 124, comme l'indique Ferrari (dans *Batines*, l. c.). M. Moore (p. 669, n° 102) en signale d'autres (*Purg.*, X, 10 ; XXIII, 85 ; XXXI, 97), qui paraissent moins certains. Le même auteur (*ibid.*, et Append., II, tableau I) rattache cet exemplaire à la famille dite *Vaticane.*

Marsand, I, 29, n° 30 ; — Batines, II, 233, n° 420 ; *ibid.*, 354, n° XIV ; — Moore, 669, n° 102.

(1) Voy. TIRABOSCHI, *Storia della Letterat. ital.*, t. VI (Milan, 1824), p. 366. Cf. BATINES, II, 234.

X. — Italien 532 (ancien fonds 7258).

Divine Comédie.

Manuscrit en papier. 79 feuillets. 328 millimètres sur 225. Écriture du XVe siècle, disposée sur deux colonnes; nombre de vers variable par colonne. Reliure en veau brun, aux armes de Louis-Philippe.

Incipit (fol. 1) : « Incomincia la Commedia di Dante Allighieri di Firenze, nella quale tratta delle pene e punimenti de' vitii, et de' meriti e premii delle virtù. — Comincia il canto primo della prima parte, la quale si chiama Inferno, nel qual capitolo fa l'autore proemio a tutta l'opera. »

Explicit (fol. 79 v°) : « Explicit liber Commedie Dantis Allighierii de Florentia, per eum edictus sub anno Dominice Incarnationis M°CCC° (1), de mense martii; sole intrante, luna nova in Libra. »

« Qui decessit in civitate Ravenne in anno Dominice Incarnationis M°CCC°XXI°, die Sancte Crucis de mense settenbris; anima cujus requiescat in pace. Amen (2). »

« Istum librum scripsit M. S. del Buonconsigl[i]o Sitii. Deo gratias. Amen. »

Commentaire. Aucun.

Arguments tels que celui-ci : « Canto III, nel qual tratta della porta dell' entrata dell' Inferno e del fiume d'Acheronte, e della pena di coloro che vivettono sanza opere dengne di fama, e co[me] il demonio Carone gli trae in sua nave, e come gli parlò a l'autore, tocha qui questo vitio nella persona di... (3). »

Onementation. Consiste simplement en initiales rouges en tête de chaque chant.

On lit (fol. 1 r°) cet *ex libris*, d'une main du XVIe siècle : « Di Agostino da Gagliano e delli amici. »

---

(1) On avait d'abord écrit M°CCC°XXI°; puis on a barré les chiffres XXI°, mais sans les effacer complètement.

(2) Sur cet *explicit*, très important pour la classification des mss. de Dante, voir plus haut, à l'Introduction, p. 7 et 8.

(3) Il faut restituer ici *papa Cilestrino*, qu'on trouve dans un certain nombre d'exemplaires. Dans une des copies dont le ms. italien 532 dérive, ces deux mots avaient évidemment été effacés à dessein.

M. Moore, qui rattache ce manuscrit à la famille dite *Vaticane*, a le premier signalé (p. 671, nᵒ 105) une lacune entre les vers du *Paradis*, V, 78-118, et la répétition du vers 120 avant et après le vers 119 du même chant V.

Marsand, t. I, p. 29, nᵒ 31 ; — Batines, t. II, p. 246, nᵒ 439 ; — Moore, p. 670, nᵒ 105.

XI. — **Italien 533** (ancien fonds 7764 ; Mazarin).

DIVINE COMÉDIE.

Volume en parchemin. 192 feuillets. 266 millimètres sur 188.

Écriture de la fin du XIVᵉ siècle, disposée sur une seule colonne, de 38 vers à la page. Reliure en maroquin citron, aux armes de France.

Commentaire. Aucun. Seulement quelques notes marginales.

Arguments. Aucun. On a seulement, au XVIᵉ siècle, écrit un titre en tête de chaque chant de l'*Enfer*, par exemple, chant IV : *Innocentes et philosophos* ; chant V : *Luxuriosos*, etc., d'après une table, écrite au XIVᵉ siècle, qui se lit avec quelques autres notes au verso du feuillet 128.

Ornementation. Grande initiale peinte en tête de chaque cantique. En tête de chaque chant, initiales alternativement rouges à ornements bleus, et bleues à ornements rouges.

Marsand considère le texte de ce manuscrit comme très défectueux ; au contraire, Ferrari le regarde comme l'un des meilleurs que possède la Bibliothèque nationale (1). La vérité est entre ces deux extrêmes, dans l'opinion modérée exprimée par M. Moore. « Le texte, » dit-il, « ne paraît ni aussi bon que l'a jugé Ferrari, ni aussi mauvais que le trouvait Marsand. »

On trouve (fol. 192 vᵒ) un *ex libris* en partie gratté : « Iste liber est Guillelmi de Bo... »

Marsand, t. I, p. 119, nᵒ 112 ; — Batines, t. II, p. 234, nᵒ 421 ; — Moore, p. 670, nᵒ 104.

---

(1) « Per la bontà del testo è uno de' più preziosi codici della Biblioteca reale di Parigi. » (Ferrari, dans *Batines*, II, 235.)

XII. — **Italien 539** (ancien fonds 7002⁷).

DIVINE COMÉDIE.

Volume en parchemin. 84 feuillets. 350 millimètres sur 240. Écriture du XIV⁰ siècle (1), disposée sur 2 colonnes ; 45 vers par colonne. Reliure en veau fauve, aux armes de Pie VI (2).

Incipit (fol. 1) : « Incomincia la Commedia di Dante Allighieri di Firenze, nel (*sic*) quale tratta de le pene e punimenti de' vizii, e de' meriti e premii de le virtù. — Comincia il canto primo de la prima parte, la quale si chiama Inferno, nel quale capitolo fa l'autore prohemio a tutta l'opera. »

Explicit (fol. 84 r°) : « Explicit liber Comedie Dantis Alagherii de Florentia, per eum editus sub anno Dominice Incarnationis millesimo trecentesimo, de mense martii, sole in Ariete, luna nona in Libra (3). »

« Qui decessit in civitate Ravenne in anno Dominice Incarnationis millesimo trecentesimo XXI°, die Sancte Crucis de mense settembris ; anima cujus in pace requiescat. Amen. »

Commentaire. Aucun.

Arguments en italien, tels que celui-ci : « Canto terzo, nel qual tratta de la porta et de l'intrata del' Inferno e del fiume d'Acheronte, e de la pena di coloro che vivettero sanz' opera di fama degne, e com'el dimonio Charon li trae in sua nave, e come toccha qui in persona di papa Celestino. »

Ornementation. En tête de chacune des trois cantiques, lettre ornée, avec vignette, d'exécution assez grossière, représentant Dante et Virgile. — En tête de chaque chant, initiales alternativement bleues et rouges, à ornements alternativement rouges et bleus.

Ce manuscrit est généralement considéré comme l'un des exemplaires les plus corrects de la *Divine Comédie*. D'après Ferrari (dans *Batines* II, 227), ce manuscrit aurait beaucoup de leçons

----

(1) Et non du XV⁰, comme Marsand le dit bien à tort.

(2) Au dos de cette reliure est imprimée la cote 13000 (et non 1300, comme dit de Batines, II, 227).

(3) Sur cet *explicit*, voir l'Introduction p. 7 et 8. De Batines lit à tort : *luna nova in libra*. Il n'est pas inutile de faire remarquer que le ms. 539 et le ms. 532 examiné plus haut, présentent à la fois le même *incipit*, le même *explicit* et les mêmes *arguments*. La seconde partie de cet *explicit* : « Qui decessit, etc. » se trouve traduite en français au commencement du ms. ital. 1470, décrit plus loin.

communes avec le Vaticanus 3199 et avec l'un des exemplaires conservés dans la bibliothèque Chigi. Le Vaticanus 3199 (n° 319 de Batines, — manuscrit B de Moore) est un de ceux que Witte avait pris comme base de son édition (1). D'autre part, le manuscrit italien 539 aurait (d'après Moore, p. 625) une étroite parenté avec le ms. Egerton 932 au Musée britannique (manuscrit k de Moore).

Ferrari (dans *Batines* II, 248) se trompe quand il dit que le manuscrit italien 527 (7251²) est une copie du n° 539. Nous n'en voulons qu'une preuve. Les vers du *Paradis*, XVI, 94-96, omis dans le manuscrit 539, lors de la transcription du texte, ont été postérieurement ajoutés dans la marge inférieure ; au contraire dans le 527, qui paraît un peu postérieur au 539, mais qui est de beaucoup antérieur à cette addition, ces mêmes vers ont été écrits de la même main que le texte, et n'ont pu être, par conséquent, copiés sur le 539. De plus, on ne rencontre pas dans le ms. 527 l'*explicit* caractéristique du ms. 539, et le texte des *arguments* n'est pas absolument identique dans les deux exemplaires. Ce qui est certain, c'est que ces deux manuscrits présentent un grand nombre de leçons communes, comme on peut le constater par le tableau imprimé plus loin en appendice.

Pie VI avait, paraît-il, une préférence toute particulière pour ce manuscrit, et on dit qu'il ne s'en séparait jamais ; d'après de Batines (II, 227), on l'aurait trouvé sur son lit après sa mort.

Ce volume a figuré quelque temps dans le Supplément français, sous la cote 4149.

Marsand, t. I, p. 796, n° 691 ; — Batines, t. II, p. 226, n° 413 ; — Moore, p. 625, n° 1.

XIII. — **Italien 542** (ancien fonds 7259³).

DIVINE COMÉDIE.

Volume en papier. 105 feuillets. 295 millimètres sur 210. Daté de 1456. Écriture disposée sur deux colonnes, de 35 vers chacune. Reliure en veau fauve, aux armes de Pie VI.

Incipit (fol. 1) : « Comincia la prima parte della cantica overo

(1) Ce que K. Witte dit de ce manuscrit est rectifié et complété par M. P. DE NOLHAC, *La Bibliothèque de Fulvio Orsini*, p. 303-305.

Comedia, chiamata Inferno, del chiarissimo poeta Dante Alighieri di Firenze, e di quella prima parte il canto primo. »

Explicit (fol. 105) : « Explicit Comedia Dantis Alagherii Florentini, anno Domini MCCCCLVI. »

Commentaire. Aucun.

Arguments. Consistent en de simples rubriques en italien, comme celle-ci : « Comincia il canto III dell'Inferno. »

Ornementation. Lettres ornées en tête de chacune des trois cantiques ; initiales bleues en tête de chaque chant.

Au feuillet 1, armoiries italiennes (palées de gueules et d'argent à une fasce d'or ; initiale D).

M. Moore (p. 675) signale la remarquable affinité de ce manuscrit avec le groupe dit « Vatican »; le texte en est, d'après lui, exceptionnellement bon, surtout pour l'*Enfer*; il déclare même que, pour cette cantique, il en a rarement rencontré de meilleur. Le rapport de ce manuscrit avec l'exemplaire du Vatican copié par Bembo (*Vatic.* 3197 = *Batines* 341), et avec l'édition Aldine, avait déjà été signalé par K. Witte, dans un passage de ses *Prolegomeni* cité par M. Täuber (*I capostipiti*, p. 11).

Ce volume a figuré dans le Supplément français sous le numéro 4152.

Marsand, t. I, p. 793, nº 688; — Batines, t. II, p. 243, nº 433; — Moore, p. 675, nº 113.

XIV. — **Italien 544** (ancien fonds 7259⁵).

Divine Comédie.

Volume en papier. 230 feuillets. 280 millimètres sur 220. Écriture de la fin du XVᵉ siècle, disposée sur une seule colonne ; 31 vers par colonne. Reliure en basane, sans armoiries.

Incipit (fol. 1) : « Quicquid facitis in verbo Dei facite. Incomincia il libro del sommo poeta Fiorentino Dante Allighieri, et prima la prima Comedia delo 'nferno. Feliciter. »

Explicit de la *Divine Comédie* (fol. 224) : « Finisce la terza Comedia del Paradiso del Fiorentino poeta Dante Allighiri. Deo gratias. »

Outre la *Divine Comédie*, ce volume contient (fol. 225-227) le *Capitolo* de Jacopo di Dante, avec ce titre : « Questo è uno capito fatto per lo figluolo di Dante, nel quale brevissimamente dichiara l'antenti on di Dante nelle sue Comedie, » et (fol. 227-230) le *Capitolo* de Bosone da Gubbio, sans titre.

Commentaire. Aucun. Quelques notes modernes en marge des premières pages.

Arguments. Ils sont remplacés par de simples rubriques, comme celle-ci : « Comincia il terzo capitolo dello 'nferno. » Il y a également, pour chaque chant, un *explicit* spécial.

Ornementation. En tête de chaque chant, lettrine avec vignette. Ce qui fait la base de cette ornementation, ce sont de petits amours nus, aux ailes multicolores, portant au cou un collier de perles noires, auquel pend un morceau de corail. En outre, oiseaux également multicolores, à bec et pattes rouges ; animaux fantastiques, chimères ; lièvres, chiens, singes, etc.

Une note collée sur le plat supérieur de la reliure indique que ce volume vient de la bibliothèque d'un pape ; ce pape est Pie VI, dont les armes se voient dans un médaillon au bas du premier feuillet.

L'opinion émise par Marsand (I, 796) et répétée par de Batines (II, 240), que cet exemplaire est probablement une copie du même manuscrit que l'exemplaire coté italien 542 (n° 688 de Marsand), ne me paraît pas fondée.

Ce volume a figuré dans le Supplément français, sous la cote 4154.

Marsand, t. I, p. 795, n° 690 ; — Batines, t. II, p. 239, n° 428.

XV. — Italien 1298 (ancien St-Germain français 1682).

Divine Comédie.

Volume en papier. 76 feuillets. 282 millimètres sur 208. Écriture du commencement du XVᵉ siècle (1), disposée sur deux colonnes. Nombre variable de vers par colonne. Cartonné, dos basane.

Ce manuscrit est incomplet du commencement ; il débute par le vers de l'*Enfer*, II, 19 :

« Non pare indigno ad homo d' intellecto. »

---

(1) Du **XIVᵉ** siècle d'après de Batines et Moore ; du **XVᵉ** d'après Marsand. Je le crois, au plus tôt, de l'extrême fin du **XIVᵉ** siècle.

L'*Explicit* de la *Divine Comédie* est (fol. 75) : « Finis. Amen. Explicit liber Dantis Allegherii de Florencia. Deo gratias. Amen. »

La *Divine Comédie* est suivie des morceaux ci-après désignés :

1° (fol. 75) : 4 vers (Batines, II, 238 ; Moore, p. 628) où se lit le nom du copiste, Antonio de Bellante :

> Se pur disio ad alcun venesse
> Et vole sapere quello chi me scrisse,
> Donno Antonio de Bellante dicto
> Se chiama chi lo libro a scripto.

2° (même feuillet) : deux des épitaphes de Dante (1) :

A. « Epictafium Dantis factum a se ipso :

> Jura monarchie, superos, Flegitonta lacusque... »

B. « Epittafium quod filius suum (*sic*) fecit :

> Inclita fama cujus universum penetrat orbem... »

3° (fol. 75 v°) : *Capitolo* de Jacopo di Dante, avec cette souscription : « Explicit quedam Repilogacio facta super Comedia Dantis per Petrum (2), ejus natum. »

Enfin, cet *ex-libris* : « Chesto è d'Andriano di Thilese de Cusenza. »

Commentaire. Aucun.

Arguments. Simples rubriques en latin, telles que : « Incipit capitulum tercium Inferni. »

Ornementation. Initiales presque partout alternativement bleues et rouges.

Ce manuscrit vient de Saint-Germain-des-Prés (3), et, par Saint-Germain, de Coislin et de Séguier.

Marsand, t. II, p. 130, n° 807 ; — Batines, t. II, p. 237, n° 425 ; — Moore, p. 627, n° 6.

---

(1) Les deux attributions données par ce manuscrit sont tout à fait fausses. Sur ces épitaphes, voy. plus haut, à l'Introduction, p. 13 et 14.

(2) Sept autres exemplaires au moins attribuent, mais certainement à tort, la *Divisione* de Jacopo à son frère Pietro. Voy. ROEDIGER, dans *Il Propugnatore*, nuova serie, t. I (1888), parte I, p. 329.

(3) Le n° 2371, qui se lit au bas du feuillet 1, est une ancienne cote portée par ce volume à Saint-Germain.

XVI. — Italien 1470 (ancien Navarre 42).

DIVINE COMÉDIE.

Volume en papier. 92 feuillets. 293 millimètres sur 216. Écriture du commencement du XVe siècle, disposée sur deux colonnes, à nombre variable de vers. Reliure en maroquin rouge.

Incipit (fol. 3) : « Incomincia la prima cantica della Comedia di Dante Alleghieri di Firenze, dove tracta distintamente di quelli che sono in Inferno ; capitolo primo. »

Explicit (fol. 89 v°) : « Explicit Comedia Paradisi Dantis Allegherii de Florentia. Deo gratias. Amen. »

Il y a une lacune assez importante à signaler entre les feuillets 4 et 5 ; le feuillet 4 se termine avec le vers de l'*Enfer*, III, 36 ; le feuillet 5 commence avec le vers de l'*Enfer*, VIII, 117. Autre lacune entre les feuillets 10 et 11 (*Enfer*, XIV, 116 à XIX, 83).

Commentaire. Aucun.

Arguments en italien, tels que celui-ci : « III° capitolo del Ninferno, dove l'autore è introducto da Virgilio a la prima porta d'Inferno, al fiume d'Acheronte. »

Ornementation. Fol. 3, vignette avec armoiries (1). — En tête de chaque chant, initiales alternativement rouges et bleues.

Ce volume a appartenu à Jean II de Bourbon, comte de Clermont, qui en a fait présent, en 1454, à Louis de La Vernade, gentilhomme forésien, comme le prouvent les notes suivantes (2) :

« Iste liber est domyny Johannis de Bourbonnio, commitis Clarimontis. » (Fol. 90.)

« Et preffatus dominus meus comes ipsum librum dedit mihi Ludovico de La Vernade, militi et presidenti Forensi, Turonis, in mense aprilis, anno Domini M°CCCCLIII, ante Pascha (3). » (Fol. 90, d'une autre main.)

« Mais que je y soie. Clermont. » (Fol. 92.)

Ce volume a appartenu également, vers la même époque, vraisemblablement dans le second quart du XVe siècle, à la famille

---

(1) D'azur à trois fleurs de lys au naturel.

(2) Voir L. DELISLE, *Cabinet des manuscrits*, 1, 168.

(3) Cf., dans le ms. 722 de la bibliothèque de l'Arsenal, une autre souscription de Louis de La Vernade, où celui-ci s'intitule « cancellarius domini mei ducis Borbonnii et Alvergnie ».

de Villequier; on lit, en effet, fol. 1 : « A mon très honnouré filz André, sʳ de Vilequier. »

Enfin, fol. 66 v°, se trouve, dans la marge inférieure, en écriture du XVIᵉ siècle, le nom de Jehan Debue, vraisemblablement celui d'un des anciens possesseurs du manuscrit.

Ce volume n'a pas été connu de Marsand. — Batines, t. II, p. 249, n° 444.

XVII. — **Arsenal 8506** (ancien italien 30 *bis*).

DIVINE COMÉDIE.

Petit volume en parchemin, mesurant 130 millimètres sur 95. Écriture de la fin du XVᵉ siècle, disposée sur deux colonnes ; 27 vers par colonne. Reliure en maroquin rouge, sans armoiries (1).

Une page est remplie par le titre suivant : « La Divina Commedia di Dante Alighieri. Manoscritto dall' anno MCCCCX a MCCCCXX incirca (2). »

Explicit. « Explicit tertia Comedia Dantis Aldegerii Florentini, que intitulatur Paradisus. Deo gratias. Amen. »

Commentaire. Aucun.

Arguments. Aucun. Il n'y a aucune séparation entre les différents chants.

Ornementation. Joli encadrement autour de la première page du texte. Il se compose d'une bande, divisée elle-même en petits carreaux ; dans un sur deux de ces petits compartiments, une fleur ou un fruit sur fond or ; dans les autres, ornements or sur fond rouge.

Lettre ornée en tête du premier chant de l'*Enfer* ; initiales roses en tête de tous les autres chants de l'*Enfer*, et de tous ceux du *Purgatoire* et du *Paradis*.

D'après M. Moore (p. 674), on y trouve, *passim*, des lettres doubles, ce qui est commun dans les manuscrits vénitiens. Le même savant compare ce manuscrit, pour ses dimensions fort restreintes,

____

(1) Ce ms. porte l'ancienne cote : *Belles-lettres*, n° 2874.

(2) M. Moore (p. 674) remarque avec raison que le volume paraît postérieur à cette date.

au n° XLIV, 5, de la Bibliothèque Barberini (Batines, 365), et, pour le texte, au manuscrit d'Oxford, Canon. ital. 95 (Batines, 485).

Plusieurs vers, omis tout d'abord, ont été ajoutés postérieurement, d'une encre différente, mais par la même main.

Marsand, II, 281, n° 927 ; — Batines, II, 251, n° 447 ; — Moore, n° 109, p. 674.

XVIII. — **Arsenal 8530** (ancien italien 29).

DIVINE COMÉDIE.

Volume en parchemin, mesurant 330 millimètres sur 225. Écriture du XIVe siècle, disposée sur une seule colonne; nombre de vers variable par colonne. Reliure en parchemin blanc.

Explicit (avant-dernier feuillet) : « Explicit Comedia Dantis Alagherii Florentini. Deo gratias. Amen. »

Commentaire. A l'intérieur de la couverture et sur le fol. 1 r°, se trouve transcrit le préambule du commentaire de Jacopo della Lana : « Ad intelligencia della presente comedia... sarabbe superfluo e d'ava[n]zo (1). » — En outre, gloses marginales très nombreuses pour les cinq premiers chants de l'*Enfer*; beaucoup plus rares pour le reste.

Arguments. Seulement pour l'*Enfer* et les vingt premiers chants du *Purgatoire*; ils n'ont pas été rubriqués, et sont seulement écrits en marge en caractères très fins. Voici l'un de ces arguments : « Nel decimo nono canto tracta de la terza malabogia, dove punisse li Simoniatici, cioè color chi vendeno e comprano le cosse spirituali, la pena di quay è che stanno trapiantati di soto, e con i piè di sopra, e anno le piante accese. »

Ornementation. Presque à chaque page de ce volume, le plus souvent dans la marge inférieure, se trouve une miniature. Mais ce sont là des illustrations très grossières, qui ne méritent pas d'être décrites avec détails. Disons seulement que là, comme dans beaucoup d'autres exemplaires, Virgile est vêtu d'un manteau rouge, avec une sorte de pèlerine d'hermine, et une toque aussi d'hermine.

Initiales historiées avec vignette, en tête de chacune des trois

____

(1) Voy. L. SCARABELLI, *Comedia di Dante degli Allagherii col Commento di Jacopo della Lana*, t. I, p. 103-106.

cantiques ; le second chant de *l'Enfer* a seul une initiale peinte.

Au fol. 1 v°, qui est un feuillet de garde, les deux épitaphes *Inclita fama* et *Jura monarchie* signalées dans l'Introduction.

On rencontre, dans cet exemplaire, de nombreuses corrections, ainsi que des variantes marginales ; le texte, qui, d'après Ferrari (dans *Batines*, II, 250), serait des meilleurs, est considéré, par Moore (p. 673), comme très ordinaire. D'après Moore, l'orthographe est particulièrement vénitienne.

Marsand, II, p. 277, n° 925 ; — Batines, II, 249, n° 445 ; cf. *ibid.*, II, 354, n° xvi ; — Moore, n° 107, p. 672.

XIX. — **Arsenal 8531** (ancien italien 30).

Divine Comédie.

Manuscrit en papier. 287 feuillets. 286 millimètres sur 204. Écriture du XVe siècle, disposée sur une seule colonne ; 24 ou 25 vers par colonne. Cartonnage (1).

Incipit (fol. 1 r°) : « Capitolo primo di Dante Aldeghieri, chiamato Inferno, dove prohemiza a tuta l'opra del dito suo libro. »

Explicit (fol. 283 r°) : « Explicit liber Paradisii (*sic*) Dantis. Deo gratias. Amen. »

Commentaire. Aucun.

Arguments en italien, tels que celui-ci : « Capitolo terzo, dove tracta de la entrata delo 'nferno, e come Caron dimonio parla a l'autore. »

Ornementation. Grandes initiales bleues, à ornements rouges, en tête de chaque cantique ; initiales alternativement rouges à ornements roses, et bleues à ornements rouges, en tête de chaque chant.

D'après Moore (p. 673), cet exemplaire « se remarque par des particularités dialectales vénitiennes exceptionnellement fortes ». Le même savant en regarde le texte comme très défectueux.

Marsand, II, 280, n° 926 ; — Batines, II, 250, n° 446 ; — Moore, p. 673, n° 108.

------

(1) Sur le dos de la reliure, on lit cette ancienne cote : Segnato 91.

XX. — Montpellier. — Ecole de Médecine H, 197.

Divine Comédie.

Volume en parchemin. 257 feuillets. 237 millimètres sur 170. Écriture du XVe siècle, à longues lignes; 28 vers à la page. Reliure du XVIe siècle, en maroquin brun; sur chacun des plats de cette reliure, dans un double ovale, le mot Dante.

Incipit (fol. 1) : « [I]ncomincia il primo libro detto Inferno della Comedia overa Cantica di Dante Aldighieri, inlustrissimo poeta Fiorentino. »

Explicit (fol. 257 v°) : « Finito il terzo et ultimo libro detto Paradiso della Comedia di Dante Alighieri, egregio poeta Fiorentino. Scrisse QKFSP CPOKOTFHOK. »

Ces deux mots, que le correspondant de Colomb de Batines (*Batines*, II, 251) a lus à tort QBFSP CPOHOTFHOH, doivent se traduire, en substituant à chaque lettre la lettre immédiatement précédente de l'alphabet : PIERO BONINSEGNI. Le nom de Buoninsegni est bien toscan; il a été porté, à Florence, au XVe siècle, par plusieurs personnages illustres, entre autres par le chroniqueur Domenico Buoninsegni († 1465); pour cette raison, et pour d'autres encore, l'origine florentine de ce volume paraît assez probable.

Commentaire. Aucun; mais notes marginales en italien, principalement au commencement et à la fin du manuscrit, et quelques variantes interlinéaires, d'une main de la fin du XVe siècle ou du commencement du XVIe. Voici, à titre d'exemple, deux de ces notes marginales.

Inf., I, 101-102 : « ... *infin che il veltro*

       Verrà... »

« Di quale s'intenda per questo veltro? Benchè molte opinioni ne sieno, per la più vera si debe intendere di Christo, al dì del giudicio, il quale allora dannerà ogni avaritia. »

Inf., VI, 61 : « *Li cittadini della città partita.* »

« Cioè di Firenze, che allora era divisa in Bianchi e Neri, nel 1200 anno, la quale divisione venna da Pistoia, e della parte biancha erano capi i Cerchi, e della nera i Donati. »

Arguments. Aucun. De simples rubriques indiquent le numéro de chaque chant.

Ornementation. Initiale dorée, avec encadrement (fol. 1). Dans la partie inférieure de cet encadrement, un médaillon supporté par deux génies ailés. Les armoiries qui se trouvaient dans ce médaillon ont été complètement grattées. — En tête du *Purgatoire* et de l'*Enfer*, grandes initiales ornées ; initiales bleues en tête de chaque chant.

Ce manuscrit présente une particularité intéressante. Beaucoup de voyelles non accentuées ou qui ne devaient pas être prononcées sont souscrites d'un point. En voici quelques exemples pris au hasard (les voyelles souscrites sont représentées ici par des *italiques*) :

Inf............I, 4. — Ha quant*o* a dir*e* qual era è cosa dura.
— ....I, 7. — Tanto è amara, che poco è più morte.
— ....II, 75. — Tacette allora, et *poi* comminci*ai* io.
— ....III, 27. — Voci alt*e* et fioche, e suon di man con elle.
— ....XIIII, 13. — Lo spaz*o* era un' aren*a* arid*a* e spessa.
— .....XXXIII, 9. — Parlar*e* et lagrimar *vedrai* (1) insieme.
Purg......XVII, 35. — Piangendo forte et dicend*o* : O regina !
— ....XVIII, 15. — Ogn*o* buon*o* oper*are* e 'l suo contraro.
— .XXXIII, 104. — Teneva *il* sole *il* cerchio di merigge.
Par. ......III, 116. — Contro a suo grado et contro a buon*a* usanza.
— ....XV, 17. — Se non [che] della part*e* onde s'accende.
— ....XXXII, 21. — Da questa part*e* onde 'l fior*e* è maturo.

Batines, II, 251, n° 448 ; cf. *ibid.*, II, 358.

XXI. — **Valenciennes 397** (ancien O, 1. 30).

Divine Comédie.

Volume en parchemin. 197 feuillets. 318 millimètres sur 220. Écriture de la fin du XIVe siècle, disposée sur une seule colonne ; 36 vers par colonne. Reliure française estampée du XVIe siècle, en ais recouvert de peau ; coins et traces de fermoirs (2).

Incipit (fol. 1) : « Nel mezo del camin... »
Explicit (fol. 197 v°) : « Ad Eva lamentando alcun richiamo. »

---

(1) *Ms.* : « vedrami ».
(2) Voy. J. MANGEART, *Catalogue... des manuscrits de la bibliothèque de Valenciennes* (1860), p. 396. D'après Mangeart, ce volume vient de la maison de Croy.

Commentaire. Aucun (1).

Arguments. Aucun ; on trouve seulement à la fin de chaque chant un *explicit* ; exemple : « Finito lo canto III dell'Inferno. »

Titres courants en capitales rouges, pour les trois cantiques : « Infernus. — Purgatorium. — Paradisus. »

Ornementation dans le goût italien, mais avec influence française. — En tête de chacune des trois cantiques (fol. 1, 68 et 127), grande vignette avec grande initiale carrée. La vignette qui précède l'*Enfer* encadre complètement la page ; cet encadrement consiste principalement en une grande bande d'or, semée de fleurs de lys azur, et, pour une partie, de demi-fleurons rouges. Les deux autres vignettes ne forment pas un encadrement complet ; elles occupent seulement trois des marges de la page. — Dans l'intérieur de chacune des trois grandes initiales, un large espace vide, qu'un enlumineur devait, selon toute vraisemblance, remplir par une « histoire », par un sujet tiré de chacune des trois cantiques. — De même, un écusson dessiné au bas du fol. 1 n'a pas été peint.

En tête de chaque chant, initiales alternativement bleues à ornements rouges, et or à ornements bleus.

La *Divine Comédie* est suivie (fol. 194) des *Capitoli* de Jacopo di Dante et de Bosone da Gubbio, précédés de la rubrique générale : *Divisiones*.

Le manuscrit, comme l'a justement supposé Mangeart, est incomplet de la fin (2). Le vers cité plus haut, qui en est aujourd'hui l'*explicit*, est le vers 135 de la poésie de Bosone da Gubbio ; les 58 derniers manquent.

Ce n'est pas là malheureusement la seule lacune à regretter dans ce volume. Une autre, très importante, se trouve entre les feuillets 96 et 97 ; elle comprend les vers XV, 73 à XIX, 66 du *Purgatoire* (3). Une autre encore, d'une vingtaine de vers, se trouve après le fol. 193, qui se termine au vers du *Paradis*, XXXIII, 123.

A signaler en outre une interversion : entre les feuillets 68 et 69, se trouvent 2 feuillets cotés 52 et 53, qui doivent en effet

_____

(1) On trouve çà et là quelques variantes interlinéaires.

(2) En outre, les feuillets 67, 96 et 126 sont mutilés ; les marges, qui sont fort belles dans ce manuscrit et fort grandes, sont coupées à ces trois endroits.

(3) Il est à noter que, par cette lacune, deux rimes en *ende*, fort éloignées dans le texte, se trouvent rapprochées : *carità fi stende* (XV, 71), *quando si fende* (XIX, 67).

prendre place après le feuillet 51 ; ces deux feuillets contiennent les vers de l'*Enfer*, XXVII, 40 à XXVIII, 45.

Ce volume n'a pas été connu de Colomb de Batines.

————

XXII. — **Italien 534** (ancien fonds 7765 ; — librairie de Fontainebleau) (1).

L'ENFER, AVEC UNE TRADUCTION ITALIENNE DU COMMENTAIRE LATIN DE GRAZIOLO DE' BAMBAGLIOLI (2), PLUS DES GLOSES ANONYMES.

Volume en parchemin. 80 feuillets. 277 millimètres sur 188. Écriture de la fin du XIV° siècle (3). Reliure en maroquin rouge, aux armes de France.

Commentaire. La question de savoir à qui doit être attribué le commentaire contenu dans ce manuscrit a donné lieu à de nombreuses dissertations, qu'il a semblé utile de résumer ici (4).

Ce commentaire fut pris d'abord pour celui de Jacopo di Dante, et considéré comme tel par Marsand (I, 120, n° 113), dont Mazzatinti (I, 106) suit l'opinion. Cette attribution s'explique aisément.

————

(1) C'est par erreur que M. Mazzatinti (I, 106) signale ce manuscrit comme ayant fait partie de la bibliothèque de Colbert, où il aurait, suivant lui, porté le n° 2318 ; cette cote est celle qui a été donnée au volume dans l'inventaire dressé par les frères Dupuy, en 1645. On peut conclure d'une note qui se lit au fol. 1 v° : « *Italien. Dante, poète toscan, commenté* », que ce ms. figurait dans la bibliothèque de Fontainebleau.

(2) *Graziolo* est un diminutif de *Bonagrazia*. Le nom de famille de l'auteur a été écrit de bien des façons ; la seule ortographe acceptable est *Bambaglioli* (ou encore *Bambagiuoli*), et non *Bambagluoli*. Voy. la notice de M. L. FRATI sur Graziolo dans le *Giornale storico della Letteratura italiana*, t. XVII (1891), p. 367-380.

(3) Marsand date ce manuscrit « peut-être du milieu du XIV° siècle » (I, 119) ; de Batines (II, 235), du XIV° ; Mazzatinti (I, 106) et Moore (627), du XV°.

(4) En partie, d'après les études de M. L. ROCCA sur les commentaires de Jacopo di Dante et de ser Graziolo de' Bambaglioli, et sur les gloses éditées par Selmi, études par lesquelles débutent son livre *Di alcuni Commenti della Divina Commedia composti nei primi vent'anni dopo la morte di Dante*. La première de ces études avait paru, sauf de légères différences, dans le *Propugnatore*, t. XIX, parte I (1886), p. 1-44 ; la seconde, dans le même recueil, t. XIX, parte II, p. 32-63.

En effet, au verso du premier feuillet, se lit un préambule qui commence par ces mots :

« [Ac]ciò ch'el fructo huniversale novellamente dato al mondo per lo illustro filosafo e poeta Dante Alleghieri Fiorentino, con più agievoleza si possa [gustare] per choloro in chui il lume naturale alquanto risplende sanza scientificha aprensione, *io Jacopo suo figliuolo*... (1) dimostrare intendo parte del suo profondo e autenticho intendimento... »

Or ce début est aussi celui d'un autre commentaire, entièrement différent de celui du manuscrit de Paris, commentaire conservé dans plusieurs exemplaires, dont le plus anciennement signalé est le manuscrit de la Laurentienne, Plut. XL, n° 10. Auquel de ces deux commentaires convient ce préambule commun? Au commentaire parisien ou au commentaire florentin? Et, en conséquence, lequel de ces deux commentaires doit être attribué au second fils de Dante?

Colomb de Batines, dans le premier volume de sa *Bibliografia Dantesca*, paru en 1845, semble adopter (p. 584) l'opinion de Marsand, et il donna, paraît-il, en 1846, des extraits du commentaire parisien, bien préférable à l'autre, d'après lui (2), dans ses *Nuovi studi su Dante* (p. 157-158).

L'attribution du commentaire du manuscrit de Paris à Jacopo di Dante fut vivement contestée peu de temps après (1848) par Audin de Rians, dans un opuscule intitulé : *Delle vere Chiose di Jacopo di Dante Allighieri, e del Comento ad esso attribuito* (Firenze, tip. T. Baracchi). L'auteur tendait à démontrer que le vrai commentaire de Jacopo n'était pas celui de Paris, celui qui lui avait été attribué d'abord par Marsand, puis par de Batines, mais bien celui de la Laurentienne (Plut. XL, n° 10); en même temps il signalait plusieurs autres copies de ces deux commentaires. D'après lui, seul des exemplaires connus du commentaire attribué, — faussement, disait-il, — à Jacopo di Dante, le manuscrit de Paris contient le préambule où il en est déclaré l'auteur. Ce préambule convient parfaitement au commentaire florentin, et nullement au commentaire parisien, auquel, au contraire, s'adapte très bien une autre préface, conservée dans d'autres exemplaires. Enfin, dit-il, le feuillet du manuscrit de Paris, sur lequel se trouve

____

(1) A cet endroit se trouve, dans le manuscrit qui nous occupe, un blanc qui doit être rempli par les mots « per maternale prosa », leçon du manuscrit de la Laurentienne, Plut. XL, 10, cité plus loin.

(2) BATINES, *Bibl. Dant.*, II, 282.

transcrit ce préambule, a été ajouté après coup (ce qui me paraît inexact), et écrit par une autre main (ce qui ne semble pas exact non plus).

Ces arguments n'ont pas convaincu de Batines, qui, dans le deuxième volume (p. 283) de sa *Bibliografia Dantesca*, paru en 1848, décrivant le manuscrit de Paris, répète ce qu'il avait dit dans le premier, au sujet du commentaire qui y est contenu.

Sur ces entrefaites, lord Vernon publiait (en 1848) les deux commentaires, qui se trouvaient dans un même manuscrit de sa propre collection : celui qu'Audin déclarait être réellement de Jacopo di Dante, sous le titre de : *Chiose alla cantica dell'Inferno di Dante Allighieri attribuite a Jacopo suo figlio* (mai); celui que Marsand et de Batines attribuaient au même auteur, sous le titre de : *Comento alla cantica dell'Inferno di Dante Allighieri di Autore Anonimo* (juin).

Restait à déterminer l'auteur de ce *Comento Anonimo*, dont on enlevait ainsi la paternité à Jacopo di Dante.

L'auteur du commentaire connu sous le nom d'*Ottimo* cite deux passages d'un autre commentaire, longtemps supposé perdu, de ser Graziolo de' Bambaglioli. M. Carducci (1), d'une part, M. Hegel, d'autre part (2), s'aperçurent que ces deux passages se retrouvent dans l'*Anonimo* de lord Vernon; mais ni l'un ni l'autre, pour des raisons différentes, ne conclurent à l'identité du commentaire de ser Graziolo de' Bambaglioli avec ce même *Anonimo*. Cette identité, M. Moore l'a démontrée avec évidence dans un remarquable article de l'*Academy* (3). Un examen attentif du manuscrit d'où lord Vernon avait tiré et ses *Chiose* et son *Comento Anonimo*, l'amena à cette conclusion : que l'*Anonimo* de lord Vernon, d'une part, et, d'autre part, un fragment de commentaire d'un « chancelier de Bologne », conservé dans ce même manuscrit de la collection Vernon, constituaient deux versions italiennes différentes d'un seul et même original commun, écrit en latin, lequel original n'est autre précisément que le commentaire de ser Graziolo de' Bambaglioli, longtemps cherché en vain, et dont

---

(1) *Della varia fortuna di Dante*, dans ses *Studi litterari*, Livourne, 1874, p. 296, n. 1. — Voy. L. Rocca, *Di alcuni Commenti della Divina Commedia*, p. 45, et *Il Propugnatore*, t. XIX, parte ii, p. 34.

(2) *Ueber den historischen Werth der älteren Dante-Commentare*, Leipzig, 1878, p. 19.

(3) *Two early commentaries on Dante*, lettre du 16 septembre 1881, insérée dans le numéro de l'*Academy* du 8 octobre de la même année, t. XX, p. 277-279.

le savant Karl Witte venait de retrouver un exemplaire dans la bibliothèque Colombine de Séville (1).

Les conclusions de M. Moore sont aussi celles de M. Luigi Rocca dans un article du *Propugnatore* sur ce même commentaire (2), article reproduit dans son ouvrage *Di alcuni Commenti della Divina Commedia* (3).

Ainsi donc, l'*Anonimo* de lord Vernon est une traduction italienne du commentaire latin de ser Graziolo de' Bambaglioli, et c'est cette traduction qui se trouve dans le manuscrit italien 534.

Ce n'est pas tout encore.

Le manuscrit de Paris, — comme le manuscrit de la Laurentienne, Strozzi 160 (4), qui contient le même texte, moins le préambule attribué à Jacopo di Dante, — ne renferme pas purement et simplement le commentaire connu sous le nom d'*Anonimo*, tel qu'il se rencontre dans le manuscrit de lord Vernon et ailleurs. Les gloses de l'*Anonimo*, ou, pour mieux dire, de ser Graziolo, y sont mêlées, dans des proportions fort différentes suivant les chapitres, de gloses absolument étrangères à ce commentaire, dont l'étendue se trouve ainsi doublée. Ces gloses ont été reproduites dans son édition du *Commento Anonimo* par lord Vernon, qui les fait précéder de la rubrique : « Chiosa del cod. P. e del cod. S. 160. »

Le manuscrit de Paris et le manuscrit Strozzi ne sont pas les seuls qui contiennent ces gloses. Elles appartiennent à un commentaire absolument différent de l'*Anonimo*, à un commentaire dont on connaît deux copies (Laurentienne, Plut. XL, 46, et Magliabecchienne, cl. VII, 1028), et publié par Selmi sous le titre de : « *Chiose Anonime alla prima cantica della Divina Commedia di un contemporaneo del poeta* » (5). Mais le texte de ces gloses, dans les deux manuscrits Laurent., Plut. XL, 46 et Magliabecchi, n'est

---

(1) Cet exemplaire n'est plus aujourd'hui le seul connu. Sans parler des fragments contenus dans le manuscrit I, vi, 31 de la bibliothèque de Sienne (Batines, n° 225), le commentaire latin que renferme le précieux manuscrit Fontanini, à S. Daniele de Frioul (Batines, n° 309), a été récemment identifié par M. A. Fiammazzo avec le texte original de ser Graziolo.

(2) *Commento Anonimo sopra l'Inferno di Dante Alighieri, Traduzione del commento di ser Graziolo*, dans *Il Propugnatore*, t. XIX, parte II (1886), p. 32-63.

(3) Pages 43 à 77.

(4) On a dit et répété que le ms. Strozzi 160 est une copie du ms. de Paris 534. La chose ne me semble nullement prouvée.

(5) Turin, 1865. — Cf. Th. Paur, dans *Jahrbuch der deutschen Dante-Gesellschaft*, I (1867), p. 333 et suivantes.

pas le même que dans les manuscrits de Paris et Strozzi. Ceux-ci donnent, pour les gloses communes aux quatre manuscrits, un texte beaucoup plus développé, et en quelque sorte paraphrasé. Et Selmi a eu soin d'imprimer en petits caractères, le texte des manuscrits de Paris et Strozzi, sous la rubrique : « Lezione dei codici P. e S. 160. »

Quel est de ces deux textes le texte original? Le texte succint des manuscrits Laurent., Plut. XL, 46 et Magliabecchi? ou le texte plus diffus dont les manuscrits de Paris et Strozzi fournissent des extraits? M. Pellegrini, dans un intéressant article du *Giornale storico della Letteratura italiana* (1), et M. Rocca, dans son récent essai sur les anciens commentaires de Dante (2), essai auquel nous avons eu bien souvent à recourir dans ce mémoire, admettent que le texte le plus développé est le texte original. Mais, tandis que, dans un travail plus récent (3), M. Pellegrini considère le manuscrit de Paris et le manuscrit de Venise, S. Marc, ital., cl. IX, nº 179, comme représentant, le premier d'une manière fragmentaire, le second dans son intégrité, ce texte original, M. Rocca (4) ne croit pas qu'aucun exemplaire nous soit parvenu de ce même texte sous sa forme primitive ; et, ce qui semblerait lui donner raison, c'est que, aux gloses du manuscrit de Venise, se trouvent mêlés des passages de la traduction bien connue du commentaire de ser Graziolo.

Quoi qu'il en soit, il y a à distinguer dans le commentaire du manuscrit de Paris, italien 534 :

1º les gloses de Graziolo de' Bambaglioli, traduites en italien ;

2º mêlées aux premières dans des proportions très variables (5), des gloses extraites d'un commentaire dont une copie complète,

---

(1) *Le Chiose all' « Inferno » edite da F. Selmi e il cod. Marc. ital., cl. IX, n. 179*; dans le *Giornale storico della Letteratura italiana*, ann. VII, vol. XIV (1889), p. 421 et suivantes.

(2) L. Rocca, *Di alcuni Commenti*, etc., p. 91.

(3) Flaminio Pellegrini, *Di un Commento poco noto del secolo XIV alla prima cantica della Divina Commedia*. Verona, tip. G. Franchini (1890). M. Pellegrini publie, dans cet opuscule, le commentaire aux chants IV et XXIX de l'*Enfer*, d'après le ms. de Venise ; M. Rocca, qui a étudié de près ce commentaire, qu'il croit d'origine siennoise, en donne aussi des extraits, *op. cit.*, p. 86-91.

(4) L. Rocca, *op. cit.*, p. 91-92.

(5) Je ne trouve aucun emprunt à ce commentaire pour les chants I, VII, XI, XII, XIV, XXV, XXVI, XXVIII ; au contraire, à partir du chant XXIX inclusivement, le texte du ms. 534 n'offre pour ainsi dire plus rien de commun avec Graziolo (*Anonimo* de lord Vernon).

mais vraisemblablement différente du texte original, que l'on croit perdu, se trouve à Venise (1).

On a dit (2) que cette distinction entre des gloses de sources différentes se trouve indiquée dans le manuscrit même : celles de Graziolo (ou *Anonimo* de lord Vernon) sont marquées par des lettres ou réclames simples (*a*, *b*, *c*); les autres par des lettres doubles (*aa*, *bb*, *cc*). Cela n'est pas tout à fait exact. Les lettres doubles précèdent toujours les gloses additionnelles, mêlées à celles de Graziolo; mais la réciproque n'est pas vraie, et plusieurs de ces gloses additionnelles ne sont marquées que d'une lettre simple. Ajoutons que ces gloses sont bien de la même main que le reste, mais d'une encre plus pâle que celles de Graziolo, et par là facilement reconnaissables.

En voilà peut-être bien long sur des commentaires qui ne comptent pas parmi les meilleurs de la *Divine Comédie* (3); mais, outre qu'ils sont les plus anciens (4), leur identité est difficile à établir, et les manuscrits qui les ont conservés méritent d'être examinés avec grand soin.

En résumé, le manuscrit italien 534 contient, outre l'*Enfer*, un commentaire sur l'*Enfer*, publié sous le nom de *Comento Anonimo*, et qui n'est qu'une traduction italienne du commentaire latin de ser Graziolo de' Bambaglioli (5). Ce commentaire est : 1° pré-

(1) Encore le texte de ces gloses additionnelles du manuscrit de Paris n'est-il pas entièrement identique, pour les passages correspondants, au texte du manuscrit de Venise (Pellegrini, dans le *Giornale storico*, etc., p. 426; cf. Rocca, *Di alcuni Commenti*, etc., p. 88).

(2) Batines, II, 284, d'après l'ouvrage, cité plus haut, d'Audin. Cf. Pellegrini, dans le *Giornale storico*, etc., p. 423, et *Di un Commento poco noto*, etc., p. 6.

(3) C'est l'opinion de Paur, *l. c.*, p. 360, et de L. Rocca, *Di alcuni Commenti*, p. 77; cf. *Il Propugnatore*, etc., t. XIX, parte II (1886), p. 63.

(4) Dans la liste chronologique des anciens commentaires dantesques, qu'il a dressée en tête de ses *Contributions to the textual criticism of the D. C.*, liste entièrement conforme à l'ordre adopté par M. Hegel dans son opuscule *Ueber den historischen Werth der älteren Dante-Commentare*, M. Moore attribue les *Chiose Anonime* de Selmi à l'année 1320 environ, et l'*Anonimo* de lord Vernon (traduction de Graziolo), à l'année 1324. La date de l'*Anonimo* (ser Graziolo) n'est pas contestée. La date 1320 proposée pour les *Chiose Anonime* n'est qu'approximative. M. L. Rocca, *Di alcuni Commenti*, etc., p. 108-117, les considère comme postérieures à 1321, date de la mort de Dante, et antérieures à 1337, date de la mort de Frédéric d'Aragon.

(5) Le texte original latin du manuscrit de Séville avait été copié pour K. Witte, par P. Ewald. La mort de ces deux savants a arrêté, momentanément du moins, tout projet de publication.

cédé de la préface d'un autre commentaire, généralement attribué à Jacopo di Dante; 2° mêlé de gloses empruntées à un troisième commentaire, d'origine vraisemblablement siennoise et guelfe (1), qui nous est parvenu sous deux formes : une forme développée (à laquelle se rapportent nos extraits), et une forme abrégée (*Chiose Anonime* de Selmi).

Arguments. Aucun; on a seulement, au XV° siècle, indiqué le numéro de chaque chant.

Ornementation. Initiales alternativement bleues et rouges, à ornements alternativement rouges et violets.

Après l'*Enfer*, d'une main du XVI° siècle, une poésie qui occupe les feuillets 77 v°-80 r°, et qui commence ainsi :

« Dopo tanti sospiri et tanto omei... »

D'une note indiquant la date de l'exécution du volume (fol. 77 r°), il ne subsiste de lisible que les trois premiers mots : « *Finito di scrivere...* » Le reste a été complètement gratté.

Marsand, I, 119, n° 113; — Batines, II, 235, n° 422, et II, 283; cf. *ibid.*, I, 584; — Moore, p. 627, n° 5.

XXIII. — Collection du duc d'Aumale, à Chantilly.

L'Enfer, avec le Commentaire de Guido da Pisa.

Volume en parchemin. Petit in-folio. 243 feuillets à 2 colonnes (2). Écriture du XIV° siècle (3).

En 1846, Colomb de Batines (II, 136; cf. *ibid.*, II, 299) signalait, dans la collection du marquis Archinto, à Milan, deux manuscrits de Dante. L'un de ces volumes (Batines, n° 256), qui fournit un bon texte de l'*Enfer* (4), méritait d'appeler tout particulièrement l'attention des érudits par le commentaire peu connu qui était joint au texte, et des artistes par sa riche ornementation.

(1) L. Rocca, *Di alcuni Commenti*, etc., p. 122-126.
(2) J'emprunte ces renseignements à Colomb de Batines, II, 137.
(3) De la fin du XIV° siècle, d'après de Batines, *l. c.*; de la première moitié du XIV° siècle, d'après Moore, *Contributions*, etc., p. 1.
(4) M. Moore, *Contributions*. etc., *l. c.*, croit pouvoir le rattacher à la famille « vaticane ».

La collection Archinto a été dispersée. Mais le précieux exemplaire de l'*Enfer*, illustré et commenté, n'est pas perdu, comme on a paru le croire. Il est aujourd'hui en France ; il fait partie de la magnifique collection de Chantilly, dont le sort, grâce à la généreuse donation du duc d'Aumale à l'Institut, est désormais assuré.

C'est à Chantilly que M. Moore a pu le voir et l'identifier avec le second des manuscrits Archinto.

Commentaire. Le Commentaire contenu dans ce volume est celui de frère Guido da Pisa. D'après M. Moore, il est antérieur à 1333. Il se compose de plusieurs parties : traduction latine, tantôt exacte, tantôt paraphrasée, tantôt abrégée du texte de Dante ; commentaire historique ; enfin, sur les derniers feuillets du manuscrit, une *Declaratio* en huit chants, en *terza rima*. Cette *Declaratio* a été récemment publiée, non d'après le manuscrit de Chantilly, mais d'après le manuscrit du Musée britannique *Add.* 31918 (1), par M. F. Rœdiger (2) et par M. C. del Balzo (3).

L'*incipit* du commentaire est, d'après Colomb de Batines (II, 137 et 299), le suivant :

Expositiones et Glose super Comediam Dantis, factae per fratrem Guidonem Pisanum, ordinis beatae Mariae de Monte Carmelo, ad nobilem virum dominum Lucanum de Spinolis de Janua.

Voici maintenant (*Batines*, II, 137) l'*incipit* de la *Declaratio* :

Declaratio super profundissimam et altissimam Comediam Dantis, facta per fratrem Guidonem Pisanum, ordinis beatae Mariae de Carmelo, ad nobilem virum dominum Lucanum de Spinolis de Janua.

La *Declaratio* est précédée d'une épître dédicatoire en dix vers, qui a été publiée par Colomb de Batines (II, 137), puis dans les *Giunte* à l'ouvrage de Batines, publiées en 1888 (4), enfin par M. Rœdiger (5) et par M. C. del Balzo (6).

Ornementation. Je me bornerai à citer ce que dit Batines (II, 137), de la magnifique ornementation de ce volume : « Admirable pour la beauté et le parfait état de conservation, ce manuscrit est

---

(1) C'est le ms. q. de M. Moore, qui en donne une description détaillée, p. 602-604 de ses *Contributions*, etc. Ce manuscrit est du XVᵉ siècle.

(2) Dans le *Propugnatore*, nuova serie, t. I, parte I (1888), p. 62-92 (cf. *ibid.*, p. 339-346).

(3) Dans ses *Poesie di mille autori intorno a Dante Alighieri*, t. I (1889), p. 404-432.

(4) COLOMB DE BATINES, *Giunte e correzioni*, etc., p. 84.

(5) *Propugnatore*, l. c.

(6) *Poesie di mille autori*, l. c.

orné, au bas des pages, de nombreuses et charmantes illustrations, qui sont, sinon de Giotto, du moins de son école ; en outre, à chaque chant, se trouvent des miniatures où l'or se mêle à diverses couleurs. » M. Moore, qui vante également la belle écriture (gothique italienne) du manuscrit, est d'accord avec Colomb de Batines pour attribuer (*Contributions*, etc., *loc. cit.*) les illustrations de ce volume à un artiste de l'école de Giotto.

XXIV. — **Italien 73** (ancien fonds 7255).

DIVINE COMÉDIE, AVEC LE COMMENTAIRE DE JACOPO DELLA LANA.

Volume en parchemin (1). 248 feuillets. 363 millimètres sur 255. Daté de 1403, et copié par *Paolo di Duccio Tosi di Pisa* (2). Reliure en maroquin rouge, aux armes de France.

Incipit (fol. 1) : « In nomine Patris, et Filii, et Spiritus Sancti. Amen. — Incomincia il primo canto della prima cantica della Comedia di Dante Allighieri di Firenze, la quale è decta *Inferno*, nel quale si puniscono li peccatori, secondo che chiaro appare nel texto. Prohemio a questa parte I. »

Explicit (fol. 248) : « Explicit (3) tertia et ultima cantica Comedie Dantis Alligerii de Florentia. Deo gratias. Finito isto libro, referamus gratias Christo. Amen. »

« Scripto per mano di me, Paolo di Duccio Tosi di Pisa, negli anni Domini MCCCCIII, a dì xxx d'ottobre. Et è il decto libro del nobile huomo Francesco di Bartholomeo de' Petruccii da Siena ; nel tempo ch' egli era honorevile executore della cictà di Pisa lo fece scrivere. »

----

(1) Ancienne cote : Catalogue de 1645 : **883**.

(2) On connaît du même copiste deux autres exemplaires de la *Divine Comédie* : l'un, copié en 1405, est aujourd'hui à la bibliothèque Trivulzi, à Milan (n° 261 de Batines ; cf. G. PORRO, *Catalogo dei Codici manoscritti della Trivulziana*, p. 108-109, n° 2263) ; l'autre, copié en 1429, se trouve à la Riccardienne, à Florence, n° 1046 (n° 141 de Batines). M. BRADLEY, *A Dictionary of miniaturists, illuminators*, etc., t. III (1889), p. 315-316, cite de Paolo di Duccio Tosi di Pisa quatre exemplaires de la *Divine Comédie*; ils se réduisent en réalité à trois, celui auquel il donne le n° 2 (ms. de la Riccardienne) étant le même que le n° 4.

(3) Cet *explicit* est de la même main et de la même encre que le texte de la *Divine Comédie*; il ne paraît aucunement se rapporter au commentaire, qui est d'une autre encre, et, à ce qu'il me semble, d'une autre main.

Commentaire. Il n'est pas exact de dire, comme Batines (I, 609), que ce manuscrit contient « des gloses marginales, la plupart religieuses ou morales, presque toutes extraites du commentaire de Jacopo della Lana », ou (II, 242) « un commentaire anonyme qui, pour la majeure partie, est de Jacopo della Lana (1) ». C'est bien le commentaire même de Jacopo que nous avons ici, et non de simples extraits; mais le texte que nous trouvons dans cet exemplaire est en maint endroit différent du texte imprimé par Scarabelli (2); ce n'est pas un autre commentaire, mais un autre texte, et souvent meilleur, du même commentaire. On sait, d'ailleurs, que les nombreux manuscrits (3) du *Commento Laneo* présentent entre eux, — dans des proportions moindres cependant que les manuscrits de certains autres commentaires, — de notables divergences; K. Witte a imprimé (4) de ce commentaire un fragment dont le texte est beaucoup plus développé que celui des passages correspondants, dans les manuscrits dont s'est servi Scarabelli (5). Le texte du manuscrit italien 73, sans être aucunement conforme à celui du fragment de Witte, offre de curieuses particularités dont on devrait tenir compte dans une nouvelle édition du commentaire de Jacopo della Lana.

Ce n'est pas le lieu ici de donner le détail de toutes ces différences (additions, omissions, transpositions, etc.); je me bornerai à reproduire les additions ou modifications qui m'ont paru les plus intéressantes.

Inf., III, 59. Addition relative à Célestin V (fol. 6 v°, col. 1) :

« Hora è da sapere, com' è decto, che non si de però credere che la

---

(1) Cette erreur est répétée par L. ROCCA, *Di alcuni Commenti*, etc., p. 146-147.

(2) *Comedia di Dante degli Allagherii col Commento di Jacopo della Lana*, éd. LUCIANO SCARABELLI, 3 vol. in-8°; Bologne, 1866-1867. Cette publication fait partie de la *Collezione di opere inedite o rare*, publiée par la « Commissione pe' testi di lingua nelle provincie dell' Emilia ». — Cf., sur cette édition, un article de K. WITTE, publié dans le *Jahrbuch der deutschen Dante-Gesellschaft*, I (1867), p. 279 et suivantes, et reproduit dans ses *Dante-Forschungen*, t. II (1879), p. 406 et suivantes; voy. aussi L. ROCCA, *Di alcuni Commenti*, etc., p. 138-141.

(3) M. L. ROCCA, *Di alcuni Commenti*, etc., p. 145-154, ne compte pas moins de 68 copies intégrales ou particlles du *Commento Laneo*.

(4) CARLO WITTE, *Sopra un framento del Laneo*, dans *Jahrbuch d. d. D.-G.*, III (1871), p. 535-545; article reproduit par WITTE dans ses *Dante-Forschungen*, t. II, p. 442-454. Cf. L. ROCCA, *Di alcuni Commenti*, etc., p. 141-142.

(5) D'ailleurs, Witte ne décide pas si le texte original est le plus diffus ou le plus concis.

persona sia quine ove Dante la pone, però che questo è incerto al' umano intellecto..., et questo papa Celestrino tiene oppenione la Chiesa essere sancto, non è da credere che sia in inferno... »

Inf., VIII, 61. Addition relative à Filippo Argenti (fol. 17, col. 1) :

« Messer Philippo Argenti fue uno bizarro cavalieri delli Adimari. »

Inf., X, 115-120. Au lieu de ce qui est dit de Parme (p. 221 de l'édition), on fait intervenir les Vénitiens dans le débat entre Grégoire IX et Frédéric II (fol. 23 r°, col. 1) :

« ... in fine scampoe il papa in Vinegia, e'l dogio e li Vinitiani fenno l'acordo tra 'l papa e lo imperadore. Or pone l'autore lo decto Federigo secondo tra li heretici, però che fu così persecutore del papa, non temendo ne processi ne scomunicatione. »

Inf., XXVII, 43. Addition relative au siège de Forlì, en 1282 (fol. 60 r°, col. 1) :

« Questa sì è Forlì, una cictà di Romagna, la quale ne al conte di Romagna per la Chiesa, ne ad alcuno altro guelfo, ne al tempo del re Carlo, che venne in Romagna per la Chiesa con molti Franceschi, mai non volse soctoponersi, e al tempo che questo conte Guido n'era signore, vi stettero molta gente francesca ad hoste per la Chiesa, e fece la dicta terra a resistentia lunga prova. Infine, essendovi stata la decta hoste buon tempo, e non potendo la decta terra più sostenere, prese partito lo dicto conte che n'era signore, di mectersi a battaglia, e procurato con molto ingegno, e soctilezza e senno di guerra per più tempo inanzi, quando li parve tempo, uscitte fuora il dicto conte con quella gente che avea, e col popolo di quella terra, e infine per molto senno sconfisse tucta quella gente francesca, e tutti li misero alle spade, e però dice : *Et de Franceschi sanguinoso mucchio.* »

Par., IX, 32. Addition relative à Cunizza (fol. 184 v°, col. 1) :

« Qui palesa lo suo nome, e dice : io fui Cunizza, suora (1) d'Azzolino predecto, lo quale fue huomo crudelissimo e armigere e di grande fama [a] quel tempo. »

Par., XV, 138. Sur le nom d'Allighieri (fol. 200 v°, col. 1) :

« Cioè che ebbe per moglie una dona di Val di Pado, che fue figliuola d'Alighieri, o di casato che si chiamavano Alighieri, per la qual cosa lo sopranome di Dante, cioè Allighieri, per sua origine venne quinde. »

_____

(1) *Ms.* : suoro.

Par., XV, 142 (fol. 200 v°, col. 1) :

« Cioè contra quel popolo Saracino che usurpa la Terra Sancta per colpa del pastore, cioè del papa, lo quale non dae favore allo 'mperio d'acquistarla, ma stroppiò, come è notorio al mondo. »

Par., XVI, 140. Addition relative à Buondelmonte (fol. 203 r°, col. 1) :

« Qui chiama l'antico primo di casa de Bondalmonte, perche fue cagion di tanto male, e se fusse annegato, quando venne prima ad abitare a la cictà, in uno fiume presso a Fiorenza, che si chiama Dema (= Ema), molti ne sono tristi che sarebbeno lieti. »

Par., XVII, 79. Addition relative à messer Cane (fol. 204 v°, col. 2) :

« Nota che secondo un' altra oppinione, misser Cane avea pure VIIII anni nel MCCC°, e credola più vera (1). »

Les nombreuses variétés de texte que présentent les manuscrits du commentaire de Jacopo della Lana, pourraient, d'après M. Rocca (2), se ramener à deux rédactions distinctes : l'une antérieure, l'autre postérieure à 1349.

Cette distinction ingénieuse repose sur une curieuse différence, selon les manuscrits, dans le texte du commentaire relatif au passage de l'Enfer, où Dante rappelle le jubilé de l'an 1300 (*Inf.*, XVIII, 28-33). En 1349, Clément VI décida que ce jubilé, institué par Boniface VIII, aurait lieu, non pas tous les cent ans, mais tous les cinquante ans. Or, tandis que certains exemplaires du *Commento Laneo* portent la leçon :

« ... l'anno della jubilatione, che ogni capo di *cento anni*, etc .. »

dans d'autres, on lit, au lieu de *cento*, *cinquanta*.

Ces derniers appartiennent nécessairement à une rédaction remaniée, — vraisemblablement par l'auteur, — et remaniée après 1349.

Notre manuscrit 73, où se rencontre la leçon *cento*, doit être, si la distinction de M. Rocca est juste, rangé parmi les exemplaires de la première rédaction (3), antérieure à 1349.

(1) Cette addition se retrouve dans les mss. italiens 535 et 537 ; mais le 535 porte, au lieu de *pure nove anni*, la leçon *più novi anni*.

(2) L. ROCCA, *Di alcuni Commenti*, etc., p. 162.

(3) Le type des manuscrits de cette première rédaction, manuscrits qui forment le *second groupe* dans l'essai de classification de M. Rocca, est le

Il est à noter que l'exemplaire examiné ici est incomplet ; on n'y trouve, pour les chants XXIX et XXXIII du *Paradis*, que le commentaire général de ces deux chants, et non le commentaire analytique, qui suit toujours ; pour les chants XXX-XXXII, il n'y a aucun commentaire, soit d'ensemble, soit de détail.

Il a été dit plus haut que le texte du manuscrit 73 est, pour le commentaire, préférable au texte imprimé de Scarabelli. Que ce dernier soit en maint endroit défectueux, c'est ce que K. Witte a montré, d'abord dans la critique qu'il a faite de l'édition (1), puis en comparant ce texte avec celui d'un manuscrit de Francfort (2) (Batines, 529). Un travail analogue sur le manuscrit 73 conduirait au même résultat. Sans donner toujours, dans les passages communs, le texte du manuscrit de Francfort, il fournirait, comme lui, beaucoup de leçons assurément préférables à celles de l'imprimé.

Un exemple suffira. Dans le commentaire du *Purgatoire*. ch. IV, v. 40, est décrite une figure géométrique qui, absente des manuscrits de Jacopo dont s'est servi Scarabelli, se rencontre dans l'édition du commentaire dit *Ottimo*. Elle se trouve dans le manuscrit 73, au folio 88 r°. Et le texte, que Scarabelli dit être peu clair, doit être, d'après ce même manuscrit, ainsi modifié : au lieu de « sia lo punto AB lo centro », il faut lire : « sia lo punto B lo centro » ; autrement, la démonstration est inintelligible. La figure représentée dans le manuscrit 73 (déformée dans le manuscrit 537, et absente du manuscrit 535), n'est autre qu'un quart de cercle.

Arguments en italien, tels que celui-ci (chant III de l'*Enfer*) : « Incomincia il terzo canto della prima cantica della Comedia di Dante, nel quale canto l'autore entra nel primo circulo dell' inferno, dove si puniscono li cactivi di cui non è fama al mondo, socto la signoria di Caron. »

Ornementation. En tête de chacune des trois cantiques, grande lettre historiée, dans laquelle est représenté Dante, à mi-corps, tenant un livre dans sa main ; ces trois peintures sont à peu près identiques pour la couleur, le costume, l'attitude générale. — En

---

Riccardiano-Braidense, ainsi appelé parce qu'une partie de ce volume est conservée à la Riccardienne de Florence, n° 1005 (Batines, n° 124), et une autre à la Bréra de Milan, AG, XII, 2 (Batines, n° 253).

(1) *Jahrbuch der deutschen Dante-Gesellschaft*, I (1867), p. 279 et suivantes.

(2) *Jahrbuch d. d. D.-G.*, III (1871), p. 463 : « Sopra un codice della D. C. e del comento di Jacopo della Lana. » WITTE a reproduit cet article dans ses *Dante-Forschungen*, t. II, p. 428-441.

tête de chaque chant, grandes initiales peintes à couleurs vives. —
Dans le commentaire, initiales alternativement bleues et rouges,
à filets alternativement rouges et bleus (1).

Marsand, I, 27, n° 28 ; — Batines, t. II, p. 242, n° 431 ; cf. *ibid.*, t. I,
p. 609.

XXV. — Italien 535 (ancien fonds 7766).

COMMENTAIRE DE JACOPO DELLA LANA SUR LA DIVINE COMÉDIE, ET
CAPITOLI EN TERZA RIMA DE MINO DI VANNI D'AREZZO ET DE
CECCO DI MEO MELLONE DEGLI UGURGIERI.

Manuscrit en papier. 448 feuillets. 290 millimètres sur 205.
Écriture du XVe siècle. Reliure en maroquin rouge, aux armes de
France.

Il ne paraît pas que l'on ait jusqu'à présent reconnu le véritable contenu de ce volume. Marsand (I, 122) se borne à dire que le
commentaire dont ce manuscrit fournit le texte « n'est ni celui
de Terzago, ni celui de Landino, *ni celui qui est attribué* par les
uns à Benvenuto da Imola, par les autres à *Jacopo della Lana* (2) ».
D'après Colomb de Batines (I, 654), en complète contradiction
avec Marsand, le commentaire du manuscrit 535 (anc. 7766) serait celui de *Cristoforo Landino*, celui-là même qui nous est conservé dans des exemplaires imprimés (1481) si magnifiquement
illustrés. Tous deux se trompent (3). Le commentaire en question
n'a rien de commun avec celui de Landino. Il n'est autre, contrairement à l'assertion de Marsand, que celui de Jacopo della
Lana. Il suffit, pour s'en convaincre, de comparer le texte du
manuscrit avec celui qui a été imprimé, il y a vingt-cinq ans,
par Scarabelli (4); les différences qu'on y pourra remarquer sont
presque uniquement orthographiques ou dialectales.

De cette identification, il résulte qu'il ne paraît exister actuel-

---

(1) Au recto du premier feuillet, étaient peintes des armes cardinalices,
qui ont été grattées ; on en voit la trace en décalque au verso du feuillet de
garde.

(2) C'est-à-dire le commentaire joint à l'édition de Wendelin (Spire, 1477).

(3) M. Mazzatinti (I, 106) ne l'identifie avec aucun des commentaires déjà
connus ; cet exemplaire a également échappé aux recherches de M. Rocca.

(4) *Comedia di Dante degli Allagherii col comento di Jacopo della Lana*,
etc., ed. SCARABELLI.

lement aucun exemplaire manuscrit du commentaire de Cristoforo Landino, le seul que Batines donne pour tel étant précisément notre manuscrit italien 535.

Voici quelle est la composition du volume :

I (fol. 1 r°). — Morceau en latin, qui paraît complètement indépendant du commentaire. C'est la défense, par la Vierge, d'un damné réclamé par le démon. L'*incipit* est : « Noscitis, fratres carissimi, qualis satanas... » Cet opuscule est brusquement interrompu au bas du feuillet 3 v°, pour reprendre, après une lacune dont je ne saurais déterminer la longueur, au haut du feuillet 9 v°, au bas duquel il se termine.

II (fol. 4, 148, 261). — Poésies, entremêlées les unes avec les autres, de Mino di Vanni d'Arezzo et de Cecco di Meo Mellone degli Ugurgieri, en *terza rima*, et parmi lesquelles il faut distinguer, pour chacune des trois cantiques de la *Divine Comedie* :

1° — un abrégé de cette cantique, en *terza rima*, publié sous le titre de *Compendio*;

2° — une exposition du sujet, également en *terza rima*, sensiblement plus étendue que le *Compendio*, et publiée sous le titre de *Chiose e Spiegazioni;*

3° — un *Sonnet.*

Le *Compendio* et les *Chiose* forment ensemble onze *Capitoli;* d'après l'ordre qu'ils occupent dans notre manuscrit, l'abrégé de l'*Enfer* est le premier de ces *Capitoli*; l'abrégé du *Purgatoire*, le sixième; l'abrégé du *Paradis*, le dixième.

Cette distinction, que rien dans notre manuscrit et dans plusieurs autres ne peut faire soupçonner, est tout à fait nécessaire. En effet, tandis que les *Chiose e Spiegazioni* (*Capitoli* 2, 3, 4, 5, 7, 8, 9 et 11) sont dues, sur le témoignage de plusieurs manuscrits (1), à *Mino di Vanni d'Arezzo*, le *Compendio* (*Capitoli* 1, 6 et 10), dont l'attribution est moins certaine, serait, d'après M. Rœdiger (2) et M. del Balzo (3), de *Cecco di Meo Mellone degli Ugurgieri.*

Ces onze *Capitoli* ont été imprimés, sous le nom de *Bosone da Gubbio*, dans le t. XVII des *Deliciae eruditorum* de Lami, paru en 1755 : ceux auxquels nous donnons, — d'après l'ordre dans lequel les présente notre manuscrit, — les numéros 1, 6 et 10,

---

(1) Voy. C. DEL BALZO, *Poesie di mille autori*, etc., I, 492.
(2) Dans *Il Propugnatore*, nuova serie, t. I, parte I (1888), p. 354.
(3) C. DEL BALZO, op. cit., I, 492, et II, 99.

c'est-à-dire le *Compendio*, pages 463 à 479; les autres, c'est-à-dire les *Chiose* (moins le cinquième), pages 416 à 462. Ils devaient figurer, par leur nature même, et figurent en effet dans les *Poesie di mille autori intorno a Dante*, etc., de M. del Balzo : les *Chiose* sont imprimées au tome I (p. 451 à 492), avec attribution à Mino di Vanni d'Arezzo; le *Compendio* au tome II (p. 82 à 98), avec attribution à Cecco di Meo Mellone degli Ugurgieri.

Quant aux trois sonnets, signalés depuis longtemps par Colomb de Batines (II, 217) comme se trouvant dans un manuscrit de la bibliothèque Olivieriana de Pesaro (num. 401 de Batines), manuscrit datant probablement de 1328, et par conséquent presque contemporain de Dante, ils ne sont pas davantage restés inédits.

Le premier (fol. 10 v°), qui commence par :

> « Fa[n]ciuli, savi, cantivi, carnali... »

est imprimé par M. del Balzo (*op. cit.*, t. I, p. 395) parmi les sonnets de Mino d'Arezzo (sous le num. XXV), d'après les *Miscellanea dantesca* de M. Ludovico Frati.

Le 2e sonnet (fol. 151 v°), relatif au *Purgatoire* :

> « Color che posson ben vivi operar bene... »

a été publié, sans doute pour la première fois, par M. del Balzo (*op. cit.*, t. I, p. 399), sans nom d'auteur, d'après le manuscrit déjà cité, de Pesaro.

Enfin, le 3e, relatif au *Paradis* (fol. 263) :

> « De (*sic*) la luna se dà virginitate... »

a été imprimé, toujours d'après le même manuscrit de Pesaro, d'abord par Batines (II, 217), puis par M. del Balzo (*op. cit.*, t. I, p. 400), aussi sans nom d'auteur.

Dans le ms. 535, les différents *Capitoli* et le *Sonnet* relatifs à l'*Enfer* ne sont distingués entre eux par aucun signe, non plus que les *Capitoli* du *Purgatoire* et du *Paradis*; ces *Capitoli* et Sonnets forment trois groupes indépendants, et se succèdent dans l'ordre que voici :

A (fol. 4-9 r°, 10 r° et v°). — *Negl' infrascripti versi e rime distintamente scripte si contene la summaria intencion de ciascun capitolo del libro del'* INFERNO *del Dante, e ciascuna parte pone la intencione summaria d'uno capitolo.*

1° Fol. 4 r°, col. 1. — Camino de morte, abraviato Inferno...

Fol. 5 r°, col. 1. — Di socto il qual nesciuna cosa più.

(CECCO DI MEO MELLONE, dans Balzo, II, 82-87.)

2º Fol. 5 rº, col. 1. — Nel mezo del camin di nostra vita...
Fol. 6 rº, col. 2. — Oltra seguendo sul camin sylvestro.
(MINO D'AREZZO, *Inf.*, cap. I, dans *Balzo*, I, 451-456.)

3º Fol. 6 rº, col. 2. — Lassato Danti la scura ignoranza...
Fol. 7 vº, col. 1. — Diricti summo seguendo la soa via...
Di regimenti tanto pezorati
Quanto ella in min dei (?) nel' età possente.
(MINO D'AREZZO, *Inf.*, cap. II, dans *Balzo*, I, 457-462.)

4º Fol. 7 vº, col. 1. — Quanto più posso per abraviare...
Fol. 8 vº, col. 2. — Nimici più di la divina corte
E più di longi, ma più tormentato (*sic*).
(MINO D'AREZZO, *Inf.*, cap. III, dans *Balzo*, I, 462-467.)

5º Fol. 8 vº, col. 2. — Una, due nocte Danti caminando...
Fol. 10 vº, col. 1. — E quindo usimo a [ri]veder le stelle.
(MINO D'AREZZO, *Inf.*, cap. IV, dans *Balzo*, I, 468-472.)

[Fol. 10 vº, col. 1. — Sonnet *Fanciuli, savi, cantivi, carnali*...]

B (fol. 148 rº, 151 vº). — *Nel' infrascripti versi e rime distintamente scripti si contene la summaria intencion di ciascun capitolo del libro del* PURGATORIO *de Dante, e ciascuna parte pone la intencione summaria d'uno capitolo.*

6º Fol. 148 rº, col. 1. — Camin de Purgatorio abraviato...
Fol. 149 rº, col. 1. — La sua desiderata Beatrice.
(CECCO DI MEO MELLONE, dans *Balzo*, II, 87-92.)

7º Fol. 149 rº, col. 1. — Seguendo brevemente il Purgatorio...
Fol. 149 vº, col. 2. — Tanto magiur quanto più ben' adopra.
(MINO D'AREZZO, *Purg.*, cap. I, dans *Balzo*, I, 472-477.)

8º Fol. 150 rº, col. 1. — Quarto de (*sic*) Purgatorio salete Dante...
Fol. 150 vº, col. 2. — Da Marta, e Madalena el semiante (1).
(MINO D'AREZZO, *Purg.*, cap. II, dans *Balzo*, I, 477-482.)

9º Fol. 150 vº, col. 2. — Al sommo (2) Dante del bel monte suso...
Fol. 151 vº, col. 2. — Pur e desposto de salire a le stelle.
(MINO D'AREZZO, *Purg.*, cap. III, dans *Balzo*, I, 482-487.)

[Fol. 151 vº, col. 2. — Sonnet *Color che posson ben vivi operar bene*...]

C (fol. 261-263 vº). — *Negl' infrascripti versi e rime destintamente scripté si contene la summaria intencione de ciascun capitolo del libro del* PARA-

____

(1) Les trois derniers vers de cette seconde partie font défaut dans le manuscrit.
(2) *Ms.* : « assomo. »

DISIO *de Dante, e ciascuna parte pone la intencione summaria d'un capitolo.*

10° Fol. 261 r°, col. 1. — Camin de Paradiso breve scripto...
   Fol. 262 r°, col. 1. — Facendo fine a sua sancta visione.
            (CECCO DI MEO MELLONE, dans *Balzo*, II, 93-98.)

11° Fol. 262 r°, col. 1. — Del Paradiso tocco (?) trascorendo (1)...
            Parnaso in Grecia za fo quel yocundo...
   Fol. 263 r°, col. 2. — L'amor che move el sole e li altre stelle.
            (MINO D'AREZZO, *Par.*, dans *Balzo*, I, 487-492.)

   [Fol. 263 r°, col. 2. — Sonnet *De la luna se dà virginitate...*]

Il ne semble pas que M. del Balzo, se bornant à reproduire le
texte des *Deliciae eruditorum*, de Lami, ait utilisé dans son édition
du *Compendio* et des *Chiose* les copies manuscrites signalées par
Colomb de Batines dans le premier volume (pages 221 à 228) de
sa *Bibliografia dantesca;* or, le texte des *Deliciae eruditorum* est
assez défectueux en plus d'un endroit, et pourrait, sans doute,
être amendé à l'aide des manuscrits. L'exemplaire dont nous
venons de donner le détail, exemplaire qui n'a pas été connu de
Colomb de Batines, est très fautif, et trop souvent il est visible
que le scribe n'a pas compris ce qu'il copiait; cependant, cet
exemplaire, tout incorrect qu'il est, peut servir à améliorer et
compléter le texte imprimé. Il en est ainsi notamment pour un
passage du second *Capitolo* de Mino d'Arezzo sur l'*Enfer*. L'irré-
gularité des rimes et l'incohérence du sens, qui avaient très justement frappé M. del Balzo (2), sont le fait d'une lacune de deux
tercets, et cette lacune est comblée, tant bien que mal, par notre
manuscrit 535. Entre le tercet qui finit par ces mots :

   La cui chiarezza passa ogni Pianeta,

et celui qui commence par :

   Ciò viene a dir, che le sue luci sancte (3)...

il faut lire :

   Penetrando di lor ciascuna altura (4);
   Beatrice chiamata sua beltade,
   Interpretata divina Scriptura;

____

(1) Cette partie débute dans le manuscrit par un tercet absent de l'imprimé.

(2) *Poesie di mille autori*, etc., I, 458.

(3) *Poesie*, etc., *ibid.*

(4) Le texte de ce premier vers est entièrement corrompu dans le manuscrit; on lit :

   Peni entrando diler ciascuna altura.

> Questa beata con sua chiaritade
> Virgilio mandò che cercasse Dante,
> Mostrando li occhi suoy pieni di pietade.

De la sorte, la pensée de l'auteur se trouve complétée et l'ordre des rimes rétabli.

III (fol. 10 v° et 11 r°). — Règles (en italien) pour trouver l'indiction, le nombre d'or, les concurrents, la lettre dominicale.

IV (fol. 12, 157 et 269). — Commentaire de Jacopo della Lana :

« Nel mezo del camin... — Ad intelligencia della presente Comedia... »

D'après l'essai de classification proposé par M. Rocca (1), cet exemplaire devrait être rangé parmi ceux de la rédaction antérieure à 1349.

Le commentaire sur le *Paradis* est suivi (fol. 422 v°) du *Credo* de Dante :

« Credo in una Santa Trinitade... »

précédé lui-même (fol. 422 r°) d'une courte préface :

« La sovrescripta expositione, glose over postille... »

Le *Credo* et les quelques lignes de préambule ont été imprimés par M. Scarabelli dans le tome III (p. 515) de son édition du *Commento Laneo* (2).

V (fol. 152). — Petit traité moral attribué à Sénèque, et généralement connu sous le titre *De Remediis casuum fortuitorum* :

« Hunc librum composuit Seneca, nobilissimus orator, ad Galeonem, amicum suum, contra omnes impetus et machinamenta fortune... Licet (3) poetarum carmina... »

VI (fol. 264). — Traité sur les sept herbes « saturni, solis, lune, martis, mercurii, jovis, veneris ». *Incipit* : « [V]irtutes sepctem herbarum secundum Ar[istotelem]... »

VII (fol. 265). — Traité *de Moribus*, attribué à Sénèque.

VIII (fol. 266 v°). — « *Incipiunt notabilia Senece.* » Suite de sentences, rangées par ordre alphabétique des *incipit*.

---

(1) Voir plus haut, p. 57.
(2) Cf. *Il Propugnatore*, nuova serie, t. II, parte 1 (1889), p. 31.
(3) **Ms.** : « eicet ».

IX (fol. 426). — *Secretum Secretorum*, traité attribué à Aristote.

X (fol. 447 v°). — Petit traité sur les signes du Zodiaque.

Ornementation. Quelques initiales bleues et rouges.

Ce manuscrit, d'exécution d'ailleurs fort peu soignée, est dû à plusieurs copistes, qui se sont inégalement partagé la tâche. De là un manque d'uniformité dans la confection du volume; ici, par exemple, il y a des rubriques; là, il ne s'en trouve aucune. Par suite de faux calculs, ces copistes sont parfois arrivés à la fin de leur travail, sans atteindre la fin d'un cahier : d'où un ou plusieurs feuillets blancs à la fin de certains cahiers; d'où aussi cette note, qui se lit au fol. 114 v°, écrite par le copiste lui-même : « Legasi quisto capitolo successive, voltando quista carta como seguita la scriptura infrascripta de quisto medesimo capitolo. » — Signalons encore un blanc entre les feuillets 320 et 324, sans qu'il y ait pour cela de lacune dans le texte.

Marsand, I, 122, n° 114.

XXVI. — Italien 537 (ancien fonds 7259).

COMMENTAIRE DE JACOPO DELLA LANA SUR LA DIVINE COMÉDIE.

Volume en parchemin. 239 feuillets. 325 millimètres sur 225. Écriture du XV° siècle, à deux colonnes. Reliure en maroquin rouge, aux armes de France (1).

Le commentaire contenu dans ce volume, qui, d'après Marsand (I, 30), serait celui de Landino (2), est bien en réalité, comme l'ont conjecturé Colomb de Batines (3) et M. Rocca (4), celui de Jacopo della Lana. Les manuscrits 535 et 537 du fonds italien offrent un texte absolument identique; on ne remarque que des différences purement dialectales. On peut s'étonner que, pas plus que Marsand, Ferrari, le correspondant de Colomb de Batines, ne se

(1) Ancienne cote : 733 (catalogue de 1645); une cote plus ancienne, celle du catalogue de 1622, a dû disparaître lors de la reliure du volume.
(2) Mazzatinti (I, 106) ne propose aucune attribution.
(3) *Bibliografia dantesca*, I, 609, et I, 654.
(4) *Di alcuni Commenti*, etc., p. 158.

soit aperçu de l'identité des deux textes, qu'il était facile de constater.

Incipit (fol. 1) : « *Nel mezo del camin di nostra vita.* — Ad intelligientia della presente Comedia. »

Cet exemplaire, comme les manuscrits italiens 73 et 535, contiendrait, d'après la classification proposée par M. Rocca (1), la rédaction antérieure à 1349.

Le texte du commentaire est suivi (fol. 239) du *Credo* déjà signalé dans le manuscrit italien 535, et imprimé par Scarabelli (2) :

« Credo in una Santa Trinitade... »

Ornementation. Lettre ornée et encadrement en tête de chacune des trois parties du commentaire (fol. 1, 75 et 137).

Ce volume a fait partie de la collection de Fontainebleau ; c'est là qu'on a écrit la note qui se lit sur le verso du feuillet de garde : *Italien, Commentaire sur les Commedies de Dante.*

Marsand, I, 30, n° 32.

XXVII. — Italien 538 (ancien fonds 7002⁵).

L'Enfer et le Paradis, avec le Commentaire de Jacopo della Lana, traduit en latin et abrégé par Alberico da Rosciate.

Volume en parchemin. 237 feuillets (3), plus le feuillet A préliminaire, en papier. 353 millimètres sur 260. Daté de 1351. Le texte de Dante est disposé sur une seule colonne à la page ;

(1) Voyez plus haut, page 57.

(2) Voyez plus haut, page 64. Les quelques lignes de préface qui, dans le ms. 535, précèdent le *Credo*, se retrouvent dans le ms. 537 (fol. 238 v°-239 r°).

(3) Il y a eu, lors de la reliure du volume, interversion de plusieurs cahiers. Voici quelle devrait être la succession normale des feuillets :

1° feuillets 1-17. — Préliminaires et *Enfer*, I-IV.

2°	— 65-70.	*Enfer,*	V-VII, 66.
3°	— 24-64.	—	VII, 67-XXI, 21.
4°	— 18-23.	—	XXI, 22-XXIII, 57.
5°	— 71-à la fin.	—	XXIII, 58-à la fin.

nombre variable de vers à la colonne. Reliure en parchemin blanc, sans armoiries.

Commentaire. Le texte de l'*Enfer* et du *Paradis*, qui sont les seules cantiques de la *Divine Comédie* transcrites dans ce volume, est encadré d'un commentaire qui commence (fol. 7 r°, col. 2) par : « Ad inteligenciam autem presentis Comedie... », et qui finit (fol. 236 v°, col. 2) par : « ... considerando quod erat imposibille allicui creature ad hoc videndum. Et recesit in istis ab illo amore, qui vivit in secula seculorum. Amen. Amen. »

Ce commentaire, qui est celui de Jacopo della Lana, traduit en latin par Alberico da Rosciate, est précédé (fol. 6 v°) d'un prologue qui commence et finit ainsi : « Liber iste in tres partes principalles dividitur — penas quibuslibet peccatis. » — Ce prologue ne se trouve pas dans l'original de Jacopo della Lana.

En outre, il est suivi :

1° (fol. 236 v°, col. 2), de l'*explicit* signalé déjà dans les manuscrits italiens 532 et 539 :

« Explicit liber Comedie Dantis — luna nona in Libra. »

« Qui decessit in civitate Ravenne — anima cujus requiescat in pace. Amen. Et est finis. »

2° (fol. 237 r°), du petit *Credo* de Dante, que nous avons déjà rencontré dans les manuscrits 535 et 537 :

« Io credo in una Santa Trinitate... (1). »

3° (même feuillet), de la note reproduite ci-dessous, servant d'encadrement au *Credo*; cette note est très importante; c'est elle qui nous apprend que le commentaire contenu dans ce volume est celui de Jacopo della Lana, traduit en latin par Alberico da Rosciate (2); elle fournit, en outre, sur l'auteur et sur le traducteur, d'intéressants détails.

(1) Cette poésie est indiquée dans le *Propugnatore*, nuova serie, tome II, parte I (1889), p. 31, comme se trouvant dans *Bibl. Naz. di Parigi*, nuov. acq., n° 3, *in fine*. Il faut, sans doute, entendre par là le ms. désigné par Marsand sous le titre *Réservé, 3*, lequel est, en effet, aujourd'hui, le manuscrit italien 538.

(2) Cette note a été publiée d'après le manuscrit de la Bodléienne d'Oxford, *Canonici, Miscellanei*, 449, par BATINES, I, 611, et par H. COXE, *Catalogi codicum manuscriptorum Bibliothecae Bodleianae, pars tertia*, etc. (Oxford, 1864), col. 771, et d'après le ms. Grumelli de la bibliothèque de Bergame, par M. ROCCA, *Di alcuni Commenti*, etc., p. 155-156. Dans le ms. d'Oxford, au nom de Jacopo della Lana, a été postérieurement substitué celui de Benvenuto da Imola.

« Hunc comentum tocius hujus Comedie composuit quidam dominus Jacobus de la Lana, Bononiensis, licenciatus in artibus et teologia ; et fuit filius fratris Philipi de la Lana, ordinis Gaudencium ; et fecit in sermone vulgari tusco. Et quia talle idioma non est omnibus notum, ideo ad utilitatem volencium studere in ipsa Comedia, transtulli de vulgari tusco in gramaticam literarum ego Albericus de Roxiate dictus, utroque jure peritus, Pergamensis. Et si quis deffectus foret in translatione, maxime in astrologicis, teologicis vel alegorismo, veniam peto, et me aliqualiter excusent defectus exempli et ignorancia dictarum scienciarum. Ipse eciam dominus Jacobus comentator in fine operis sui subicit, et prudenter et bene subicit, quecumque scripsit in ipso, [correptioni] (1) sancte Eclesie catolice romane, aprobans que cum ipsa concordant, et reprobans omnia que essent contra determinationes ejusdem, et ea voluit habere pro non dictis nec scriptis, sicut bonus et catolicus christianus, et subicit sicut clare patet. Io credo in una, etc. »

Cette traduction, du moins pour le commentaire de l'*Enfer*, est loin d'être fidèle, et, d'après M. Rocca (2), on ne connaît pas d'exemplaire où soit suivi scrupuleusement le texte italien de Jacopo della Lana. Dans certains manuscrits, dans le manuscrit Grumelli de la bibliothèque de Bergame, par exemple, on rencontre dans la traduction latine des additions au texte primitif et des amplifications ; dans d'autres, au contraire, parmi lesquels M. Rocca cite en première ligne le manuscrit de la Laurentienne de Florence, Pl. XXVI, sin., 2, certains passages de l'original ont été très écourtés ou même complétement omis ; et le traducteur, tout en faisant cependant au texte de Jacopo della Lana des additions, soit personnelles, soit empruntées à des commentaires antérieurs (3), en somme l'abrège sensiblement. Or, c'est tout à fait le cas pour le texte fourni par le manuscrit 538, texte qui doit être, dans l'ensemble, conforme à celui du manuscrit précité de la Laurentienne.

Voici d'ailleurs qui semble confirmer cette conjecture. Tandis que, à propos du jubilé de l'an 1300 (*Inf.*, XVIII, 28-33), on lit, dans le manuscrit Grumelli :

« In anno jubileo, qui est singulis centum annis... »,

---

(1) Je restitue ici le mot *correptioni* d'après le manuscrit, cité plus haut, d'Oxford.

(2) Sur les différentes rédactions de la traduction d'Alberico da Rosciate et sur les manuscrits, cités plus loin, de Bergame et de Florence, voy. Rocca, *Di alcuni Commenti*, etc., p. 164.

(3) Notamment au commentaire de Graziolo de' Bambaglioli.

l'exemplaire de la Laurentienne porte la leçon plus développée :

« In anno jubileo, qui est singulis centum annis, licet Clemens papa sextus eum reduxerit ad quinquaginta annos. »

Or, cette leçon développée est aussi celle du manuscrit de Paris 538.

Ainsi donc, ce manuscrit offre, non pas, comme on a pu le supposer (1), une traduction fidèle du texte de Jacopo della Lana, traduction qui, peut-être, ne se rencontrera nulle part, mais bien une traduction abrégée, vraisemblablement identique à celle de l'exemplaire de Florence. Remarquons toutefois que, dans ce dernier exemplaire, plus complet que celui de Paris, puisqu'il contient le commentaire sur le *Purgatoire*, mais postérieur de onze ans à celui-ci, on ne trouve pas l'intéressante déclaration du traducteur : « Hunc comentum tocius hujus Comedie... », commune aux manuscrits de Paris et de Bergame.

Le texte et le commentaire sont précédés :

1° (fol. 1 à 3 v°), du *Capitolo* de Bosone da Gubbio :

« Però ke sia più fructo e più dilecto... »;

2° (fol. 3 v° à 5 v°), du *Capitolo* de Jacopo di Dante :

« O voy ke siete de la verace lume... »;

3° (fol. 3 v°), d'un *Sonnet* de Jacopo di Dante, encadrant les premiers vers du *Capitolo* de ce même auteur. Ce sonnet, dans lequel le fils de Dante fait hommage de son *Capitolo*, appelé ici *Divisione*, à Guido da Polenta, a été imprimé par M. Carlo del Balzo dans son recueil de *Poesie di mille autori*, etc., t. I (1889), p. 322-323, avec l'indication des ouvrages où il avait été antérieurement publié. Le texte donné par M. del Balzo est celui du manuscrit Cavriani, à Mantoue (Batines, n° 243 ; cf. encore Batines n° 266) ; voici celui du manuscrit de Paris, où ce sonnet se trouve, comme dans le manuscrit Cavriani, précédé d'une curieuse note en latin :

« [S]onectus suprascriptus (*sic*) cum Capitulo infrascripto (*sic*), quod incipit : *O voy ke siete de la verace*, factus fuit per Jacobum, filium Dantis Aldecheri, et per ipsum missus ad magnificum et sapientem militem Guidonem de Polenta (2), anno millesimo trecentesimo vigesimo secondo,

____

(1) Rocca, *ibid.*, p. 165.

(2) Seigneur de Ravenne et podestat de Bologne, en 1322, celui-là même qui avait offert l'hospitalité à Dante exilé.

die primo mensis aprilis (1). — In qual capitullo parla di tutto questo libro, distinguendo tutte tre le materie e cascuna particularmente.

> Aciò che le beleze, segnior mio,
> Ke mia sorella nel suo lume porta,
> Habian d'agevoleza alcuna scorta,
> Più in coloro in cui porgo[n] disio,
>
> Chesta divisio[n] presente invio,
> La qual di tal piacer ciascu[n] conforta;
> Ma no[n] a quei ch' anno la luce morta,
> Che il recordar a lor serebbe (2) oblio.
>
> Poy a voy, ke avete........ (3)
> Per natura[l] prudenza habituate,
> Prima la mando, ke la coregiate,
>
> E, s' el' [è] digna, ke la comand[i]ate,
> K'altri non è [k'] in (4) cotay beleze
> Abia, si como vuy avete (5), kiareze. »

Au fol. 6 est une représentation géométrique de l'*Enfer*. *Ornementation.* Grandes initiales peintes.

Ce manuscrit, d'après une note collée à l'intérieur du plat supérieur, a appartenu au monastère de Sainte-Justine de Padoue (cf. Batines, II, 227, note). — On lui a assigné, dans le courant de ce siècle, le n° 4148 dans le Supplément français.

D'après M. Moore (p. 625), ce manuscrit, bien que le nom du copiste Betinus de Pilis y soit seul mentionné, devrait être attribué à plusieurs mains. Ce qui est certain, c'est que les premiers chants du *Paradis* et le texte qui les encadre sont d'une écriture plus grosse que le reste. — M. Moore signale la parenté de cet exemplaire avec deux exemplaires de la Laurentienne (Ashburnham) et de Ravenne (6) dûs au même copiste; il fait enfin res-

---

(1) Dans le ms. XVI de la *Trivulziana* de Milan, on lit *mensis madii* (Voy. BATINES, II, 142, n° 266), et dans le manuscrit Cavriani, *mensis may* (Voy. CARLO DEL BALZO, *Poesie di mille autori*, etc., t. I, p. 323, note 1).

(2) Del Balzo : *seria*.

(3) Ici, une lacune dans le manuscrit de Paris; del Balzo : *chavete sue faetezze*.

(4) Le manuscrit porte : *non è in cotay.*

(5) Le manuscrit porte : *si como vuy avere*; del Balzo : *si como voi vere.*

(6) Voyez plus loin, p. 71, note 1.

sortir les caractères orthographiques de ces trois volumes, qui sont ceux des manuscrits d'origine vénitienne.

Date du manuscrit. La date de la transcription du volume et le nom du copiste sont fournis par les notes suivantes :

Fol. 7 v°, col. 2 : « ... a quibus penis Betinus de Pilis, qui hunc librum scripsit, defendatur Dei auxilio (1). »

Fol. 103 v° : « ... a quorum demonum conversatione et amicicia plene per Dei misericordiam defendatur Betinus de Pilis, qui hic (*sic*) scripsit, die penultimo agusti millesimo trecentesimo quinquagesimo primo (2). »

D'après cette dernière note, le manuscrit 538, datant de 1351, serait contemporain à la fois de l'auteur du commentaire, Jacopo della Lana, qui vivait encore en 1358 (3), et du traducteur, Alberico da Rosciate, qui, d'après Batines (I, 610), serait mort en 1354.

Marsand, I, 787, n° 684 ; — Batines, II, 227, n° 414 ; cf. *ibid.*, I, 612 ; — Moore, 625, n° 2.

XXVIII. — **Latin 8701** (ancien fonds 5916).

COMMENTAIRE DE JACOPO DELLA LANA SUR L'ENFER DE DANTE, TRADUIT EN LATIN ET ABRÉGÉ PAR ALBERICO DA ROSCIATE.

La traduction abrégée par Alberico da Rosciate, du commen-

---

(1) On connaît au moins deux autres manuscrits dantesques de la main de Betinus de Pilis : 1° un exemplaire incomplet de la *Divine Comédie* (postérieurement complété à l'aide du manuscrit 538 du fonds italien, celui précisément qui fait l'objet de cette notice), lequel, après avoir fait partie des collections Kirkup et Ashburnham, est actuellement conservé à la Laurentienne, à Florence ; cet exemplaire est de 1368 (Voy. BATINES, II, 101-103, n° 187 ; MOORE, p. 588) ; — 2° un exemplaire appartenant à la « Biblioteca Classense » de Ravenne, écrit en 1369 (Voy. BATINES, II, 218, n° 402 ; MOORE, p. 565). Pour être tout à fait sûr que notre manuscrit est bien de Betinus de Pilis, et non copié sur un manuscrit sorti de ses mains, comme M. Moore (l. c.) paraît le soupçonner, il faudrait comparer entre eux des fac-similés de ces trois manuscrits.

(2) Cf. fol. 22 v°, col. 2 : « Ego Betinus de Fotimpilis (*sic*) hic scripsi, etc. », et fol. 41 r°, col. 2 : « Et nota quod Betinus de Pilis hic scripsit, etc. »

(3) L. ROCCA, *Di alcuni Commenti*, etc., p. 219.

taire de Jacopo della Lana sur l'*Enfer* de Dante, fait partie d'une compilation qui forme le manuscrit latin 8701.

Ce manuscrit se compose de 149 feuillets de papier (1), plus un feuillet de parchemin, mesurant 275 millimètres sur 203 ; il est daté de 1370. Reliure en parchemin rouge, aux armes de France.

Cette compilation, dont je n'ai pas à donner ici le détail (2), est due à un certain Petrus de Guinzonibus de Cene, comme en témoigne l'*incipit* du volume qui est le suivant (fol. 1) :

« In Christi nomine. Amen. — Incipit apparpatus (*sic*) Petri, filii quondam domini Martini de Guinzonibus de Cene (3), super plurimis et diversis scripturis et ystoriis descriptis et repertis pro diversis temporibus, et per diversa tempora recepta (*sic*); et descripsi eas et colegi cum essent in uno viridario de diversa fructa, que non adhuc essent bene matura, sicut faciunt poma cedrina, que maturantur per diversa tempora. »

L'exemplaire qui nous occupe, exemplaire peut-être unique de cette compilation, paraît bien être de la main même de son auteur. On retrouve son nom, *Petrus*, en plusieurs endroits du volume (fol. 3, 61 v°, 97); voici la plus complète de ces souscriptions, malheureusement grattée en partie (fol. 141) :

« Quem quidem librum scripsit et finivit Petrus, filius [quondam domini] Martini de Guinzonibus [de Cene], mercator publicus in [ ]; cujus anima apud Omnipotentem requiescat in pace. Amen (4). »

(1) Il y a une lacune après le feuillet 149.

(2) Les principaux éléments en sont indiqués dans le catalogue imprimé des manuscrits du roi (*Catalogus codicum mss. bibliothecae regiae*), t. IV (1744), p. 484; c'est à tort que, dans ce catalogue, notre manuscrit est donné comme renfermant une « expositio in Dantis poëma de *Inferno*, *Purgatorio* et *Paradiso* »; le commentaire sur l'*Enfer* s'y trouve seul copié.

(3) Vraisemblablement Cene, commune de la province de Bergame, district de Clusone. Ainsi, l'auteur de cette compilation serait presque le compatriote, en même temps que le contemporain, d'Alberico da Rosciate, qui vivait au milieu du XIV° siècle; cette double particularité expliquerait la présence de cette œuvre d'Alberico dans une compilation dont le caractère général est tout différent.

(4) Cf. fol. 3 r° :

> « Si queris nomen scriptori
> Vocatur de nomine Petri.
> Petri fuit nomen
> Qui scripsit hunc (*sic*) volumen. »

« Et si horror inest in ista scriptura, vestra sit corectio, quia ex meo ingenio deinde non corigo. »

En outre, on trouve en cinq endroits du manuscrit (fol. 5, 61 v°, 107 v°, 109 v°, 141), cette devise, qui est peut-être celle de l'auteur :

> « Fugi li pravi e cum li boni conversa,
> Da quay no[n] nase may cosa perversa. »

Le texte d'Alberico da Rosciate occupe les feuillets 6 à 61 du manuscrit. L'*Incipit* est le suivant :

« Incipit apparpatus (*sic*) domini Alberici de Roxiate de Pergamo (1) super Danti. — Incipit cantus primus Inferni, in quo prohemizat ad totum opus. Et sunt capitulla XXXIIII°r. »

Le commentaire proprement dit : « Ad intelligenciam autem... » est, comme dans le manuscrit 538, précédé du préambule : « Liber iste in tres partes principales dividitur... »

On ne rencontre pas, dans cet exemplaire, la déclaration du traducteur publiée plus haut (2) d'après le manuscrit 538 ; mais les deux manuscrits n'en sont pas moins de la même famille ; il n'y a, entre le texte de l'un et celui de l'autre, que des variantes de détail ; et, notamment pour le passage caractéristique relatif au jubilé de l'an 1300 (3), ils offrent la même leçon.

D'ailleurs le texte du manuscrit latin 8701 a dû être copié sur un exemplaire incomplet à la fin d'un ou de deux feuillets ; il est, en effet, brusquement interrompu dans le passage du commentaire correspondant aux vers 75-85 du chant XXXIV de l'*Enfer*, et se termine par les mots *et magis* dans cette phrase :

« ... ita quod de necessitate medium terre est profondior et magis ‖ infimus locus qui sit in mondo (4). »

On n'en lit pas moins, à la ligne suivante : « *Explicit expositiones Dantis.* »

Le manuscrit latin 8701 provient de la bibliothèque de Mazarin.

(1) Le manuscrit a été gratté en cet endroit, mais la leçon *Pergamo* ne semble aucunement douteuse.

(2) Voyez page 68.

(3) *Inf.*, XVIII, 28-33 ; voy. plus haut, pages 68-69.

(4) Cette phrase se trouve, dans le manuscrit italien 538, au feuillet 101 v°, col. 1.

XXIX. — Italien 79 (ancien fonds 7002⁵).

DIVINE COMÉDIE, AVEC DES GLOSES ANONYMES POUR L'ENFER, ET, POUR LE PURGATOIRE, LA TRADUCTION LATINE DU COMMENTAIRE DE JACOPO DELLA LANA, PAR ALBERICO DA ROSCIATE.

Volume en parchemin. 82 feuillets. 382 millimètres sur 260.

Ce manuscrit est formé de la réunion de deux volumes, incomplets l'un et l'autre.

La première partie, qui comprend l'*Enfer* et le *Purgatoire* commentés, occupe les 53 premiers feuillets. Elle est d'une écriture du XIV⁰ siècle.

On y remarque une lacune importante entre les feuillets 1 et 2 ; le feuillet 1 se termine avec le vers de l'*Enfer*, II, 18 :

« C'uscir dovea di lui, e il chi, e il quale » ;

le feuillet 2 commence avec le vers 129 et avant-dernier du chant VIII de l'*Enfer* :

« Passando per li cerchi senza scorta. »

En outre, il y a, à la fin, un feuillet perdu ; le *Purgatoire* se termine (fol. 53 v°) au vers XXXIII, 139 :

« Ma perchè piene son tutte le charte. »

La seconde partie, qui est du XV⁰ siècle, comprend le *Paradis*, non commenté.

Il y a, de part et d'autre, deux colonnes à la page, et quarante-deux vers environ par colonne. Le volume est relié en veau fauve, sans armoiries.

Incipit (fol. 1) : « Incipit primus cantus primi libri Comedie Dantis Algerii Florentini (1). »

Commentaire. Voici ce que Ferrari (dans *Batines*, II, 237) dit du commentaire contenu dans le manuscrit italien 79 : « A la pre- » mière page de l'*Enfer*, commence un commentaire latin ; mais à » partir de la seconde page jusqu'à la fin de la première cantique, » les notes historiques et explicatives sont rédigées en langue vul- » gaire. Les unes et les autres nous ont paru être de peu d'impor-

____

(1) Il y avait, fol. 82 v°, un *explicit* qui a été complètement gratté.

» tance. L'écriture du commentaire latin sur le *Purgatoire* est si
» mauvaise et si pleine d'abréviations, que ce texte demanderait
» une trop longue étude pour être entendu. Le dommage, d'ail-
» leurs, ne nous semble pas grand. »

Il est possible aujourd'hui d'être plus complet et plus précis.

Il y a, dans ce manuscrit, à distinguer :

I. — Des gloses latines sur l'*Enfer* ;

II. — Des gloses italiennes sur l'*Enfer* ;

III. — Un commentaire latin sur le *Purgatoire*.

I. — Les gloses latines sur l'*Enfer*, précédées elles-mêmes
d'une sorte de préface générale, également en latin, ne vont pas
plus loin que le vers de l'*Enfer*, I, 75, et elles s'arrêtent au bas
du recto du feuillet 1. Elles sont de la même main que le texte et
sont rubriquées en rouge et en bleu. Autant que l'on peut en
juger par le peu qui en reste, ce commentaire latin, vraisemblablement l'un des plus anciens qui aient été composés, mais que je
ne trouve à identifier avec aucun des commentaires publiés jusqu'à ce jour, a dû être fait au point de vue théologique et moral
bien plutôt qu'au point de vue historique ; l'auteur cite volon-
tiers, à l'occasion d'un texte de Dante, un texte des Écritures, et
parfois hors de propos.

On trouvera toutes ces gloses, ainsi que la préface, imprimées
plus loin, dans l'*Appendice*.

II. — Ce commentaire latin ayant été malheureusement interrompu dès la première page, on l'a remplacé, un peu plus tard,
par des gloses en italien, qui, commençant avec le vers de l'*Enfer*, I, 63, se poursuivent jusqu'à la fin de cette cantique. La dernière de ces gloses est suivie (fol. 24 v°) de cette souscription :
« *Expliciunt Glose sive Recollette prime Comedie Dantis, scilicet Limbi
et Inferni. Deo gratias. Amen. Amen. Amen.* »

Ces gloses italiennes ne sont pas de la même main que les gloses latines ; elles ne sont pas rubriquées ; le scribe a employé,
pour les renvois, les lettres de l'alphabet, *a*, *b*, *c*, *d*, etc., et a
disposé quelques-unes de ces notes en forme de longs vases effi-
lés. Ces *Recollette* n'offrent généralement pas, comme les gloses
latines qui les précèdent, un caractère théologique et moral ; on
y trouvera bien plutôt des explications mythologiques ou historiques. La plupart commencent par ces mots : « *Nota che*, etc... »

Je ne saurais dire à quel commentaire déjà connu ces gloses
peuvent se rattacher. Peut-être les extraits que j'en ai donnés en

Appendice (1), permettront-ils de les identifier avec quelque autre texte manuscrit ou imprimé. Ce que l'on peut affirmer avec certitude, c'est que les annotations du manuscrit 79 ne sont pas antérieures à l'année 1324 (2); et d'autre part, d'après le caractère de l'écriture, elles ne doivent pas dépasser de beaucoup le milieu du XIVe siècle.

III. — Le commentaire du *Purgatoire*, pas plus que les gloses sur l'*Enfer*, ne porte de nom d'auteur dans notre manuscrit; mais le texte que nous avons là est une traduction du commentaire de Jacopo della Lana, et cette traduction est certainement celle d'Alberico da Rosciate. En effet, elle débute ainsi (fol. 24 v°) :

« [I]ncipit secunda pars Comedie Dantis, que intitulatur *Purgatorium*, de quo purgatorio, quantum in Scripturis reperi (3), ultra ea que dicit hic auctor, breviter subicio. Purgare est suam innocentiam ostendere... »
« *Per corere meglior*, etc. (*Purg.*, I, 1). — Auctor in hac parte tractare intendit de statu animarum diversarum que sunt libere a pena inferni... »

Or, ce double incipit est celui d'une traduction latine du *Comento Laneo* sur le *Purgatoire*, qui dans plusieurs exemplaires est attribuée avec certitude à Alberico da Rosciate : notamment dans le précieux manuscrit Grumelli, à Bergame, et le manuscrit de la Laurentienne, Pl. XXVI, sin., 2 (4).

Comme le texte de Dante qu'il accompagne, et pour la même raison, le texte du commentaire est incomplet. En voici les derniers mots dans notre exemplaire :

« ... *ne lo interdecto*... (*Purg.*, XXXIII, 71). Hoc est cognoscens jus-

(1) On trouvera imprimées plus loin, à la suite des gloses latines du chant I, les quelques gloses italiennes de ce même chant I, et toutes les gloses italiennes du chant IX de l'*Enfer*.

(2) On lit, en effet, à propos du vers de l'*Enfer*, XIII, 144, *Mutò il primo padrone*, etc. : « ... e nel M°CCC°XXIIII, andò poi a terra quella ymagine [di Marte], per lo diluvio de l'acqua che fu in quel tempo. » — On ne peut, de la glose aux vers de l'*Enfer*, XXI, 113-114, sur l'époque de la descente du Christ aux enfers, rien inférer relativement à la date de la rédaction de ces annotations.

(3) *Ms. :* reperiri.

(4) Ce sont les numéros 70 et 69 de la liste des manuscrits du *Comento Laneo* (texte original ou traduction), dressée par M. Rocca, *Di alcuni Commenti*, etc., p. 155. — Nos manuscrits latin 8701 et italien 79 sont à ajouter aux neuf exemplaires complets ou incomplets de la traduction d'Alberico da Rosciate, cités par M. Rocca, *ibid.*, p. 155 à 158.

titiam Dei per ea que supra diximus tibi, et quod subicit. — *Moralmente...*
(*Purg.*, XXXIII, 72). Per sensum tropoloïcum (1). »

Arguments. En tête de chaque chant, on a laissé la place pour
un argument qui n'a pas été écrit.

Ornementation. En tête de chaque cantique, lettres peintes, dans
lesquelles, pour l'*Enfer* et le *Purgatoire* seulement, on a figuré la
tête de Dante. — En tête de chaque chant, initiales alternativement rouges et bleues, à filets alternativement bleus et rouges.

Ce volume est considéré par Ferrari (dans *Batines*, II, 237)
comme ayant fait partie de la bibliothèque de Pie VI ; la reliure
est en effet tout à fait semblable à celle des autres exemplaires de
Dante venus de ce pape, mais ne porte pas ses armoiries.

Ce volume a figuré quelque temps dans le Supplément français,
sous la cote 4147.

Marsand, I, 811, n° 701 ; — Batines, II, 236, n° 424 ; *ibid.*, II, 354,
n° VI ; — P. Paris, *Les Manuscrits françois*, etc., III, 325 ; — Moore, p. 676,
n° 114.

XXX. — Italien 74 (ancien fonds 7256).

L'ENFER, AVEC L'UNE DES RÉDACTIONS DU COMMENTAIRE DIT *Ottimo*.
MINIATURES.

Manuscrit en parchemin. 103 feuillets. 365 millimètres sur
265. Écriture de la fin du XIVe siècle, disposée sur une seule
colonne. 27 vers par colonne. Reliure en maroquin rouge, aux
armes de France (2).

Incipit (fol. 3) : « Nel mezo, etc... »

Explicit (fol. 103 v°) : « Explicit prima pars Commedie Dantis
de Florentia, et liber primus Inferni. Deo gratias. Amen. »

Commentaire. Voici ce que dit Ferrari (dans *Batines*, II, 233)
au sujet du commentaire contenu dans notre manuscrit 74 (3) :
« Le commentaire, pour les quatre cinquièmes au moins, est
» précisément celui que l'on appelle l'*Ottimo* ou l'*Antico*, comme
» le peut vérifier quiconque ouvrira le volume au hasard. Le

---

(1) Cf. l'édition du texte italien par L. SCARABELLI, II, 400.
(2) Anciennes cotes (fol. 3) : catalogue de 1622 : *trois cents nonante huit* ;
catalogue de 1645 : **406.**
(3) Cf. BATINES, I, 633, et II, 345.

» reste semble en partie original, en partie emprunté, dirait-on,
» au commentaire de *Francesco da Buti* et à celui de *Jacopo Ali-*
» *ghieri* (qui d'ailleurs ne sont pas nommés), et finalement à
» celui de *ser Graziuolo de Bambagioli*, qui se nomme expressé-
» ment dans les gloses des vers VII, 90 et XIII, 91. »

Il est exact que le texte du commentaire copié dans le manuscrit italien 74 est, pour la presque totalité, conforme au texte du
commentaire généralement désigné sous le nom d'*Ottimo* (1), tel
qu'il a été publié à Pise en 1827 ; il est exact aussi qu'il s'en éloigne en certains endroits ; les deux textes n'offrent même, pour ainsi
dire, rien de commun pour les trois premiers chapitres et une
bonne partie du quatrième. On peut dire que le texte du manuscrit 74 et le texte de l'édition de Pise constituent, non deux commentaires différents, mais bien plutôt deux rédactions différentes, aujourd'hui bien connues toutes deux, d'un seul et même
commentaire, qui est l'*Ottimo* (2). Et, tandis que la rédaction reproduite dans l'édition de Pise ne nous est parvenue que dans un
très petit nombre de manuscrits, celle qui est représentée par le
manuscrit 74 est relativement assez commune. M. Rocca a eu
connaissance de quatorze exemplaires, complets ou incomplets,
de cette rédaction (3) ; le manuscrit de Paris, qui vient s'ajouter à
la liste, est assurément l'un des plus soignés. Le texte spécial à
cette rédaction a été imprimé, pour les trois premiers chapitres, par
M. G. Grion dans le *Propugnatore* (4), d'après le manuscrit, cité plus
haut, de San Daniele de Frioul. Dans ce manuscrit, comme dans
le nôtre, toute préface est absente, et le commentaire commence
brusquement ainsi :

« Nel mezo, etc. — In questo et nel seguente capitolo, com'è detto, fa
prohemio, e mostra sua dispositione d'essere, come di tempo ; la quale
per allegoria figura la dispositione dell' umana spetie ; e dice *nel mezo*,
onde è da notare che 'l camino della pellegrina vita degli uomini, si come

(1) L'*Ottimo Commento della Divina Commedia, testo inedito d'un contemporaneo di Dante...*, ed. Torri. Pisa, 1827-1829, 3 vol. in-8°.

(2) C'est à tort que, sur la foi de Colomb de Batines, j'ai considéré plus
haut (voir l'Introduction, p. 10) le commentaire du manuscrit 74, non comme
une des rédactions de l'*Ottimo*, mais seulement comme un commentaire
dont l'*Ottimo* ferait le fond ; un examen plus approfondi de ce manuscrit
m'a fait constater qu'il offre un texte de l'*Ottimo* parfaitement conforme à
l'une des rédactions étudiées par M. Rocca.

(3) L. Rocca, *Di alcuni Commenti*, etc., p. 236-237. Les manuscrits de
cette rédaction constituent ce que M. Rocca appelle le *secondo gruppo*.

(4) *Il Propugnatore*, vol. I (1868), p. 332 à 355 et 435 à 464.

l'autore stesso chiosa sopra la sua canzona che fece della gentileza, comprehende (1) perfecto naturalmente quatro etadi; ciò sono : Adoloscenza, Giovaneza, Senetta et Senio. »

Contrairement à l'assertion de Ferrari (dans *Batines*, II, 233), il n'y a, dans notre texte, aucun emprunt au commentaire de *Francesco da Buti*; mais le correspondant de Colomb de Batines avait bien aperçu les rapports, mieux établis depuis(2), de l'*Ottimo* avec les commentaires de *Jacopo di Dante* et de *Graziolo de' Bambaglioli*.

Arguments en italien, dont voici un exemple (ch. III) : « Canto terzo, nel quale tracta dell'antrata dello ninferno e del fiume di Caronta, e della pena di coloro che vivettono sanza fama, e come il demonio Caron gli trae a sua nave e come gli parla a l'auctore, e tocca qui questo vizio in persona di papa Cilestrino (3). »

Ornementation. Elle consiste principalement en 34 miniatures, une pour chaque chant de l'*Enfer*, plus un frontispice représentant l'enfer dans son ensemble, et l'illustration de la première page du texte. Dans ces peintures, Dante est toujours vêtu d'une grande robe rose à capuchon; Virgile porte un costume bleu tout semblable, et est toujours représenté sous les traits d'un vieillard à barbe blanche. L'artiste s'est laissé souvent une assez grande latitude dans l'interprétation du texte de Dante, et il n'est pas toujours possible de déterminer avec précision le passage du poème qu'il a voulu reproduire.

Voici l'indication de ces miniatures :

Fol. 1 vº. — L'Enfer, occupant toute la page (4); c'est une intéressante figuration en raccourci des différentes scènes illustrées dans le volume. Il se trouve des frontispices semblables dans d'autres manuscrits de l'*Enfer* (5); il serait curieux de les comparer entre eux.

Fol. 2 vº. Chant I. — Dante rencontre sur son chemin une louve, une panthère et un lion. Dans le fond, Dante et Virgile.

Fol. 3. — Riche encadrement avec médaillons, où sont repré-

---

(1) Ms. : « comprehendo. »

(2) L. ROCCA, *op. cit.*, p. 242 à 246.

(3) Le mot *Cilestrino* a été gratté ; cf. plus haut, p. 32, un autre exemple de la même suppression.

(4) Cette miniature est décrite avec assez de détails par MAZZATINTI, I, CXLII-CXLIII.

(5) Notamment dans le ms. 1896 du fonds de la reine Christine, au Vatican, où sont conservés quelques feuillets de l'*Enfer* illustré par Botticelli (Voy. A. PÉRATÉ, dans la *Gazette des Beaux-Arts*, 1887, t. XXXV, p. 200-201).

sentées, sur fond bleu, des allégories, telles que les peintres italiens du XIVe siècle les affectionnaient : la Géométrie, et, au-dessous d'elle, Euclide ; l'Arithmétique et Pythagore ; la Logique et Aristote ; la Musique et Tubalcaïn ; la Rhétorique et Cicéron (1) ; l'Astrologie et Ptolémée ; la Grammaire et un personnage dont le nom est en partie effacé (2). — Au bas de cette page, deux fers à cheval se croisant, sans doute les armes d'un des anciens possesseurs du volume. — Le milieu de cette même page est occupé par une grande N historiée, dans laquelle est représenté Dante écrivant.

Fol. 6. Chant II. — Dante et Virgile à l'entrée de l'Enfer ; Béatrice, Lucie et la *Donna gentil* leur apparaissent dans une nuée sur fond or.

Fol. 9. Chant III. — Supplice de ceux qui n'ont mérité ni blâme ni louange, piqués par des mouches ; parmi eux, le pape Célestin V (III, 59-60). La barque de Caron.

Fol. 11 v°. Chant IV. — Premier cercle. Dante et Virgile rencontrent Homère portant une épée nue, Horace, Ovide et Lucain (IV, 88-90).

Fol. 15. Chant V. — Deuxième cercle. Supplice des luxurieux, battus par la tempête. Minos, la queue enroulée autour des reins (V, 11), juge deux coupables, conduits par un démon.

Fol. 18. Chant VI. — Troisième cercle. Supplice des gourmands, sur lesquels tombe une pluie mêlée de grêle et de neige. Cerbère, sous la figure d'un monstre noir.

Fol. 20 v°. Chant VII. — Quatrième cercle. Supplice des avares et des prodigues, roulant des rochers ; ils sont représentés par un pape, un cardinal, un évêque et un moine.

Fol. 23 v°. Chant VIII. — Cinquième cercle. Le Styx. Dante et Virgile, dans la barque de Phlégias, rencontrent Filippo Argenti, accroupi sur le rivage.

Fol. 26. Chant IX. — Sixième cercle. Dante et Virgile à l'entrée de la cité infernale, dans laquelle on voit des tombeaux ardents où brûlent les hérésiarques.

Fol. 29. Chant X. — Sixième cercle, suite. Dante et Virgile rencontrent Farinata degli Uberti, à moitié sorti de son tombeau.

Fol. 33. Chant XI. — Sixième cercle, suite. Le pape Anastase

---

(1) Le nom du personnage qui symbolise la Rhétorique est à peu près illisible, comme le remarque MAZZATINTI (I, CXLIII) ; je propose la lecture TVLIO RECTORICHOSO.

(2) Le nom de ce personnage paraît se terminer en SCANUS (TUSCANUS ?).

dans son tombeau. Virgile montre à Dante un rocher formé de trois cercles concentriques (XI, 16-19), dans lesquels ils trouveront plusieurs catégories de réprouvés. La manière dont l'artiste a interprété ce passage du poème indique qu'il n'avait qu'une très vague entente de la topographie de l'Enfer, telle que Dante l'a imaginée.

Fol. 36. Chant XII. — Septième cercle. Les centaures Nessus, Chiron et Folus chevauchant autour du lac de sang où sont plongés les tyrans.

Fol. 39. Chant XIII. — Septième cercle, suite. Supplice de ceux qui se sont donné la mort, transformés en arbres ; Dante cassant une branche de l'arbre où est renfermée l'âme de Pierre de la Vigne ; — Lanno de Sienne et Jacques de Saint-André.

Fol. 42. Chant XIV. — Septième cercle, suite. Supplice des violents contre Dieu, marchant ou accroupis sur un sable ardent.

Fol. 45. Chant XV. — Septième cercle, suite. Rencontre de Dante et de Brunetto Latini.

Fol. 47 v°. Chant XVI. — Septième cercle, suite. Dante et Virgile rencontrent Guidoguerra, Tegghiaio Aldobrandi et Jacopo Rusticucci.

Fol. 50 v°. Chant XVII. — Dante et Virgile sur le dos du monstre Géryon.

Fol. 53. Chant XVIII. — Huitième cercle ; première fosse. Supplice des entremetteurs et entremetteuses, flagellés par les démons.

Fol. 56. Chant XIX. — Troisième fosse. Supplice des simoniaques, plongés, la tête en bas, dans des trous d'où sortent des flammes.

Fol. 59. Chant XX. — Quatrième fosse. Supplice des sorciers et sorcières, ayant le visage tourné vers le dos.

Fol. 61 v°. Chant XXI. — Cinquième fosse. Supplice des fourbes, plongés dans la poix bouillante ; un démon porte un réprouvé, le Lucquois, sur son dos, en le tenant par les jambes (par le nerf des pieds, XXI, 36).

Fol. 64 v°. Chant XXII. — Même supplice. Les démons lacèrent avec des crocs le corps de Giampolo de Navarre.

Fol. 68. Chant XXIII. — Sixième fosse. Supplice des hypocrites, couverts de lourdes chapes ; ils passent sur le corps de Caïphe crucifié.

Fol. 71. Chant XXIV. — Septième fosse. Supplice des voleurs, torturés par des serpents.

Fol. 74. Chant XXV. — Même scène. Vanni Fucci levant les

bras au ciel (XXV, 2), et le cou enlacé d'un serpent (XXV, 5); le même, les bras liés par un autre serpent (XXV, 7). Le centaure Cacus, un dragon sur la nuque (XXV, 23). Supplice d'Agnel Brunelleschi ; un monstre le renverse à terre, le mord à la tête et lui passe la queue derrière le dos (XXV, 50-57).

Fol. 77. Chant XXVI. — Huitième fosse. Supplice des mauvais conseillers, plongés dans un fleuve de flammes.

Fol. 80. Chant XXVII. — Guido de Montefeltro dans le feu.

Fol. 83. Chant XXVIII. — Neuvième fosse. Supplice de ceux qui ont semé la discorde et des schismatiques ; un démon les taillade avec une épée ; on reconnaît Mahomet, déchirant de ses mains sa poitrine entr'ouverte (XXVIII, 29), Pier da Medecina ouvrant la bouche de Curion (XXVIII, 95), Mosca de' Lamberti levant ses deux bras coupés (XXVIII, 103), et Bertran de Born tenant par les cheveux et levant en l'air sa tête séparée du tronc (XXVIII, 118-128).

Fol. 86. Chant XXIX. — Dixième fosse. Supplice des falsificateurs, couverts de lèpre.

Fol. 89. Chant XXX. — Même supplice. Gianni Schicchi mordant à la nuque Capocchio (XXX, 28).

Fol. 92. — Chant XXXI. — Huitième cercle. Les géants dans un puits : Antée (Anteo), Nembrod (Nebrotto), Ephialte (Fralt) et Briarée (Tolomeo).

Fol. 95. Chant XXXII. — Neuvième cercle. Supplice des traîtres à leur patrie, plongés dans la glace. Dante tirant Bocca par les cheveux (XXXII, 97 et suiv.).

Fol. 98. Chant XXXIII. — Même cercle. Ugolin et l'archevêque Roger. Dante et frère Albéric de' Manfredi.

Fol. 101. Chant XXXIV. — Le fond de l'Enfer. Le démon Dité dévorant de ses trois gueules Judas, Brutus et Cassius.

En outre, en tête de chaque chant et dans le commentaire, initiales multicolores, à bordure d'or.

Marsand, I, 28, n° 29 ; — Batines, II, 233, n° 419 ; cf. *ibid.*, 1, 633.

XXXI. — Italien 70 (ancien fonds 7002).

DIVINE COMÉDIE, AVEC QUELQUES FRAGMENTS D'UN COMMENTAIRE ANONYME.

Manuscrit en papier. 147 feuillets. 394 millimètres sur 279.

Écriture de la fin du XIVe siècle, ou mieux du commencement du XVe, disposée sur une seule colonne. Nombre de vers variable à la page. Reliure en maroquin rouge, aux armes de France (1).

Le Purgatoire s'arrête (fol. 95 v°) au vers XXXIII, 90 :

« Da terra el cielo che più alto festina »,

mais la place pour copier le reste du chant est restée blanche.

Il y a, en outre, un grand blanc au feuillet 84. Le texte s'arrête en plein feuillet 84 r°, avec le vers du *Purgatoire*, XXV, 105, pour reprendre vers le milieu du feuillet 84 v°, avec le vers du *Purgatoire*, XXVI, 19 ; le copiste a laissé juste assez d'espace vide pour remplir à l'occasion cette lacune.

Commentaire. Fragments d'un commentaire anonyme, en italien, seulement pour les chants I à IX de l'*Enfer* et le premier tiers du chant X. Le texte de ce commentaire, probablement par suite de la disparition d'un feuillet, en tête du volume, ne commence qu'à l'explication du vers de l'*Enfer*, I, 91 : « *Ad te convien tener*, etc. », et débute par ces mots :

« Queste sono parole della ragione in forma de Virgilio... »

Il s'arrête (fol. 12 r°) avec la glose des vers 46-48 du chant X :

« *Poi disse : fieramente... Si che per due fiate li disperse.* Qui tocca due cacciate di Guelfi de Firenze, de la quale parte fuero l'antichi di Dante. Pare che queste parte cominciassero in Firenze, allora che messer Bondelmonte fu morto a piè del Ponte Vecchio de Firenze per schiacta Uberti, consorte del decto messer Farinata, et suoi fautori nel millesimo CCºXVº, com'è scripto capitolo XXVIII, quivi : « *El uno c'avea*, etc. » (*Inf.*, XXVIII, 103). Et questo mostra la prima cagione de la cacciata di Guelfi. Poi nel millesimo CCºXLVIIº, per forza d'inperio, li Guelfi ussirono de Firenze. Et poy nel mille CCºLº, del mese d'octobre, si fece popolo (?) in Firenze, et il gennaro seguente, per pace reintrarono li Guelfi in Firenze. Et poco appresso, li Guelfi cacciarono i Ghebillini di Firenze, li quali vi tornarono per pace. Poi nel mille CCºLVIIIº, fuoro cacciati li Uberti, con certi di Ghebillini de Firenze. Poi nel millesimo CCºLX, li Guelfi per forza di Ghebellini se (*sic*) ussirono. »

En comparant cette glose, qui est la dernière de notre manuscrit, avec les passages correspondants des autres commentaires sur la *Divine Comédie*, on verra que le commentaire du manus-

(1) Anciennes cotes (fol. 1) : bibliothèque des rois de Naples : A, XVI ; — catalogue de 1645 : **885**. C'est à Naples qu'ont dû être écrits les mots : *Bartolomea*, — *Bartolomea* ꝑꝑ, qui se lisent au recto et au verso du feuillet 147.

crit 70 fournit, sur la lutte entre les Guelfes et les Gibelins, à Florence, pendant le XIIIe siècle, des détails, sinon plus nombreux, du moins plus précis. Il ne faudrait pas en tirer des conclusions trop favorables sur la valeur de ce commentaire, qui, s'il était complet, atteindrait d'assez vastes proportions, mais qui, autant que l'on en peut juger par les fragments conservés dans notre manuscrit, est loin d'être une œuvre originale. L'auteur fait au commentaire de Jacopo della Lana (1) et au commentaire dit *Ottimo*, à ce dernier surtout, de très nombreux emprunts (2).

Ces emprunts ne sont pas partout de même nature. Tantôt l'auteur de notre commentaire, tout en suivant d'assez près Jacopo della Lana, fait au texte de son devancier des additions ou des suppressions plus ou moins considérables. C'est le cas pour une bonne partie du commentaire du chant I, comme on peut le constater par les extraits publiés en *Appendice* ; en regard du texte du manuscrit 70, on trouvera reproduits les passages correspondants du *Comento Laneo*, d'après l'édition de Scarabelli.

Tantôt, au contraire, les deux textes sont entièrement conformes ; ainsi, pour le long commentaire des vers de l'*Enfer*, VIII, 76-88 (3), je ne remarque entre l'édition de Scarabelli et le manuscrit 70 que des différences insignifiantes ; c'est ici un emprunt textuel.

De même pour le commentaire dit *Ottimo*.

Dans certains passages, le manuscrit 70 et l'*Ottimo* sont identiques, non pour la forme, mais pour le fond. Ainsi, presque tout le commentaire du chant IV n'est, dans notre manuscrit, que le résumé du texte connu par l'édition de Pise (4). Ailleurs, au con-

---

(1) M. Rocca, *Di alcuni Commenti*, etc., p. 158, note 2, parle de certains manuscrits, qu'il se propose d'examiner ultérieurement, dans lesquels on trouve les gloses de Jacopo della Lana mêlées à d'autres gloses. Le ms. 70 paraît bien devoir être rangé dans cette catégorie. M. Rocca fait aussi allusion (*op. cit.*, p. 299, note) à d'autres manuscrits contenant un commentaire sur l'*Enfer* ayant une grande affinité avec l'*Ottimo*.

(2) D'après Ferrari (dans Batines, II, 245), le commentaire du ms. 70 serait de peu de valeur ; en réalité, il vaut, d'une manière générale, ce que valent le *Comento Laneo* et l'*Ottimo*.

(3) Depuis : « *Noi giungemmo pur*. Segue sua (*sic*) poema monstrando... » (ms. 70, fol. 8 v°, édit., I, 186), — jusqu'à : « ... tolle li vitii mortali » (ms. 70, fol. 9 r°, édit., I, 188).

(4) L'examen du manuscrit 70 m'a conduit à la solution d'une petite difficulté du texte de l'*Ottimo*, tel que l'a publié Torri. A propos du vers de l'*Enfer*, IV, 141 :

« Tullio, e *Lino* e Seneca morale... »,

l'*Ottimo* dit du poète grec Linus (édit., t. I, p. 64) : « Fu d'un luogo di Gre-

traire, il y a identité, non seulement pour le fond, mais aussi pour la forme. C'est le cas pour la plus grande partie du commentaire au chant VII. On trouvera imprimé plus loin, dans l'*Appendice*, tout ce qui, dans ce chapitre VII, n'est pas conforme à l'*Ottimo* (1) : c'est à peine le quart de ce chapitre.

Arguments. Aucun.

Ornementation. En tête de l'*Enfer*, vignette et lettre historiée, d'une exécution très grossière, dans laquelle est représenté Dante assis et lisant. Au fol. 146 v°, une sorte de grande croix tressée, dessinée à la plume. Quelques grandes initiales rouges.

Ce volume a été, par inadvertance, décrit deux fois par Marsand (I, num. 7 et 697) et par Batines (II, num. 435 et 441). Ferrari (dans *Batines*, l. c.) attribue à ce manuscrit une origine napolitaine. Sur l'orthographe et sur certains mots passés dans le texte, voy. Moore, p. 629, n° 8.

Marsand, I, 7, n° 7, et 805, n° 697 ; — Batines, II, 244, n° 435, et II, 248, n° 441 ; cf. *ibid.*, II, 352, num. v et vi ; — Moore, p. 629, n° 8 ; — Paulin Paris, *Les Manuscrits françois*, etc., III, 310.

XXXII. — Italien 541 (ancien fonds 7259²).

DIVINE COMÉDIE, ACCOMPAGNÉE DU COMMENTAIRE DE PIETRO DI DANTE POUR LA PLUS GRANDE PARTIE, ET, POUR QUELQUES CHANTS DU PURGATOIRE, D'UNE TRADUCTION LATINE ANONYME DU COMMENTAIRE DE JACOPO DELLA LANA.

Volume en papier. 207 feuillets. 290 millimètres sur 215. Écriture du XVᵉ siècle, disposée sur une seule colonne ; nombre variable de vers par colonne. Reliure en basane verte.

Incipit (fol. 1) : « Nel mezo del camim (*sic*)... »

Explicit (fol. 207) : « Explicit tercia pars Comedie Dantis Algherii de Florencia. Ad laudem Omnipotentis Dei, Patris et Filii et Spiritus Sancti. Amen. »

cia detto *Isola*. » Et l'éditeur de remarquer justement que l'*Ottimo* se trompe, et que Linus, du moins d'après la tradition, était Thébain. D'où vient cette erreur ? D'une leçon *Alino*, *Alano*, que portent certains manuscrits. Dans le ms. ital. 70 notamment, on lit *Alino*. Linus a été confondu avec Alain de Lille. De là cette énigmatique cité de Grèce du nom d'*Isola*.

(1) Quant à la forme, car, pour le fond, les points de contacts sont encore fort nombreux.

Commentaire de Pietro di Dante (1), sans les préambules à chacune des trois parties imprimés dans l'édition de lord Vernon (2). Le texte commence (fol. 1) par ces mots : « Hoc capitulum cum sequenti prohemiale est... » (éd. Vernon, p. 19).

Ce commentaire, dans l'exemplaire qui nous occupe, est complet pour l'*Enfer*, et, quoiqu'en dise Ferrari (dans *Batines*, I, 639), pour le *Paradis*. Il n'en est pas de même pour le *Purgatoire*. Le texte de Pietro Alighieri s'arrête brusquement, vers la fin du chapitre XVI (fol. 101 r°, éd. Vernon, p. 416), avec ces mots : «... et concludendo [dicit] quod pastores. »

Puis, sans que d'autres signes qu'un blanc très court et deux traits de plume indiquent, dans le manuscrit, un pareil changement, vient, pour la fin du chant XVI et pour les chants XVII à XXIII, un commentaire latin qui n'a rien de commun avec celui de Pietro di Dante. J'ai reconnu dans ce texte une traduction, assez libre d'ailleurs et abrégée, du commentaire de Jacopo della Lana, mais une traduction différente de celle d'Alberico da Rosciate (3), telle que nous l'avons rencontrée dans le manuscrit italien 79. Ce commentaire débute ainsi :

«... hodie usurpant talem jurisdictionem temporalem. || Ultimo tangit quod in Lombardia et Marchia Trivisina (4), ubi fluvii illi duo decurrunt, scilicet Padus et Ladice (*sic*), solebat inveniri per quoscumque curialitas et valor, antequam Fredericus imperator haberet brigam, et nunc per illas partes potest transiri securiter, quia non inveniret quis aliquem bonum virum (5).

(1) Sur le commentaire de Pietro Alighieri, voy. L. Rocca, *Di alcuni Commenti*, etc., p. 343-425. M. Rocca distingue de ce commentaire plusieurs rédactions; mais le texte du manuscrit 541 est conforme à la rédaction qui a été imprimée, la seule connue jusqu'à ces derniers temps ; les différences que je rencontre entre le manuscrit et l'imprimé sont insignifiantes, et cet exemplaire appartient au *premier groupe*, d'après la classification de M. Rocca.

(2) Petri Allegherii *super Dantis, ipsius genitoris, Comoediam commentarium*, nunc primum in lucem editum, consilio et sumtibus G.-J. bar. Vernon, curante Vincentio Nannucci. Florentiae, 1846.

(3) On sait qu'Alberico da Rosciate ne fut pas seul à traduire le *Comento Laneo*. Une traduction du commentaire sur *l'Enfer*, de « *Gulielmus de Bernardis* », se rencontre dans le ms. de la Bodléienne d'Oxford, *Canonici, Miscellanei*, n° 449. Ce *Gulielmus de Bernardis* a-t-il traduit aussi le commentaire sur le *Purgatoire*, et est-ce un fragment de cette traduction qui est conservé dans le manuscrit italien 541 ? Je ne saurais l'affirmer.

(4) Cf. *Jacopo della Lana*, éd. Scarabelli, II, 184.

(5) Il est à noter qu'ici c'est moins Jacopo della Lana qui se trouve traduit, que Dante lui-même (*Purg.*, XVI, 115-120).

» [*Ben v'en tre vecchi*, etc.] (v. 121). — Illi tres senes de quibus fit mencio : unus fuit dominus Conradus de Palacio de Brixia, curialissima persona et plenus nobilitate et valore ; alius dominus Gerardus de Camino, de Trivisio, similiter gratiosissimus, magnanimus et curialissimus ; tercius fuit Guido de Castello, de Regio, qui fuit pater et conservator totius nobilitatis et valoris, et qui omnes bonos viros continue libenter videbat ; et per magnam prerogativam autor commendat ipsum singulariter simplicem *Lombardum*, prout faciunt Francigene, qui communiter omnes citramontanos *Lombardos* appellant. »

Les dernières gloses de ce commentaire, dans notre manuscrit, sont les suivantes (fol. 116 r°) :

« *Perch'io*, etc. (XXIII, 115). — Respondit auctor (1) : Iste est Virgilius, qui (2) me duxit per hanc viam, et cujus libri et scientia me traxerunt de vita vitiosa, et pridie ingressus hoc iter, cum soror Phebi, id est Luna, erat plena.

» *... de i veri morti*, etc. (v. 122). — Id est : per Infernum.

» *Indi [m'an tratto]*, etc. (v. 124). — Id est : cum sua scientia me traxit ad hunc montem in quo purgamini.

» *Tanto dice di*, etc. (v. 127). — Quasi dicat : tantum ducet eum quantum poterit cognoscere scientiam naturalem (3) ; postmodum ascendet cum scientia theologie.

» *[E quest' altro]*, etc. (v. 131). — Stacio, per quem tremitavit mons, quia est liber et purgatus a penis Purgatori, etc.

» Et hec sufficiant. »

Pour les chants **XXIV** et suivants du *Purgatoire*, tout commentaire fait absolument défaut.

Arguments. Ils manquaient à l'origine ; on les a ajoutés par la suite, mais non partout. Voici celui du chant III de l'*Enfer* : « Capitolo 3°, dove si tratta di coloro che non fanno bene ne male, etc. »

Ornementation. Lettre ornée, vignette et armoiries (4), au feuillet 1. Initiales presque toujours rouges, quelques-unes bleues, en tête des chants II-XXX de l'*Enfer*.

D'après une note collée sur le plat supérieur de la couverture, ce manuscrit a fait partie de la bibliothèque particulière d'un pape, qui ne peut être que Pie VI.

Fol. 138 v°, à la fin du *Purgatoire*, se lisent les lettres

(1) Cf. *Jacopo della Lana*, éd. SCARABELLI, II, 273.
(2) Ms. : que.
(3) Ms. : scientia naturalis.
(4) Ces armoiries, évidemment italiennes, mais que je n'ai pas réussi à identifier, sont répétées fol. 57 r°.

F. M. P., peut-être les initiales d'un des possesseurs du volume.

Ce manuscrit a fait quelque temps partie du Supplément français, sous le nº 4151.

Marsand, 1, 789, nº 685; — Batines, 1, 639, nº xiv, et II, 247, nº 440.

XXXIII. — Italien 1015 (ancien fonds 8138).

COMMENTAIRE DE PIETRO DI DANTE SUR LA D. C., ACCOMPAGNÉ DE GLOSES EXTRAITES DE LA TRADUCTION LATINE DU COMMENTAIRE DE JACOPO DELLA LANA, PAR ALBERICO DA ROSCIATE.

Volume en papier. 262 feuillets. 195 millimètres sur 140. Écriture du XVIᵉ siècle. Reliure en maroquin rouge, aux armes de France.

Voici la composition de ce volume :

I (fol. 1). — Sentences extraites des tragédies de Sénèque. « *Seneca in* 2ᵃ *tragedia, in* 3º *actu.* »

> « Serum est cavendi tempus in mediis malis. »
>
> (THYESTES, vers 487.)

II (fol. 2). — Commentaire de Pietro di Dante (1), commençant par : « *Nel mezo del camin*, etc. Hoc capitulum prohemiale est (2)... »; et finissant (fol. 262 rº) par : « ... in quibusdam verba cum sensu teneo (édit. Vernon, p. 740). Et hic finis est hujus tercie cantice *Paradisi.* »

Dans les marges se trouvent çà et là, outre les noms des auteurs cités par Pietro Alighieri, des gloses extraites, — avec quelques différences de texte, — de la traduction du commentaire de Jacopo della Lana, par Alberico da Rosciate. Ces gloses sont de la même main que celles de Pietro di Dante ; elles sont écrites, les unes à l'encre rose, les autres à l'encre noire. Elles ne dépassent pas le vers 21 du chant XIX de l'*Enfer*.

Voici la première (fol. 6 vº) :

« Ostendit hic auctor qualiter fuit temptatus a tribus vitiis, scilicet vana

---

(1) Cet exemplaire n'avait pas été identifié dans les précédents catalogues. Il est signalé pour la première fois dans le travail de M. Rocca.

(2) Le manuscrit ne contient pas le préambule qui occupe les p. 1-18 de l'édition de lord Vernon.

gloria, superbia et avaritia, et leonza asimilatur vane glorie, quia est animal diversorum colorum, quia corda hominum a variis temptationibus vexantur. »

(Cf. *Jacopo della Lana*, éd. SCARABELLI, I, 109.)

La seconde (fol. 7 v°) suit plus exactement que la première le texte d'Alberico :

« *Mentre ch'io rimirava* (sic) *in basso loco* (*Inf.*, I, 61). Hic ostendit quod, cum caderet in viam vitiosam propter tentationes, sibi apparuit Virgilius qui sustentavit eum et non permisit precipitare ipsum ; et nota quod Virgilius sumitur pro discretione et humana ratione, et quod dicit : *che per longo silencio* (*Inf.*, I, 63), quia, propter longitudinem temporis, liber Virgilii non erat in usu, sed sub quodam silentio transierat. »

(Cf. *Jacopo della Lana*, éd. SCARABELLI, I, 111.)

Voici les dernières de ces gloses (fol. 62 v°-63 r°) :

« Auctor in presenti capitulo (*Inf.*, XIX) tractat de fraudolentia simonie, per quam infertur fraus et violentia rebus divinis. Unde dicit auctor : O simoniaci, oportet quod ego tractem de vestra miseria, etc. ! [Dicitur] simonia ab illo Simone mago, qui pecunia voluit emere gratias Spiritus Sancti a beato Petro et Apostolis ; unde beatus Petrus respondit : *Vade, pecunia tua sit tecum in perditione, quia cogitasti donum Dei pecunia possideri* (Act., VIII, 20), et ideo simonia est vendere et emere res spirituales ; et de hac materia vide in *Decreto*, I, quest. [i et] II, per totum, et *Extra*[*vagantes*], de Simonia, per totum, etc. »

(Cf. *Jacopo della Lana*, éd. SCARABELLI, I, 326-327. — Ici, la traduction d'Alberico da Rosciate est plutôt un abrégé.)

« *Io vidi per le coste*, etc. (*Inf.*, XIX, 13). Hic ostendit formam loci in quo cruciantur peccatores isti. »

« *Et questo sie sugel*, etc. (*Inf.*, XIX, 21). Hic notat auctor quod pro tanto supra dixit de babtisterio Sancti Johannis, ut omnes sciant quod ipse erat Florentinus, et ne alius possit sibi intitulare istum librum, et ideo dicit quod illud est sigillum quod non permittet decipi, si qui alii vellent intitulare. »

(Cf. *Jacopo della Lana*, éd. SCARABELLI, I, 326-328. — Ici encore la traduction d'Alberico est plutôt un abrégé.)

III (fol. 262 r°). — L'une des épitaphes gravées sur la tombe de Dante, qui a pour auteur Menghino da Mezzano :

« [I]nclyta fama cujus universum penetrat orbem (1)..... »

(1) Voyez plus haut, p. 14.

IV (même folio). — Souscription du commentateur (édit. Vernon, p. 740) : « Ego vero comentator — intelectores meorum. Deo gratias ago. »

Entre le commentaire du *Purgatoire*, qui se termine fol. 184 v°, et celui du *Paradis*, qui commence fol. 187, il faut signaler la pièce imprimée par Fraticelli (1) sous le titre de *Professione di fede* (2) :

« [I]o scrissi già d'amore più volte rime... »

Le texte s'arrête dans notre manuscrit au vers :

« Benchè [in] se avesse ogne virtù racholta (3) »,

et présente de nombreuses variantes.

Ornementation. Aucune.

Entre les feuillets 186 et 187 se trouvent les talons de 5 feuillets arrachés.

XXXIV. — Italien 75 (ancien Supplément français 2679).

Divine Comédie, avec le Commentaire connu sous le nom de *Falso Boccaccio*.

Volume en papier. 154 feuillets. 272 millimètres sur 220. Daté de 1389. Écriture disposée sur une seule colonne; nombre variable de vers par colonne. Reliure en veau plein, au chiffre de Louis Philippe.

Commentaire. Le commentaire contenu dans ce manuscrit est celui qui, sur la foi de certains exemplaires, a été faussement attribué à Boccace (4).

---

(1) *Opere minori di Dante Alighieri*, t. I (1856), p. 386-411.

(2) Elle se rencontre dans un grand nombre de manuscrits avec l'attribution à Dante (Voy. *Il Propugnatore*, nuova serie, t. II (1889), parte I, p. 32-34); dans le manuscrit ici examiné, elle est sans titre.

(3) Fraticelli, *op. cit.*, I, 393. La plus grande partie manque dans notre exemplaire, malgré l'indication « *Finis* ».

(4) Il existe d'ailleurs, comme on sait, un commentaire sur les chants de l'*Enfer*, I-XVII, 17, qui est réellement de Boccace; on place la rédaction de ce commentaire en 1373; le faux Boccace est de deux années postérieur. — D'après J.-V. Le Clerc, qui, dans sa notice sur Siger de Brabant (*Hist.*

Il nous est parvenu au moins trois états différents de ce commentaire :

A. Celui qui, représenté notamment par le manuscrit 1028 de la bibliothèque Riccardi, à Florence, a servi de base à l'édition donnée en 1846 par les soins de lord Vernon, sous ce titre : *Chiose sopra Dante, Testo inedito, ora per la prima volta pubblicato* (1).

B. Un texte plus développé que le précédent, et conservé, pour l'*Enfer* seulement, dans le manuscrit 1037 de la même bibliothèque Riccardi ; les additions fournies par cet exemplaire ont été portées en notes dans l'édition, sous la rubrique S. C. (Secondo Codice).

C. Un texte plus développé encore que le précédent, dont une copie (Magliabecchienne, msc. XLVII, palc. 1) a été utilisée dans l'édition de 1846 ; les additions et variantes de ce troisième texte ont été imprimées à la fin du volume, pages 719-899.

Ce n'est pas ici le lieu de rechercher les rapports qui existent entre les trois rédactions différentes de ce commentaire ; on n'y arrivera sans doute que par une comparaison attentive de tous les exemplaires qui en subsistent. Ce qu'il importe de noter ici, c'est que la rédaction contenue dans le manuscrit italien 75 est la plus développée, celle que l'on connaissait déjà par le manuscrit XLVII, palc. 1, de la bibliothèque Magliabecchi, à Florence. Ce sont bien là deux exemplaires du même texte, avec quelques différences toutefois. Ainsi, on ne trouvera pas dans le manuscrit de Paris la dissertation sur quatorze Romains illustres (2), « quatordeci valentissimi homini Romani, » pur hors-d'œuvre, qui, dans le manuscrit Magliabecchi, précède le commentaire sur le *Paradis* (édition, p. 815-838) ; quelques additions du manuscrit de Florence (édition, pp. 871, 873, 874) sont absentes de celui de Paris.

Ce dernier exemplaire est d'ailleurs incomplet :

1° Par suite de la disparition d'un ou plusieurs feuillets (le feuillet 1 a été refait, mais pour le texte de Dante seulement) au commencement du volume, le début du commentaire est perdu ;

---

littér. de la France, t. XXI [1847], p. 113-114), cite un passage du commentaire contenu dans le manuscrit 75, les gloses de ce manuscrit « paraissent extraites presque toutes du grand commentaire de Benvenuto da Imola ». Le commentaire de Benvenuto étant postérieur de quatre ans au Faux Boccace, il y aurait lieu d'examiner ce qu'il a pu lui emprunter, non lui fournir.

(1) Firenze, tipogr. Piatti.

(2) Elle est copiée dans le ms. latin 7239, f. 125 et suiv.

les premiers mots sont aujourd'hui : « *Molti son l'animali* (*Inf.*, I, 100). — In questa quarta parte... » (Édition, p. 17.)

2° Le copiste n'a pas achevé la transcription du commentaire ; il s'est arrêté (fol. 128 v°) en plein commentaire du chant XVII du *Paradis* : « ... e dell'altri ciptadini di Firenze di sua parte bianca. *Ne per ambage*, etc... (1). » (Édition, p. 608.)

En revanche, j'ai relevé, dans le manuscrit de Paris, plus d'un passage que l'auteur de l'édition de 1846 n'indique point comme se trouvant dans le manuscrit de la Magliabecchienne. Les additions imprimées pages 777 et 781 de l'édition sont transposées dans notre manuscrit, et se trouvent ainsi à leur vraie place.

Un certain nombre de récits, par suite d'additions et de modifications nombreuses, sont, dans le manuscrit de Paris, fort différents de ce qu'ils sont dans l'édition (2); toutefois, ces différences portent sur la forme bien plutôt que sur le fond.

En somme, le manuscrit de Paris, tout incomplet qu'il est, ne devra pas être négligé dans une nouvelle édition du commentaire appelé *Faux Boccace* ; il n'est que de quatorze ans postérieur à la rédaction de ce commentaire (1375), et en fournit un texte, à ce qu'il m'a semblé, assez correct.

Arguments en latin, sauf pour le premier chant de l'*Enfer* (dont le commencement a été refait). Voici celui du chant III : « Incipit III cantus, in quo tractat de porta prima inferni et de flumine Acherontis, et de spiritibus qui vixerunt sine fama, congregatis et concurrentibus subter vexillo. Caron demon omnes in navi sua transit, et sic locutus est auctori. »

Ornementation. Aucune.

Chaque cantique est suivie (fol. 53 v°, 103 v°, 153 r°) des *Capitoli* correspondants de Jacopo di Dante :

> « [O v]oi che sete del verace lume... »
> « [N]e la seconda parte fa beato... »
> « [L]a terza parte con altra (*sic*) doctrina... »

---

(1) *Par.*, XVII, 31. — A noter, en outre, une lacune résultant de la disparition du feuillet 48, refait après coup ; elle correspond aux pages 258-261 de l'édition, depuis : « per lo cui mal coto pure un linguagio nel mondo non s'usa... » jusqu'à la fin du commentaire du chant XXXI de l'*Enfer*.

(2) Comparez manuscrit. fol. 43, et édition, p. 223.

—	93	—	466.
—	93 v°	—	469.
—	95 v°	—	477.
—	101 v°	—	510. — Voyez plus loin, à

l'*Appendice*.

Le manuscrit se termine (fol. 153 v°) par deux épitaphes gravées sur le tombeau de Dante à Ravenne :

« Inclite (*sic*) fama cujus universum penetrat orbem... »
« Jura monarchie, superos, Flegetonta lacusque (1)... »

Voici (fol. 152 v°) la note qui donne la date du manuscrit et le nom du copiste : « Explicit primus, secundus et tertius liber Dantis Aldagherii de Florentia; scriptus per me, Franciscum magistri Andree de Urbeveteri, sub annis Domini millesimo trecentesimo octuagesimo nono. Deo gratias. Amen. »

Les feuillets 1 et 48 ont été récrits postérieurement à tout le reste du volume, mais à deux dates très différentes.

Ce manuscrit, acquis par la Bibliothèque en 1841, ne figure pas dans le catalogue de Marsand, qui est de 1835-1838.

Batines, II, 229, n° 415.

XXXV. — Italien 77 (ancien fonds 7002⁴).

DIVINE COMÉDIE, AVEC LE COMMENTAIRE DE BENVENUTO DA IMOLA.

Volume en parchemin. 191 feuillets (plus le feuillet A préliminaire). 400 millimètres sur 286. Daté de 1395. Écriture disposée sur une seule colonne, à nombre variable de vers. Reliure italienne en parchemin blanc, sans armoiries.

Voici quelle est la composition du volume (2) :

I (fol. 1). — Table des chants de la *Divine Comédie*. Marsand se trompe, quand il dit (t. I, p. 810) que cette table commence au chant VIII de l'*Enfer*, et que, par conséquent, il manque au moins un feuillet au volume. En réalité, il y a une simple interversion. La table commence fol. 1, col. 1, au chant VIII, non de

---

(1) Sur ces deux épitaphes, voir *Il sepolcro di Dante*, documenti raccolti da LUDOVICO FRATI e CORRADO RICCI, Bologne, 1889 (fascic. 235 de la *Scelta di curiosità inedite o rare*, etc.). La première de ces épitaphes est de Menghino da Mezzano, la seconde est de Bernardo de' Catenacci. Voyez plus haut, p. 14.

(2) Elle diffère, sur plus d'un point, de la composition de l'exemplaire qui a servi de base à l'édition que M. Lacaita a donnée du commentaire de Benvenuto (voy. plus loin); cet exemplaire est le ms. de la Laurentienne, Plut. XLIII, num. 1, 2, 3.

l'*Enfer*, mais du *Paradis*. La table des chants du *Paradis* terminée, commence (fol. 1, col. 2) une note biographique sur Dante, imprimée par Mazzatinti, t. II, p. 41 ; elle débute ainsi : « Dante Abdigieri naque in Firenza... » Cette note est suivie de la table des chants de l'*Enfer*. Viennent ensuite (fol. 1 v°, col. 1) la table des chants du *Purgatoire*, et (fol. 1 v°, col. 2) celle des chants I-VII du *Paradis*. Il n'y a donc aucune lacune à regretter.

II (fol. 2). — Notes diverses sur Dante et sur la *Divine Comédie* (1).

Il y a à distinguer :

1° Un tableau synoptique de l'*Enfer* et du *Purgatoire*. On y trouve : l'*incipit* de chaque chant ; l'indication des principales divisions de l'*Enfer* et du *Purgatoire*, ainsi que des différentes sortes de réprouvés ; un essai de chronologie du voyage de Dante à travers l'*Enfer* et le *Purgatoire*.

2° Une note sur la date de la naissance de Dante (2), sur celle de sa mort, et sur celle de la composition de la *Divine Comédie*.

3° L'épitaphe de Dante, déjà signalée (3), par Menghino da Mezzano :

« Inclita fama cujus universum penetrat orbem... »,

précédée de cette précieuse indication :

« Subscripti versus in ecclesia fratrum Minorum Ravenne, extra portam claustri, super sepulturam Dantis, in manu sinistra, in introytu (4). »

III (fol. 2 v°). — Commentaire de Benvenuto da Imola (5).

Après la poésie de 26 vers qui précède ordinairement le commentaire, poésie commençant par :

« Nescio qua (*sic*) tenui sacrum modo carmine Dantem (6)... »

---

(1) Voy. Mazzatinti, t. II, p. 42; cf. P. Paris, *Les Manuscrits françois*, etc., t. III, p. 322.

(2) Dans cette note, la date de la naissance de Dante est, selon la tradition, fixée à l'année 1265, et non à l'année 1264, comme l'imprime par erreur Mazzatinti (*loc. cit.*).

(3) Voy. plus haut, p. 89 et 93.

(4) Cette épitaphe a, comme on sait, disparu.

(5) Imprimé sous ce titre : Benevenuti de Rambaldis de Imola *Comentum super Dantis Aldigherii Comoediam*, nunc primum integre in lucem editum, sumptibus Guilielmi Warren Vernon, curante Jacobo Philippo Lacaita. Florence, 1887, 5 vol. in-8°.

(6) Benevenuti de Imola *Comentum*, etc., I, 6. Cette poésie a été souvent réimprimée, et, tout récemment encore, avec des indications bibliogra-

et finissant par :

« Vivet et eterno refer[e]tur laudibus evo »,

vient (fol. 2 v°-3 r°) le préambule en prose du commentaire :

« Ipse est mare inundans undique... causa materialis et subjectum primi libri (1). »

Le commentaire proprement dit commence (fol. 3 r°) par ces mots :

« His preambulis pro evidentia precursis, nunc ad libri divisionem veniendum (2)... »

IV (fol. 4 r°). — Texte de la *Divine Comédie* : « Comenza la prima Comedia de Dante Aldighieri da Fiorenze, in la quale monstra como gl' aparve Virgilio, e monstróli lo inferno e 'l purgadorio. »

V. — Le Commentaire sur l'*Enfer* est suivi (fol. 74 v°) :

1° De huit vers sur le voyage de Dante (3) :

« Jamque domos stigias et tristia regna silentum...
» Gloria, et eterne maneant per secula laudes. »

2° De six vers à la louange de Nicolas II d'Este :

« Hic nitet Estensis Nicolaus laude sub ista (4)...
» Italicos inter proceres dominosque potentes. »

3° De l'épître de Benvenuto à Nicolas II d'Este :

« Quoniam (5), preclarissime princeps... »

Arguments tels que celui-ci : « Capitulum 3^m, in quo ponit illos qui in hoc mundo nichil boni nec mali fecerunt, et quasi frustra visserunt, in quo papa Celestrinus est. »

phiques, par M. C. DEL BALZO, dans ses *Poesie di mille autori*, etc., II, 476 et 477.

(1) BENEVENUTI DE IMOLA *Comentum*, etc., I, 7-19.

(2) *Ibid.*, I, 21.

(3) Ces vers se lisent aussi dans le manuscrit latin 8702, fol. 142; ils ont été imprimés dans l'édition du commentaire citée plus haut, II, 570; tous les exemplaires du commentaire ne les donnent pas. On les trouvera, en outre, avec l'attribution, fort douteuse, à Andrea Giusti da Volterra, dans les *Poesie di mille autori*, etc., de M. C. DEL BALZO, II, 201. — Le texte du ms. 77 est très fautif.

(4) Édit. Lacaita, I, 1.

(5) Édit. Lacaita, I, 1.

Ornementation. En tête de chaque cantique, une miniature représentant :

Pour l'*Enfer* (fol. 4), Dante en présence de la panthère, de la louve et du lion ; Dante et Virgile ;

Pour le *Purgatoire* (fol. 75 v°), Dante et Virgile dans une barque (la *navicella* du vers 2 du chant I) ; au-dessus, une croix, la Croix du Sud (*Purg.*, I, 1-30), d'après certains commentateurs ;

Pour le *Paradis* (fol. 139), Dante et Béatrice en contemplation, et, au-dessus d'eux, la tête du Christ.

En outre, initiales peintes, et, pour le commentaire, initiales alternativement bleues et rouges, à filets alternativement rouges et bleus.

Date du manuscrit. On a beaucoup discuté sur la date de ce manuscrit, le plus ancien des exemplaires qui nous soient parvenus du commentaire de Benvenuto. Il en porte en effet deux différentes : 1395 et 1439.

1° (fol. 139 r°) : « 1395 (1), die x martii, indictione 3ª, in terra Insule provincie Ystrie, hec secunda cantica scripta per me Petrum... » Le reste est gratté et aujourd'hui illisible.

2° (fol. 191 r°) : « Explicit liber Dantis sub anno Domini MCCCC-XXXVIIII, et die vigesimo tertio mensis februarii. »

Marsand (t. I, p. 10), remarquant que les caractères de cette seconde note ne se rencontrent pas dans le corps du volume, suppose que la date 1439 a été introduite postérieurement par quelque lecteur qui aura voulu « fixer une date quelconque sur l'âge du manuscrit ». Plus loin (t. I, p. 810), oubliant absolument ce qu'il a écrit précédemment, et ne tenant aucun compte de la première date de 1395, il ne parle que de la seconde, qu'il considère, cette fois, comme de la même plume que tout le reste du volume.

Paulin Paris (t. III, p. 324) suppose que « la mention finale est trompeuse, et qu'un fripon l'écrivit pour donner à croire qu'il avait fait le travail d'un autre », opinion à laquelle se range Colomb de Batines (t. II, p. 231), non sans quelques réserves.

M. Ive (2), suivi en cela par M. Mazzatinti (t. II, p. 43), pense avec raison que l'auteur de la date 1439 est le scribe qui a écrit, en tête du volume, les tables et la vie de Dante, lesquelles, en effet, ne

____

(1) 1395, et non 1394, comme ont imprimé tous ceux qui ont décrit ce volume.

(2) Ive, *D'un Codice dantesco scritto in Istria* (dans la *Provincia dell'Istria,* n° du 16 août 1879).

sont pas de la même main que le reste ; c'est lui qui aura fait disparaître complètement une date qui se trouvait au folio 74 v°, à la fin de l'*Enfer*, et en partie la date 1395, qui se lit (fol. 139 r°) à la fin du *Purgatoire* (1).

Ajoutons que la plume qui a tracé la date 1439, date qui est en rouge, est aussi celle à qui l'on doit un certain nombre de rubriques du manuscrit. Une de ces rubriques a même été écrite par-dessus le monogramme effacé du premier copiste (fol. 150 r°). Cela n'empêche pas que le volume, dans son ensemble, soit bien de 1395.

Ce manuscrit porte (fol. A) plusieurs anciennes cotes ou *ex libris :*

1° « S. 49 » (d'une main italienne) ;

2° « Marcelli Muti et amicorum » ;

3° « Nunc Joannis Bissaighe, canonici Sanctorum Celsi et Juliani de Urbe, 1680. »

Après avoir fait partie de l'ancien fonds, ce volume a été porté et est resté quelque temps dans le Supplément français, sous le n° 4145.

Marsand, I, 8, n° 8, et I, 810, n° 700 ; — Paulin Paris, *Les Manuscrits françois*, etc., III, 321 ; — Batines, II, 230, n° 416, et II, 304, n° 1 ; — Ive, *op. cit.* ; — Mazzatinti, II, 40-43.

XXXVI. — Latin 8702 (ancien fonds 7766²).

COMMENTAIRE DE BENVENUTO DA IMOLA SUR L'ENFER DE DANTE (2).

Volume en parchemin. 142 feuillets. 258 millimètres sur 177. Écriture de la première moitié du XVe siècle, disposée sur deux colonnes. Reliure en maroquin citron aux armes de France (3).

---

(1) C'est lui aussi qui aura effacé un monogramme tracé deux fois à la fin du *Paradis* (fol. 191 r°), et en cent autres endroits (fol. 74 v°, 139 r°, etc., etc.); mais ce monogramme a été laissé par mégarde sur plus d'un feuillet (fol. 44 v°, 51 r°, 70 v°, peut-être ailleurs encore) ; les lettres qui le composent sont P. (*Petrum*, voyez plus haut, p. 96) et S.

(2) Dans le catalogue imprimé de 1744, ce volume est indiqué comme contenant un commentaire *anonyme* sur la *Divine Comédie*, et non sur l'*Enfer* seul.

(3) Le plus ancien catalogue de l'ancien fonds indique ce manuscrit comme ayant été acquis par l'entremise de Mabillon ; on sait que le savant béné-

Le commentaire sur l'*Enfer* transcrit dans ce volume est celui de Benvenuto da Imola; cet exemplaire ne paraît pas avoir été signalé jusqu'à ce jour, et il n'en est pas fait mention dans l'édition, citée plus haut, de M. Lacaita. — A signaler dans ce manuscrit l'absence de toute dédicace à Nicolas d'Este.

L'*Incipit* est le suivant (fol. 1) :

> « Ipse est marc inundans... (1). »

Le commentaire proprement dit ne commence qu'au fol. 3, col. 1 :

> « His preambulis pro evidentia percursis... (2). »

Le volume se termine (fol. 142) par la pièce de vers, déjà signalée dans le manuscrit italien 77, sur le voyage infernal de Dante :

> « Jamque domos stigias et tristia regna silentum... (3). »

Ornementation. Au feuillet 1, lettre ornée avec vignette; dans la marge inférieure, fort mutilée, de ce même feuillet, devait se trouver un médaillon, renfermant sans doute des armoiries. En tête des différents chapitres du commentaire, initiales or, à fond rose et vert et bordure bleue.

XXXVII. — **Italien 78** (ancien fonds 7002²).

Divine Comédie, avec une traduction italienne du Commentaire latin de Benvenuto da Imola, et la Vie de Dante par Boccace.

Volume en parchemin. 423 feuillets, plus 10 feuillets préliminaires, cotés A-J. 395 millimètres sur 280. Écriture de la fin du XIVᵉ siècle. Le texte de la *Divine Comédie* est disposé sur une seule colonne; nombre de vers variable à la page.

dictin envoya d'Italie une cinquantaine de manuscrits en 1686. (Voy. L. Delisle, *Cabinet des manuscrits*, I, 296.)

(1) Édition Lacaita, I, 7.
(2) *Ibid.*, I, 21.
(3) *Ibid.*, II, 570. — Cf. plus haut, page 95, note 3.

Reliure en maroquin rouge, au nom de Claudius Monanni, imprimé en lettres d'or sur chacun des deux plats.

Voici quelle est la composition de ce volume, dont on trouvera d'ailleurs une description assez complète dans Paulin Paris, *Les Manuscrits françois de la Bibliothèque du roi*, III, 311-319.

I. — Fol. A r°-H v°. La *Vita di Dante*, par Boccace, disposée sur deux colonnes.

Cette Vie de Dante a été publiée en dernier lieu, avec beaucoup de soin, par M. Macrì-Leone (1); mais l'auteur de cette édition ayant limité ses recherches aux bibliothèques de l'Italie, n'a pas cité le manuscrit de Paris. Il ne sera donc pas superflu d'entrer ici dans quelques détails.

M. Macrì-Leone a réparti les manuscrits de la *Vita di Dante*, par Boccace, en trois classes, selon qu'ils contiennent *in extenso* l'épitaphe :

> Theologus Dantes, nullius dogmatis expers,

qu'ils l'omettent complètement, ou qu'ils n'en citent que le premiers vers (2).

C'est à la première de ces trois classes qu'appartient le manuscrit de Paris.

Quant à la place exacte que notre exemplaire devrait occuper dans le classement des manuscrits de la *Vita di Dante*, ce n'est pas ici le lieu d'examiner cette question (3). Disons seulement qu'il se distingue par cette particularité, que l'œuvre de Boccace, préface comprise, y est divisée en 28 chapitres, particularité qui ne se rencontre dans aucun des 22 exemplaires examinés par le dernier éditeur (4).

---

(1) *La Vita di Dante* scritta da *Giovanni Boccaccio*, testo critico con introduzione, note e appendice di FR. MACRÌ-LEONE (Firenze, 1888). — Cette publication fait partie de la *Raccolta di Opere inedite o rare di ogni secolo della Letteratura italiana*.

(2) MACRÌ-LEONE, *op. cit.*, introduction, p. CLXI.

(3) Je ferai toutefois cette remarque, que le manuscrit de Paris n'offre généralement pas les leçons spéciales au groupe *b* (introd., p. CLXIX). Ainsi il porte *ma potente cominciò* et non *convivio* (édit., p. 8); *traslatato* et non *trasmutato* (édit., p. 8); *il quale per avventura, poi che* et non *il quale, poi che* (édit., p. 9); *Ferrara* et non *Padova* (édit., p. 9); mais, conformément aux manuscrits de ce même groupe, il porte *chonductori*, et non *conditori* ou *chonducitori*. En outre, le manuscrit de Paris fournit un certain nombre de variantes qui lui sont tout à fait propres.

(4) M. Macrì-Leone a adopté la division en dix-sept chapitres que l'on trouve d'ordinaire dans les éditions de la *Vita di Dante*.

Voici les rubriques spéciales au manuscrit de Paris, avec l'indication des passages correspondants de l'édition de M. Macrì-Leone :

Qui inchomincia la vitta [e] chostumi de lo excellente poeta vulghari Dante Aleghieri di Firence, honore e gloria de l'idioma Fiorentino, scripto e chomposto per lo famosissimo huomo messer Giovanni Bochaccio da Ciertaldo. De la origine, vitta, studii e chostumi del clarissimo huomo Dante Alleghieri, poeta Fiorentino, e dell' opere chomposte per luy inchomincia feliciemente.

1. — Et in questo primo chapitolo. tocha la sentencia de Solone, la quale è mal seguita per gli Fiorentini, chome voy udirete. — Solone, il chuy... (Ed., p. 3, § 1, proemio.)

2. — Dicie la destruccione fatta per Athila de Firence, e la redifichacione fatta per Karlo Magno, e de chuy disciese Danti, e 'l sonno che si fecie la madre di Dante Alleghieri. — Firence in tra l'altre... (Ed., p. 8, § 2.)

3. — Nel terzo chapitolo, tratta la natività di Dante, e dove e in che studio luy studiò, e dove ebbe la perfeccione del studiare. — Nacque questo singhular... (Ed., p. 11.)

4. — Nel quarto chapitolo, dimostra in quale età Dante s'enamorasse di Beatricie, e de chuy essa fue figliuola, e quanta honestà fue in tra loro. — Gli studii sogliono... (Ed., p. 13, § 3.)

5. — Nel quinto chapitolo, pone la morte de Beatricie, e 'l dolore che n'ebbe Dante, et in fine chome per gli suoy parenti lor gli disse, si maritò. — Come giaschuno puote... (Ed., p. 16.)

6. — Nel sexto chapitolo, l'autore vuole qui [dimostrar] per alchune raggione che gli phylosophanti non se debbono maritare. — O menti cieche... (Ed., p. 19.)

7. — Nel septimo chapitolo, qui dicie la divisione de' Fiorentini, la grandeza di Dante, e in fine perchè fue chacciato. — Natura gienerale... (Ed., p. 23, § 4.)

8. — Nel octavo chapitolo, exclama l'autore chontro a Firenze, perchè fu (1) ruynosamente chacciato Dante di Firenze. — Questo [merito] riportò... (Ed., p. 26.)

9. — Nel nono chapitolo, [dicie] quale fusse la vitta di Dante doppo la sua fugha, e quella de la sua famiglia. — Uscito adunque Danti... (Ed., p. 27, § 5.)

10. — Nel decimo chapitolo, dimostra chome Dante stette a Ravena, e chome poy fusse dal signore grandemente honorato. — Era in quel tempo... (Ed., p. 30.)

11. — Nel undecimo chapitolo, narra chome niuna fortuna posse rimovere Dante dal studio, e che non seguitasse virtù. — Non potterono gli... (Ed., p. 30.)

____

(1) *Ms.* : sì; il faut peut-être lire : *si ruynosamente fu chacciato.*

12. — Nel duodecimo chapitolo, mette chome Dante fue quello che redusse el nostro ydioma a vera lucie, e chome poy fenì i suoy giorni. — Habitò adunque Dante... (Ed., p. 34, § 6.)

13. — Nel decimo terzo chapitolo, pone chom' el signore di Ravena honorò Dante in la sua morte, e chome fecie el sermone. — Fatto el magnificho... (Ed., p. 32.)

14. — Nel quartodecimo chapitolo, qui pone el proponimento de la celebre sepoltura che volea fare el segnore a Dante, e i versi che in essa doveano essere. — Questo laudevele proponimento... (Ed., p. 33.)

15. — Nel quintodecimo chapitolo, dicie i versi più laudevoli che in l'avello di Dante se doveano ponere, fatti per maestro Giovanni dal Vergilio. — Theolagus (sic) Dantes nullius... (Ed., p. 33.)

16. — Nel sextodecimo chapitolo, qui, mosso da charità, riprende le ingratitudine de la patria, che non redomanda el chorpo morto di Dante. — A! ingrata patria... (Ed., p. 35, § 7.)

17. — Nel setimodecimo chapitolo, qui pone le fatiche che Dante ebbe vivendo, prometendo (1) de dire degli altri suo[y] chostumi. — Cotale quale de sopre... (Ed., p. 42, § 8.)

18. — Nel otavodecimo chapitolo, qui dicie la vitta, la statura e 'l desidero di Dante, e perchè se dè de più a la poesia che ad altra scientia. — Fu adunque questo... (Ed., p. 43.)

19. — Nel decimo nono chapitolo, pone chome fue adorato Dio da gli antichi, e l'ordine di pianeti, e l'excelencia de la poesia. — La prima giente... (Ed., p. 48, § 9.)

20. — Nel vigiesimo chapitolo, tratta qui de theologbia e de poesia, mostrando l'una e l'altra essere una medesima chosa. — Se noy voremo... (Ed., p. 51.)

21. — Nel vigiesimo primo chapitolo, qui pone che theologhya e poesia è una substantia e uno essere, e che per vertù l'uomo è deyfichato. — Intende la divina... (Ed., p. 52, § 10.)

22. — Nel vigiesimo sechondo chapitolo, i Greci pare che fussero primi inventori, che li imperadori e gli poeti se deveano choronare dello aloro. — Tra l'altre nationi... (Ed., p. 56, § 11.)

23. — Nel vigiesimo terzo chapitolo, per la qual chaggione si choronano più tosto i poeti d'aloro che d'altra fronda. — Sono alchuni li quali... (Ed., p. 57.)

24. — Nel vigiesimo quarto chapitolo, per qual chaggione Dante de Guelfo devenisse Gebelino, e d'alchuni altri suoy costumi più laudevoli. — Fu il nostro poeta... (Ed., p. 59, § 12.)

25. — Nel vigiesimo quinto chapitolo, rachonta l'opere chomposte e fate per Dante, e la chaggione che a ciò lo 'ndusse nel detto chapitolo. — Compuose questo glorioso... (Ed., p. 63, § 13.)

26. — Nel vigiesimo sexto chapitolo, l'autore se schusia per la 'mperfeccione del suo dire, e poy dicie del sogno de la ma[d]re de Dante, in

(1) Ms. : « premetendo. »

che modo el fue, ordinatamente. — Mostrato è somamente... (Ed., p. 75, § 17.)

27. — Nel vigiesimo septimo chapitolo, pone e defeniscie el sogno de la madre di Dante, el quale è notabille. — La divina bontà... (Ed., p. 76.)

28. — Nel vigiesimo otavo et ultimo chapitolo, rengratia Dio del chompimento de la sua opera, per che l'a chondotta a fine. — La mia picioletta barcha... (Ed., p. 83.)

A la suite de la *Vita di Dante*, cette note (fol. H v°) :

> Zorzi Zanchani l'a scripto per amore,
> Per quel da Certaldo e Dante al suo honore (1).

D'après Paulin Paris, *Les Manuscrits françois*, etc., III, 312, la *Vita di Dante* ne serait pas de la même main que le reste du manuscrit : c'est le contraire, me semble-t-il, qui est la vérité ; le texte de la *Divine Comédie* est, il est vrai, beaucoup plus gros ; celui du commentaire de Benvenuto da Imola, un peu moins orné ; mais on trouve dans l'écriture de ces différentes parties du manuscrit trop de caractères communs, pour que ce volume puisse être considéré comme l'œuvre de plusieurs copistes.

II. — La *Divine Comédie*, avec le commentaire de Benvenuto da Imola, traduit en italien, et précédé :

1° (fol. J v°), de l'épître dédicatoire de Benvenuto à Nicolas II d'Este :

« *Comendacio in honorem et lauden magnifici et potentis domini, domini Nicolai, illustris marchionis Estensis, Ferarie, etc., domini generalis, notata, super scripto Dante Alleghierii Florentissimi* (sic) *poete, composito* (sic) *per famosissimum dominum et magistrum Benevenutum de Imola, ad ejusdem magnifici domini marchionis complacentia[m], lauden et honorem :*

> Hic inter Estensis (*sic*) Nicolaus laude sub ista (2).

· · · · · · · · · · · · · · · · · · ·

Quoniam, preclarissime princeps... Trinitatis exordiens. »

---

(1) M. C. DEL BALZO a cru devoir reproduire ces deux vers dans ses *Poesie di mille autori*, etc. (II, 516). — D'après Apostolo Zeno, qui le premier a décrit ce volume (voy. plus loin, p. 106), Giorgio Zanchani ne serait pas le nom du copiste, mais celui d'un noble Vénitien qui aurait fait exécuter cette copie à la fin du XIVe siècle.

(2) BENEVENUTI DE IMOLA *Comentum super Dantis... Comoediam*, édit. Lacaita, I, 1-6. — Cf. plus haut, p. 95.

2° (fol. 1 r°), du préambule latin, partie en vers, partie en prose, de Benvenuto :

« *Completa commendacione magnifici domini, domini marchionis N. Estensis, in cujus lauden scriptum super Dantem per magistrum Benevenutum de Imola extitit compilatum, meritis subsequitur comendacio super Dantem, preclarissimum poetam :*

Nescio quo tenui sacrum modo carmine Dantem (1)

. . . .

Ipse est mare inundans... Item tangitur in titulo causa efficiens, cum dicit *Dantis Allegerii*, et matheria, cum dicit *in qua tractatur de Inferno. Et hec de titulo libri dicta sufficiant.* »

Au folio 2 v°, commence le texte de la *Divine Comédie*, avec la traduction du commentaire :

« *Chiosa et exposicione sopra el chanto primo de l'Inferno del nostro autore.* — Poichè dischorso abiamo i preambuli sopraditi... »

Cette traduction, que M. Lacaita, dans son édition du commentaire de Benvenuto, a négligé de mentionner, mais signalée depuis longtemps par le correspondant de Batines, Ferrari (2), qui en donne une appréciation judicieuse (3), mériterait d'appeler l'attention des érudits italiens. Il n'en existe, à ma connaissance, qu'un seul autre exemplaire, conservé à la Bodléienne d'Oxford, en trois volumes (4). Les deux manuscrits sont d'origine vénitienne ; il y a entre eux, quant au texte de la *Divine Comédie*, une parenté évidente. Cette traduction est généralement très exacte ; parfois, pourtant, elle développe le texte original et va même jusqu'à le paraphraser. Je ne crois pas inutile de donner ici quelques lignes de cette traduction, avec le texte latin en regard.

Benev. de Imola, *Com. super Dant.*   Ms. ital. 78, fol. 2 v°.
    Comoed., éd. Lacaita, 1, **21**.

His præambulis pro evidentia   Poichè dischorso abiamo i pre-

---

(1) Benevenuti de Imola, etc., 6-19. — Cf. plus haut, p. 94-95.

(2) Dans *Batines*, II, 315.

(3) Il a été publié, en 1855-56, à Imola même, une traduction italienne, en trois volumes, du commentaire de Benvenuto, par Giovanni Tamburini ; cette publication n'aurait vraisemblablement pas été entreprise, si la vieille traduction du XIVe siècle avait alors été connue.

(4) *Canonici, ital.*, 105-107 (= Batines 491, Moore A). Une bonne partie des remarques de M. Moore sur l'exemplaire d'Oxford (*Contributions*, etc., p. 511-513) pourraient s'appliquer à l'exemplaire de Paris, notamment l'observation relative au vers XXVI, 104 du *Paradis*, et au commentaire de ce vers, où se trouve défendue une leçon que ne donne point le manuscrit.

præcursis, nunc ad libri divisionem veniendum est. Autor noster, considerans triplicem esse hominum vitam, scilicet viciosorum, pœnitentium et virtuosorum, opus suum distinxit in tres partes, scilicet *Infernum*, *Purgatorium* et *Paradisum*. In *Inferno*, tractat de punitione viciosorum : in *Purgatorio*, de conversione pœnitentium : in *Paradiso*, de præmiatione virtuosorum.

Quorum librorum quilibet dividitur per capitula, quae appellantur cantus propter consonantiam rhythmorum ; et quilibet cantus per rhythmos.

Primus liber dividitur in duas partes principales, scilicet in procœmium et tractatum. Procœmium continet tria capitula, in quorum primo autor proponit, in secundo invocat, in tertio autem incipit tractatum.

Primum capitulum potest dividi in quinque partes generales, in prima quarum autor describit visionem unam, in qua fingit se reperisse in quadam silva. In secunda ostendit qualiter pervenit ad quemdam montem, ibi : *Ma poi che fui.* In tertia ostendit quomodo sibi volenti ascendere illum montem obviaverunt tres feræ infestæ, impedientes ejus iter, ibi : *Ed ecco quasi.* In quarta ostendit quomodo quidam occurrit sibi ad ejus succursum, ibi : *Mentre ch' io ruinava.* In quinta ostendit quomodo ille dederit sibi suum succursum, ibi : *A te convien tenere altro viaggio.*

ambuli sopraditi per alchuna nostra evidentia, ora [è] vignando a la divisione del nostro libro. E perchè l'autore nostro Danti considera la vitta humana essere di tre condicione, chome è la vitta di vitiosi, e la vitta di penitenti, e la vita di vertuosi, per tanto lui di questo suo libro ne fa tre parte, zo è lo *Inferno*, e 'l *Purgatorio* e 'l *Paradiso.* E nel *Inferno*, tracta de la ponitione di viciosi : e nel *Purgatorio*, tracta de la chonversione di penitenti : e nel *Paradiso*, tracta de la premiacione di vertuosi.

E chadauno di questi libri si parte per chapitoli, gli quali sono chiamati chanti, e questo per la chonsonantia di ritimi ; e giaschuno chanto si parte per ritimi.

El primo libro si parte in due parte principale, zo è nel proemio e nel tratato. El proemio contene in se due (*sic*) chapitoli, nel primo di quali l'autore propone . e nel sechondo invocha , e nel terzo comenza el tratato.

El primo chapitolo si pò partire in cinque parte gienerale. Ne la prima l'autore descrive una visione ne la quale lui fingie averse atrovato in *una selva.* E ne la seconda dimostra chome pervene ad uno monte, dove dicie : *Ma poi ch' io fui.* Ne la terza dimostra chome voiando lui montare sopra el detto monte, gli venne contra tre crudellissimi animali, che grande impazio davano a lui al suo chamino, dove dicie : *El ecco quasi.* Ne la quarta mostra chome lo gli aparse uno che gli vene a dare sochorso, dove dichie : *Mentre io ruinava.* E ne la quinta dimostra chome 'l glie diede sochorso, dove dicie : *A te chonven tener altro viaggio.*

Unaquæque istarum partium habet plures particulas speciales, quas explicabo discurrendo per singulas.

E giaschuna di queste parte hanno più partizielle, le quale legiendo serano manifeste.

Arguments en italien, tels que celui-ci :

« Nel terzo chanto l'autore tracta de la porta de l'Inferno e d'uno fiume, il quale circonda tuto l'Inferno ; in su la ripa del quale fiume trovò Caron, el primo ministro infernale, el qual passava con anime holtra, de le quale anime disconsolàte trovò la seta di chativi. »

Ornementation. Initiales historiées en tête de chaque chant, seulement pour les dix-sept premiers chants de l'*Enfer*.

En voici le détail :

Fol. 2 vo. *Enfer*, chant I. — Dans un N initial, Dante à l'entrée de l'Enfer, représenté d'abord seul, assis et lisant, puis rencontrant successivement la panthère, le lion et la louve ; dans le fond, Dante et Virgile.

Fol. 10. Chant II. — Dans un L initial, Béatrice faisant signe à Virgile d'aller rejoindre Dante ; Dante et Virgile.

Fol. 14 v°. Chant III. — Dans un P initial, la barque de Caron ; la foule des réprouvés sur les rives de l'Achéron.

Fol. 18 v°. Chant IV. — Dans un R initial, château fortifié, défendu par sept murailles et par un fleuve (IV, 107-108) ; enceinte du premier cercle. Dante et Virgile rencontrent Homère portant une épée nue, Horace et Ovide (ou Lucain). Dans la partie inférieure de la lettre, les philosophes et les poètes.

Fol. 25 v°. Chant V. — Dans un C initial, damnés plongés dans le feu par des démons ; Minos, la queue enroulée autour des reins.

Fol. 30 v°. Chant VI. — Dans un A initial, Dante, Virgile, Cerbère ; âmes des gourmands, plongées dans une eau bourbeuse, en même temps que la neige tombe sur elles. Rencontre de Dante et de Ciacco.

Fol. 34. Chant VII. — Dans un P initial, supplice des avares et des prodigues, roulant des pierres au milieu des flammes.

Fol. 38. Chant VIII. — Dans un I initial, à gauche, le Styx et la barque de Phlégias ; Filippo Argenti se cramponnant à la barque ; — à droite, la tour enflammée des vers VIII, 2-4.

Fol. 42 v°. Chant IX. — Dans un Q initial, un ange force, avec sa baguette, l'entrée de la cité infernale, refusée par les démons à Dante et à Virgile. — Esquisse non peinte.

Fol. 46 v°. Chant X. — Dans un O initial, Dante et Virgile dans l'intérieur de la cité infernale. — Esquisse non peinte.

Fol. 50 v°. Chant XI. — Dans un I initial, la cité infernale ; le tombeau du pape Anastase. — Esquisse non peinte.

Fol. 53 v°. Chant XII. — Dans un E initial, le Minotaure ; lac vert (ce devrait être un lac de sang), dans lequel sont plongés les tyrans. En haut, à droite, trois étoiles. — Lettre peinte.

Fol. 60. Chant XIII. — Dans un N initial, les Centaures, au bord d'un lac de sang, dans lequel sont plongés les tyrans (sujet du chant XII). — Lettre peinte.

Fol. 66. Chant XIV. — Dans un P initial, supplice de ceux qui se sont donné la mort, dont les âmes habitent des arbres, figurés ici sous la forme de roseaux, et, au-dessus, une harpie (sujet du chant XIII). — Esquisse non peinte.

Fol. 70 v°. Chant XV. — Dans un O initial, Dante et Virgile sur le bord d'un fleuve, de l'autre côté duquel se trouve Brunetto Latini. — Esquisse non peinte.

Fol. 75. Chant XVI. — Dans un G initial, Dante et Virgile ; Dante s'entretenant avec Guidoguerra, Tegghiaio Aldobrandi et Jacopo Rusticucci. — Esquisse non peinte.

Fol. 79 v°. Chant XVII. — Dans un E initial, Virgile, Dante et Géryon. — Esquisse non peinte.

Pour les deux chants suivants, les ornements des lettres initiales ont seuls été dessinés, et non les sujets intérieurs ; pour le reste, il n'y a même plus de tracé d'ornements.

Dans le commentaire, initiales alternativement bleues et rouges, à filets alternativement rouges et bleus.

Ce manuscrit, d'origine évidemment vénitienne, fut acheté en 1699 pour la somme de « 15 Filippi » par un Florentin. On doit ce détail à Apostolo Zeno, qui, dans une lettre à Giusto Fontanini, datée de Venise, 8 août 1699, donne une description très détaillée de ce volume (1).

Après avoir reçu dans l'ancien fonds la cote 7002², ce manuscrit a été porté dans le Supplément français, sous le n° 4146.

Marsand, I, 807, n° 698. — Batines, II, 240, n° 429, et II, 315 ; cf. *ibid.*, I, 610 ; cf. Biagi, Giunte, etc., p. 15.

____

(1) *Lettere di* Apostolo Zeno, *cittadino Veneziano*, etc., secunda edizione, 6 vol. in-12 (Venise, 1785), I, 80.

XXXVIII. — Italien 540 (ancien fonds 7002[8]).

DIVINE COMÉDIE, AVEC DES GLOSES EXTRAITES DU COMMENTAIRE
DE BENVENUTO DA IMOLA.

Volume en parchemin. 103 feuillets. 343 millimètres sur 233.
Écriture du XIVᵉ siècle, disposée sur deux colonnes; nombre
de vers variable par colonne. Reliure en veau fauve, aux armes
de Pie VI.

Incipit (fol. 1) : « Qui comincia lo primo cánto della prima
Comedia di Dante Alleghieri di Firenze, nel qual fa prohemio
di tutta la sua opera, e tratta dell'anime che vanno in inferno
ordinatamente, e delle loro pene, si come appare per li capitoli
infrascripti. »

Explicit (fol. 103) : « Explicit liber Dantis Allegherii de Florentia. Amen. Deo grazias. Amen. »

Commentaire. Gloses ne dépassant pas le chant XV du *Paradis* (1).

Ces gloses, comme le remarque justement Ferrari (2), sont
empruntées au commentaire de Benvenuto da Imola. Elles sont
transcrites tantôt sur les marges, tantôt sur des feuillets de for-
mat plus petit que le corps du manuscrit (3). Quelques-uns de
ces extraits sont assez considérables (4).

Arguments en italien, tels que celui-ci : « Canto III, ove tratta
de la prima porta del ninferno e del fiume d'Accheronte. »

Ornementation. Grande lettre ornée en tête de chaque cantique;
initiales alternativement rouges et bleues, à filets alternativement bleus et rouges, en tête de chaque chant.

---

(1) Et non le chant XXV, comme dit Ferrari, dans BATINEŠ, II, 239.

(2) Dans BATINEŠ, *ibid.*

(3) Feuillets 2, 10, 12, 13, 16, 18, 22, 27, 30, 33, 34, 38, 40.

(4) La première de ces gloses qui ait quelque importance se trouve au
feuillet 2, et commence ainsi : « Est ergo sciendum quod, sicut scribit
Virgilius septimo Eneidos... » (Ed. Lacaita, I, 60.) — La dernière glose qui
vaille la peine d'être relevée, correspondant au vers du *Paradis*, XV, 24,
est celle-ci (fol. 86 v°) : « Est enim alabastrum genus [marmoris] lucidissi-
mum, per cujus superficiem, propter ejus pinguetudinem, discurit ignis
sicut super unctum, et de isto lapide ponitur in unguento quod dicitur
alabastrum » (Ed. Lacaita, V, 132).

L'*Enfer* est suivi (fol. 43 r°) :
1°, de la poésie :

« Jamque domos stigias et tristia regna silentum... »,

que nous avons déjà trouvée (1) dans les deux exemplaires du commentaire de Benvenuto possédés par la Bibliothèque nationale ;
2°, de l'épitaphe :

« Jura monarchie, superos, Flegetonta lacusque... »,

que nous avons également rencontrée plus haut (2).

A la suite du *Purgatoire*, et comme servant de transition entre le *Purgatoire* et le *Paradis*, vient (fol. 73 r°) une pièce de 10 vers imprimée par M. Lacaita dans son édition du commentaire de Benvenuto (3), et dont je me borne à donner ici les premiers mots, le manuscrit de Paris n'offrant pas de leçons à relever :

« Hactenus ipse suas vidi tollerantia penas... »

Cette copie de la *Divine Comédie* est remarquable par l'interpolation de 18 vers (*Inf.*, XXXIII, entre les vers 90 et 91, — fol. 41 v°) :

« Quand' ebbi così parlato esta fiata...
Poichè tra' traditori trovato m'ai »,

découverte en 1874 par D. Gregorio Palmieri dans le manuscrit de la Bodléienne *Canonici, ital.* 103, et publiée par lui dans l'*Athenaeum* du 21 août 1875 ; elle a été réimprimée par M. Moore (App. III), d'après le manuscrit précité de la Bodléienne, le manuscrit de la bibliothèque Chigi, L, VIII, 292, et le manuscrit de Paris qui fait l'objet de cette notice. Ce dernier exemplaire est le plus ancien.

Le texte de la *Divine Comédie*, dans le manuscrit italien 540, a été corrigé après coup, et rendu conforme à celui du commentaire.

Ce volume a figuré dans le Supplément français, sous le n° 4150.

Ce manuscrit a été catalogué deux fois par Marsand : une première

____

(1) Voy. plus haut, p. 95 et 98.
(2) Voy. plus haut, p. 38, 42 et 93.
(3) BENEVENUTI DE IMOLA Com. super Dantis... Comoed., IV, 287. Cette pièce a été reproduite en dernier lieu, avec des indications bibliographiques, par M. C. Del Balzo, *Poesie di mille autori*, etc., II, 498.

fois, I, 1, nᵒ 1 (1) ; une seconde fois, I, 790, nᵒ 686 ; — et, par suite, deux fois aussi par Batines : II, 231, nᵒ 417, et II, 239, nᵒ 427 ; cf. *ibid.*, II, 314, nᵒ 554, et 354, nᵒ xii ; — Moore, p. 628, nᵒ 7.

XXXIX. — Italien 543 (ancien fonds 72259⁴).

DIVINE COMÉDIE, AVEC DES GLOSES EXTRAITES PRINCIPALEMENT DU COMMENTAIRE DE BENVENUTO DA IMOLA.

Volume en parchemin. 89 feuillets, plus les feuillets A-B préliminaires. 296 millimètres sur 209. Écriture du XIVᵉ siècle, disposée sur deux colonnes, de 42 vers chacune. Reliure en veau fauve, aux armes de Pie VI.

Incipit (fol. B) : « Incipit Comedia Dantis Allegherii de Florentia. Incipit primus liber, scilicet Infernus. Primus Cantus. »

Explicit (fol. 88 vᵒ) : « Explicit Comedia Dantis Alagherii Florentini. »

Commentaire. Gloses en latin, d'une main du XVᵉ siècle, pour les trois parties de la *Divine Comédie.* Moins étendues, mais relativement plus nombreuses que celles qui viennent d'être signalées dans le manuscrit italien 540, elles sont comme elles empruntées au commentaire de Benvenuto da Imola, mais non pas toutes cependant. Il y a un assez grand nombre de ces *postille* dont on ne saurait indiquer exactement la source, et qui pourraient bien être, en partie du moins, originales (2). Il est d'ailleurs certain que Benvenuto n'est pas le seul commentateur de Dante qui ait été connu de l'auteur de ces gloses. Dans une curieuse note, signalée brièvement par Ferrari (3), et qui mérite d'être reproduite tout entière, l'auteur cite et discute un passage de Francesco da Buti, l'un des rares commentateurs de la *Divine Comédie* qui ne soient

---

(1) Sous le nᵒ 6874, que ce volume paraît cependant n'avoir jamais porté.

(2) Ferrari, qui paraît avoir fait de ces gloses un examen attentif, fait cette remarque (dans BATINES, II, 236), que « nelle dichiarazioni alla Cantica del *Paradiso*, il postillatore si appalesa anche più erudito in divinità dello stesso Imolese, che spesso peraltro non fa che copiare ».

(3) Dans BATINES, *ibid.*

pas représentés dans les collections manuscrites de la Bibliothèque nationale. C'est à propos du vers :

Qual ella sia, parole non ci appulcro,

qui est le 60e du chant VII de l'*Enfer*.

« *Parlare non è pulcro* », dit-il (fol. 5 r°), « alia littera habet *parole non ci pulcro*; id est : non facio pulcra verba ad narrandum quomodo sit facta (1). Solent enim rethorici (*sic*) ad honestandum loqui pulchris verbis; sed Virgilius dicit quod non intendit facere sic. Et hec est intentio, secundum magistrum Franciscum de Bucteio, Pisanum (2) ; sed prima littera (3), secundum Benevenetum (*sic*) de Ymola, qui mihi plus placet. Nam orator non debet esse multum prolixus circa unam materiam, sed, resecatis minus utilibus, pertransire; et ad rationem magistri Francisci, dico quod quidam rethorici (*sic*) utuntur verbis turpibus ad materiam turpem, sicut facit iste autor (4), in 18° capitulo, in fine, de illa Taïde meretrice. »

Quoi qu'il en soit des emprunts que l'auteur de ces gloses a pu faire à tel ou tel commentateur, emprunts que je ne crois guère possible de déterminer avec précision, c'est incontestablement Benvenuto da Imola que, parfois d'assez loin, il est vrai, il suit le plus souvent ; et notamment il adopte, pour tous les chants de la *Divine Comédie*, les divisions en trois, quatre, cinq parties ou plus, proposées par Benvenuto, dont le plan diffère sensible-

(1) *Quomodo sit facta* se rapporte à *questa zuffa* (*Inf.*, VII, 59).

(2) On lit, en effet, dans le *Commento di* FRANCESCO DA BUTI *sopra la D. C.*, etc., *publicato per cura di* CRESCENTINO GIANNINI, t. I (Pisa, 1858), p. 209 : « ... *parole non ci appulcro*; cioè non ci abbellisco parole, a dire com' ella sia fatta. Sogliono li retorici per honestare la cosa disonesta, abbellire con parole, sicchè Virgilio dice, che non intende for così. » — La glose qu'on vient de lire du ms. 543 est la traduction textuelle de ce passage; je n'ai d'ailleurs pas reconnu dans ce manuscrit d'autres emprunts absolument certains au commentateur pisan.

(3) C'est-à-dire la leçon *Parlare non è pulcro*, qui, malgré l'autorité de Benvenuto, est inférieure à l'autre. — Voici l'explication que donne Benvenuto (éd. Lacaita, I, 257-258) de ce passage : « *non c'è pulcro*, id est non est delectabile, *parlar qual ella sia*, scilicet in particulari vel amplius, quia nimis dictum est de ista materia. »

(4) Allusion au vers de l'*Enfer*, XVIII, 133, à propos duquel on lit dans le commentaire de Francesco da Buti (éd. Giannini, I, 487) : « E comunemente per li savi uomini ammaestrati di poesia, si muove quivi uno dubbio, riprendendo l'autore che di questa materia à parlato sì bruttamente: e massimamente inducendo a parlare Virgilio, al quale non si conviene questa incomodità di sermone, etc. »

ment de celui de Jacopo della Lana, par exemple, ou de l'auteur inconnu du *Falso Boccaccio*.

Il faut signaler en outre :

1° (fol. A v°), une courte notice biographique sur Dante, avec des extraits de la préface de Benvenuto da Imola, d'une main du XV° siècle : « Autor hujus libri fuit... »

2° (fol. 89), le *Capitolo* de Jacopo di Dante, déjà signalé maintes fois, d'une autre main du XV° siècle, avec ce titre : « Divizione e qualità, demostramento de la Chomedia di Dante, fatta per Jacopo, suo figluolo. »

Arguments. Simples rubriques en latin. Exemple : « Incipit III cantus Inferni. »

Ornementation. En tête de chaque cantique, lettre historiée, représentant :

1° (fol. B), pour l'*Enfer* : Dante en présence des bêtes sauvages qui défendent l'entrée de l'Enfer ;

2° (fol. 30), pour le *Purgatoire* : Dante et Virgile dans une barque (la *Navicella* du vers 2) ;

3° (fol. 60), pour le *Paradis* : Dante et Béatrice en contemplation.

En outre, en tête de chaque chant, initiales alternativement bleues et rouges, à filets alternativement rouges et bleus.

Les vers du *Paradis*, XXXII, 67-69, omis par le copiste, ont été écrits par lui dans la marge inférieure du feuillet 87 ; de même, les vers de l'*Enfer*, III, 34-36, passés lors de la transcription, ont été ajoutés, mais plus tard, par une autre main, dans la marge inférieure du feuillet 1 v°.

Le texte de ce manuscrit est, d'après M. Moore, remarquablement bon pour l'*Enfer*, mais sensiblement inférieur pour le *Purgatoire* et le *Paradis*.

Le même savant fait remarquer avec raison (p. 627) la ressemblance qui existe entre l'écriture de cet exemplaire et celle du manuscrit 539. Ils sont certainement contemporains ; ils sortent, selon toute vraisemblance, du même atelier ; à tout le moins appartiennent-ils à la même école calligraphique.

Ce volume a figuré dans le Supplément français, sous le n° 4153.

Marsand, I, 785, n° 683 ; — Batines, II, 236, n° 423 ; cf. *ibid.*, II, 354, n° XV ; — Moore, p. 627, n° 4.

XL. — Italien 1469 (ancien La Vallière 19).

L'Enfer de Dante, avec le Commentaire de Guniforte delli Bargigi.

Volume en parchemin. 320 feuillets. 353 millimètres sur 255. Écriture italienne de la fin du XVe siècle. Reliure du XVIe siècle, en maroquin brun.

Provenance et histoire du manuscrit. Ce manuscrit, l'un des deux seuls exemplaires connus jusqu'à ce jour, du commentaire de Guniforte delli Bargigi sur l'*Enfer* de Dante (1), a passé par d'assez nombreuses vicissitudes, qu'il n'est pas inutile de rappeler ici. Écrit vraisemblablement dans le Milanais à la fin du XVe siè-cle, il appartenait, au commencement du XVIe, à un certain Mi-nuzio, qui en fit don, en 1519, au roi de France François Ier, comme en témoigne l'inscription suivante (2), qui se lit au feuillet 1 v° :

Ad regem christianissimum.
Ia. Minutius.
Tres dantes. Tu clara mihi, rex, munera prestas,
Atque aliquem ex nihilo me facis esse virum.
Ipse sed Ethruscum, cum claro interprete, Dantem,
Adlatum ex Italis, in tua jura fero.
Sic quoque munificus fueris : nam sumere partem,
A quo debentur omnia dona, dare est.
1519.

Ce volume, je ne sais quand ni comment, sortit de la collection royale. On ignore ce qu'il est devenu pendant le XVIIe siècle; au XVIIIe, on le retrouve successivement dans les collections du duc de Brancas, comte de Lauragais (3), dont il porte les armes sur le

(1) Publié sous ce titre : *Lo Inferno della Commedia di Dante Alighieri, col comento di* Guniforto delli Bargigi..., con introduzione e note del l'avv° G. Zacheroni (Marseille, Mossy; Firenze, Molini, 1838).

(2) Publiée déjà par de Bure (*Catalogue des livres de feu M. le duc de La Vallière*, 1re part., II, 492), par Batines (I, 652), par M. L. Delisle (*Cabinet des manuscrits*, III, 350).

(3) Voy. de Bure, *Biblioth. instructive*, Belles-lettres, t. I (1765), n° 3323 : « Il existe à Paris, dans le cabinet de M. le comte de Lauragais. » Cf. *Catalogue d'une collection de livres choisis, provenant du cabinet de M***.* — Les armoiries qui se voient à l'intérieur de la couverture sont celles des Brancas.

plat supérieur, de Gaignat (1) et de La Vallière (2), d'où il revint en 1784 dans la Bibliothèque du roi, qui l'acquit pour 480 livres; et, en 1835, il figurait parmi les manuscrits de la Bibliothèque décrits dans le catalogue de Marsand.

Puis, par suite d'une confusion facile aujourd'hui à dissiper, on le crut perdu et remplacé frauduleusement par une copie. Voici, si je ne me trompe, l'origine de cette erreur.

En 1838, le commentaire dantesque conservé dans ce manuscrit était publié d'après une autre copie, que venait de découvrir dans le midi de la France le littérateur marseillais Gaston de Flotte; or, ce qui a dû amener Zacheroni, l'auteur de cette édition, à supposer la substitution d'une copie du manuscrit de François Ier à l'exemplaire original (3), c'est, selon toute vraisemblance, la présence, en tête de l'exemplaire de Gaston de Flotte, d'une notice manuscrite de l'exemplaire donné, en 1519, à François Ier (4), notice empruntée au catalogue des livres du duc de La Vallière, rédigé par De Bure. L'exemplaire en tête duquel se trouvait cette notice n'étant pas celui auquel cette même notice se rapportait, ils ont été pris l'un pour l'autre, et l'on en vint à croire que Marsand s'était trompé, en considérant l'exemplaire dont il donnait la description comme celui de François Ier.

De l'édition donnée par Zacheroni du commentaire de Guiniforte, l'erreur est passée, en 1845, dans la *Bibliografia dantesca* de Colomb de Batines, et s'est perpétuée jusque dans les ouvrages les plus récents sur la matière (5).

La vérité est que la prétendue copie n'a jamais existé, et que le manuscrit italien 1469 est bien celui de François Ier, qui, depuis 1784, n'est jamais sorti de la Bibliothèque. Il conserve encore sa

(1) *Catalogue des livres de M. Gaignat* (1769), I, 491, n° 1977.

(2) *Catalogue des livres de feu M. le duc de La Vallière* (1783), 1re part., II, 491, n° 3569.

(3) *Lo Inferno... col comento di* GUINIFORTO DELLI BARGIGI..., p. 2, n. 1, de la notice « *dei manoscritti Bargigi* », qui, dans l'édition, précède le texte du commentaire.

(4) Cette notice existe encore en tête du ms. italien 2017, qui n'est autre, comme on le verra plus loin, que l'exemplaire de Gaston de Flotte.

(5) C'est M. L. DELISLE, *Cabinet des manuscrits*, III, 350, qui a le premier reconnu cette confusion; mais ne connaissant pas l'exemplaire de G. de Flotte, dont le sort était complètement ignoré, M. Delisle n'en donne pas l'explication. — M. HEGEL, *Ueber den historischen Werth*, etc., p. 65, a confondu les deux exemplaires; de même, M. MAXIME FORMONT, dans une notice sur *Les anciens commentateurs de la Divine Comédie*, insérée dans l'*Instruction publique*, XVII (1888), 547.

belle reliure en maroquin brun, à petits fers (1), et il est absolument impossible, à la moindre inspection, soit de l'ornementation, soit de l'écriture, de le considérer comme une contrefaçon de la première moitié de ce siècle.

Commentaire. Il a été dit plus haut que le commentaire qui, dans ce volume, encadre le texte de l'*Enfer*, est celui de Guiniforte delli Bargigi, fils de Gasparin de Bergame.

Le manuscrit débute (fol. 2 et 3) par une préface qui n'a pas été imprimée par Zacheroni, dans son édition du commentaire, et dont on trouvera le texte plus loin, à l'*Appendice*.

Quant au commentaire proprement dit, il commence ainsi (fol. 4 r°) :

« *Qui se fa la divisione de l'opra. — Nel mezo del camin*, etc. Dante, per li respetti sopraditti, distingue la Comedia in tre cantiche. In la prima... » (Edit., p. 4.)

L'*explicit* est le suivant (fol. 320 v°) :

« ... dei quali dirò ne la canticha secunda, intitulata *Purgatorio* (2). Finita questa del' *Inferno*, con aiuta (*sic*) di Dio, cui benedictio, et claritas, et sapientia, et gratiarum actio, honor, et virtus et fortitudo. In secula seculorum. Amen. Expositione de Guiniforto di Barzizii. Deo gratias. Amen. » (Edit., p. 766.)

Arguments. En tête de chaque chant, arguments tels que celui-ci : « Finisce el secundo canto de lo Inferno. Seguita lo tercio : como nella intratta dello Inferno, Dante trovò fre puniti li cattivi che viseron senza fama, e poi viene al fiume Acheronte. »

Ornementation. Fol. 2. Riche encadrement, dans le goût milanais, avec des armoiries qui sont vraisemblablement celles du plus ancien possesseur ; les armes de France ont été peintes au bas de ce même feuillet, sous François Ier. — Grandes initiales ornées en tête de chaque chant de l'*Enfer* ; petites initiales dans le texte du commentaire.

Ancienne cote : La Vallière 19 ; — autre cote : 3569 (3).

Marsand, I, 544, n° 483 ; — Batines, I, 652, n° 737, et II, 249, n° 443.

---

(1) Le dos seulement paraît avoir été refait au XVIIIe siècle.

(2) Le commentaire de Guiniforte sur le *Purgatoire*, à supposer qu'il ait été achevé, ne paraît pas nous être parvenu.

(3) Ce dernier numéro est celui du catalogue imprimé de la collection La Vallière, t. II (1783), p. 491.

XLI. — Italien 2017.

L'Enfer de Dante, avec le Commentaire de Guiniforte delli Bargigi. — Miniatures.

Volume en parchemin. 381 feuillets, plus le feuillet A préliminaire. 320 millimètres sur 215. Écriture de la seconde moitié du XVᵉ siècle. Demi-reliure en maroquin rouge.

Provenance et histoire du manuscrit. Le 1ᵉʳ juin 1887, la Bibliothèque nationale faisait l'acquisition d'un manuscrit illustré de nombreuses miniatures, contenant « l'*Enfer* de Dante, accompagné de nombreux éclaircissements ». C'était l'un des deux exemplaires du commentaire de Guiniforte delli Bargigi, utilisés pour l'édition qui en fut donnée en 1838, celui même qui, récemment découvert, avait été l'occasion de cette publication ; depuis lors, on n'en avait plus entendu parler.

Exécuté en Italie dans la seconde moitié du XVᵉ siècle, apporté en France dans la première moitié du XVIᵉ, et cela, selon toute vraisemblance, soit par le maréchal Caraccioli, soit par sa fille Elisabeth, épouse d'Antoine d'Aquino, il dut passer par voie d'héritage au gendre de celle-ci, Antoine de Cardaillac, sénéchal de Quercy, et resta pendant plusieurs générations la propriété de ses descendants (1). Peu à peu il arriva que la valeur de ce précieux volume, dont les peintures devaient, au XVᵉ siècle, et encore au XVIᵉ, être fort goûtées, fut totalement méconnue de ses possesseurs. A ce point que, relégué parmi de vieilles toiles, dans une mansarde d'un château des bords de la Dordogne (2),

(1) Tout cela résulte de la note suivante, qui se lit encore assez bien, malgré certains grattages, au fol. 16 vᵒ : « Henry Victor de Cardailhac, baron et marquis de La Cappelle-Marival, Saint-Maurisse, Rudelle, La Baptude et de Saint-Cernin du Causse, gentilhome de la Chambre du Roy et mareschal de ces (*sic*) camps. — Le présent livre est au marquis de La Cappelle-Marival, fils de François de Cardailhac et de Magdelaine de Lavedan, et petit-fils d'Anthoine de Cardailhac, chevailher de l'ordre du Roy et seneschal de Quercy, et de dame Victoire d'Aquino, qui fut fille d'Anthoine d'Aquino, marquis de Ceratte, et de Elisabeht (*sic*) de Carraciol, fille de Jean Caraciol, prince de Melphe, mareschal de France, et de Jeane de Saint-Severin, du royaume de Naples. » — Cf. la *Généalogie de la maison Cardailhac* (Paris, 1654), notamment p. 10 et 42.

(2) La plupart des détails de cette découverte sont rapportés par Zacheroni, dans la préface de son édition.

employé à tenir à la presse les coiffes de la châtelaine (1), quand il n'était pas livré par des mains imprudentes à des enfants qui s'amusaient à en découper les miniatures, — on avait eu soin préalablement d'en effacer toutes les nudités, — il semblait voué à une proche destruction, lorsque le littérateur Gaston de Flotte, passant par là, le remarqua, et, l'ayant acquis sans difficulté, l'emporta, tout dépecé, à Marseille, avec la même ferveur religieuse « qu'Enée emportant de Troie ses dieux domestiques (2) ».

Le commentaire de Guiniforte était inédit : un italien réfugié, l'avocat Zacheroni, se chargea de la publication, et la maison Didot de l'impression. On annonça trois volumes, devant contenir dix vignettes, tirées des meilleures miniatures du commentaire, et « dessinées par les premiers artistes » ; le premier volume devait paraître à la fin d'octobre 1836. Sans doute, les souscriptions se firent attendre et ne furent pas extrêmement nombreuses ; car l'ouvrage ne parut qu'en 1838, chez Mossy, à Marseille, et Molini, à Florence, non en trois volumes, mais en un seul, orné non de dix vignettes, mais de trois seulement, dessinées par des artistes qui n'étaient vraisemblablement pas les premiers du temps (3).

Ces trois gravures n'en sont pas moins précieuses. Les miniatures qu'elles représentent ne se trouvent plus dans le volume, tel qu'il est arrivé à la Bibliothèque, sans qu'on puisse lever pour cela le moindre doute sur l'identité du manuscrit italien 2017 avec celui de Gaston de Flotte. Cette identité est, au contraire, si certaine, que l'on peut déterminer exactement la place que devaient occuper dans notre manuscrit mutilé les miniatures reproduites dans l'édition de 1838 :

la gravure qui sert de frontispice, dans l'imprimé, et qui est reproduite après la préface, a été dessinée d'après une miniature dont la place naturelle est entre les feuillets actuels 27 et 28 du manuscrit ;

---

(1) Voy. un article de Gaston de Flotte sur le manuscrit qu'il avait découvert, inséré dans le n° de la *Gazette du Midi* du 29 mars 1838. Mon ami et ancien camarade de Rome, M. Léon-G. Pélissier, a bien voulu me fournir des extraits de l'article de Gaston de Flotte.

(2) « Sarebbessi di leggieri perduto, s'egli non lo avesse portato seco con altrettanta carità, ch' Enea, partendo da Troia, portava i suoi domestici Iddii », dit Zacheroni, p. 2 de son Introduction sur les manuscrits de Guiniforte.

(3) L'éditeur Zacheroni avertit, dans le *Prospectus*, qu'il a « retouché le commentaire pour le rendre en langage moderne », et qu'il s'est « permis de supprimer quelques explications de théologie et de morale ».

la gravure placée entre les pages 248 et 249 de l'imprimé correspond à une miniature qui devait se trouver entre les feuillets 124 et 125 du manuscrit ;

enfin, la lacune constatée entre les feuillets 161 et 162 du manuscrit est comblée, pour ce qui est de l'illustration, par la troisième planche de l'imprimé, placée entre les pages 320 et 321.

Ces trois gravures, bien qu'elles ne soient certainement pas absolument fidèles, ont donc aujourd'hui la valeur d'originaux.

Commentaire. Le commentaire contenu dans ce volume est, comme on l'a vu plus haut, celui de Guiniforte delli Bargigi.

Il est précédé :

1° (fol. 1-2), d'une lettre de Guiniforte « ad Jacobum de Abiate, ducalem camerarium », relative à son commentaire sur Dante ; cette lettre, absente du manuscrit 1469, n'a pas été reproduite par Zacheroni dans son édition du commentaire, comme se trouvant imprimée parmi les *Orationes et Epistolae* de Guiniforte (1). Incomplète du début dans le manuscrit 2017, elle commence seulement avec ces mots : « [so]lertia, cum ipsius quotidie lateri assistas... (2) », ce qui suppose une lacune initiale d'un feuillet ;

2° (fol. 3-5), d'une préface en italien, dont le texte est très mutilé dans le manuscrit 2017, mais se lit sans lacunes dans le manuscrit 1469 ; cette préface n'a pas été imprimée dans l'édition de 1838 ; on la trouvera plus loin, dans l'*Appendice.*

Au feuillet 5 v°, commence le commentaire proprement dit :

« *Qui se fa la divisione de la opra. — Nel mezo del camin,* etc. Dante, per li respetti sopraditti distingue la Comedia in trei cantiche... » (Edit., p. 4.)

Les derniers mots du feuillet 380 (il manque un feuillet après le feuillet 380, et le feuillet 381 et dernier est extrêmement endommagé) sont les suivants : « ... come per altra cagione già feci di sopra in [alcun luogo]. » (Edit., p. 750.)

Lacunes du manuscrit. Les lacunes qui viennent d'être signalées

---

(1) GUINIFORTI BARZIZII *Bergomatis, Gasparini filii..., Orationes et Epistolae,* Romæ, 1723, p. 76-81 ; c'est la seconde partie de l'ouvrage intitulé : GASPARINI BARZIZII *Bergomatis et* GUINIFORTI *filii opera...,* edidit JOSEPH ALEXANDER FURIETTUS..., Romæ, 1723. Cf. MAZZUCHELLI, *Gli scrittori d'Italia,* vol. II, pars I, p. 508. TIRABOSCHI, *Storia della Letteratura italiana,* t. VI, parte III (1824), p. 1501, ne connaissant du commentaire de Guiniforte que cette préface latine, croit, à tort, que le commentaire tout entier est en latin.

(2) GUINIFORTI BARZIZII, etc., p. 77.

au commencement (1) et à la fin du manuscrit ne sont malheureusement pas, il s'en faut de beaucoup, les seules qu'il y ait à
déplorer. Outre qu'un grand nombre de feuillets, — plus de
trente, — sont mutilés (2), on peut constater, d'un bout à l'autre du volume, des lacunes plus ou moins considérables, portant
soit sur le texte de Dante, soit sur celui de son commentateur,
lacunes résultant non plus de la mutilation, mais de la disparition totale d'un nombre à peu près égal de feuillets. Voici le
détail de ces lacunes :

Entre les feuillets	8 et 9.	— *Inferno* I,	vers	13-21.
—	9 et 10.	— I,		28-43.
—	10 et 11.	— I,		55-66.
—	11 et 12.	— I,		76-99.
—	16 et 17.	— II,		1-9.
—	27 et 28.	— III,		1-12.
—	29 et 30.	— III,		22-33.
—	31 et 32.	— III,		51-57.
—	46 et 47.	— IV,		106-120.
—	99 et 100 (3).	— VIII,		28-75.
—	103 et 104.	— IX,		1-9.
—	113 et 114.	— IX,		91-105.
—	115 et 116.	— X,		1-21.
—	124 et 125.	— X,		124-136.
—	124 et 125.	— XI,		1-9.
—	130 et 131.	— XI,		76-90.
—	139 et 140.	— XII,		49-57.
—	143 et 144.	— XII,		76-90.
—	149 et 150.	— XIII,		1-9.
—	161 et 162.	Fragment du commentaire.		
—	163 et 164.	*Inferno* XIV,	vers	1-15.
—	193 et 194.	— XVII,		1-14.
—	256 et 257.	— XXII,		1-12.
—	263 et 264.	— XXII,		118-132.
—	264 et 265.	— XXIII,		1-33.
—	274 et 275.	— XXIII,		128-148.

(1) Il manquait déjà un ou plusieurs feuillets au commencement du volume,
quand Zacheroni entreprit son édition.

(2) Ce sont les feuillets 3-5, 19, 38, 41, 61, 75, 97, 144, 163, 176, 185, 205,
206, 209, 214, 219, 220, 231, 267, 284, 287, 290, 324, 332, 349, 351, 356, 365, 368,
372, 375, 381.

(3) A cet endroit manquent deux feuillets : le premier perdu, le second
qui se trouve plus loin, coté 215.

Entre les feuillets 276 et 277. — *Inferno* XXIV, vers 1-60.
—   306 et 307.   —   XXVII,   1-15 (1).
         Fol.   324 v°.   —   XXIX,   22-39.
Entre les feuillets 361 et 362.   —   XXXI,   130-145.
         Fol.   375 v°.   —   XXXIII,   79-90.
Entre les feuillets 380 et 381.   —   XXXIV,   16-36.

Le dernier vers qui se lise dans le manuscrit, dans son état actuel (fol. 381 r°), est le 54e du chant XXXIV :

Gocc[i]ava il pianto et san[guinosa bava].

En outre, plusieurs interversions de feuillets se sont produites lors de la reliure :

le feuillet 205 doit se placer entre les feuillets   93 et   94 ;
—   214   —   185 et 186 ;
—   215   —   99 et 100 ;
—   366   —   313 et 314.

Les pages 365 v°, 365 r°, c'est-à-dire le feuillet 365 retourné, doivent se placer entre les feuillets 361 et 362.

Ornementation. Par suite des lacunes dont on vient de donner le détail, on a à regretter aujourd'hui l'absence d'au moins 33 miniatures ; en outre, les mutilations de 22 feuillets (2) portent certainement sur les peintures qui les ornaient autrefois. Cela fait un total d'au moins 55 miniatures perdues.

Voici maintenant la description des 59 qui restent :

Fol. 6 (*Enfer*, I, 1 et suiv.). — A gauche, Dante, les mains levées au ciel, dans une forêt (la *selva oscura* des vers 2 et 5) ; au centre de la composition, une vallée (I, 14) ; à droite, une colline (I, 13). Dante est ici, comme toujours, imberbe, vêtu d'une grande robe bleu clair, et coiffé d'un bonnet rouge.

Fol. 10. — A gauche, la même forêt (3) ; à droite, Dante, sur la colline, rencontre la panthère et le lion, portant la tête haute (I, 47) ; au-dessus de la colline, brille le soleil (I, 38).

Fol. 10 v°. — Même scène, plus la louve maigre (I, 49-50).

---

(1) C'est certainement ce feuillet qui a servi au soi-disant fac-similé de l'écriture et de l'orthographe du manuscrit, qui, dans l'édition de Zacheroni, fait suite à l'Introduction.

(2) Ce sont les feuillets 3 r°, 38 r°, 41 v°, 61 v°, 75, 97, 144 v°, 163 v°, 176, 185 v°, 205, 209 v°, 231 v°, 267, 287, 290, 324, 349, 351 v°, 356 v°, 368 v°, 375 v°.

(3) On trouvera en tête de ce volume une reproduction de cette miniature (planche I).

Fol. 33 v° (III, 70). — Dante et Virgile viennent de quitter ceux qui sont morts sans blâme ni louange, et qui, nus, piqués par des mouches et des guêpes (III, 65-66), s'enfuyent vers la gauche ; leur sang ruisselant est recueilli à leurs pieds par de gros vers (III, 67-69). Dante et Virgile arrivent sur le bord de l'Achéron, où attend la foule des âmes. Sur le fleuve, à droite, la barque de Caron, toute chargée de réprouvés : Caron est représenté sous les traits d'un vieillard hideux, tout blanc (III, 83), à grande barbe, avec de grandes oreilles et les yeux rouges (III, 99); il frappe de sa rame les âmes trop lentes à s'embarquer (III, 111). Virgile, ici comme dans les autres peintures du manuscrit, est un vieillard barbu, portant un manteau rouge à revers et col d'hermine, et coiffé d'une toque rose avec hermine ; sous son manteau rouge, une tunique verte.

Fol. 39 (IV, 1 et suiv.). — Dante et Virgile pénètrent dans le gouffre de l'Enfer, représenté sous la forme d'une caverne dans les rochers. Virgile, qui entre le premier, invite Dante, encore hésitant, à le suivre.

Fol. 59 (V, 1 et suiv.). — Entrée du deuxième cercle. A gauche, Dante et Virgile ; à droite, Minos, assis, jugeant les réprouvés, qui occupent le milieu du tableau ; Minos est représenté sous la forme d'un démon nu, tout jaune, barbu, à grandes oreilles, la queue enroulée plusieurs fois autour de la taille (V, 11-12).

Fol. 63 v° (V, 25). — Deuxième cercle. Dante et Virgile contemplent les luxurieux, parmi lesquels quatre reines (Sémiramis, Didon, Cléopâtre et Hélène ; la première, vieille et décharnée, est Sémiramis). Ils sont poussés par le vent et comme portés sur un nuage noir (V, 51).

Fol. 67 (V, 70 et suiv.). — Les luxurieux disparaissent à gauche ; ils sont suivis par Paul et Francesca di Rimini, également flottant dans l'air noir. Dante leur adresse la parole.

Fol. 71 v° (V, 142). — Dante tombant évanoui à terre après le récit de Francesca.

Fol. 72 (VI, 1 et suiv.). — Troisième cercle. Supplice des gourmands ; ils gisent à terre, et sur eux tombe de la neige mêlée de grêle et d'eau noire. L'un d'eux est entre les pattes de Cerbère, à qui Virgile jette une motte de terre, pour l'empêcher de hurler (VI, 26-27). Cerbère n'est d'ailleurs pas représenté ici tel que le décrit le poète.

Fol. 82 (VII, 1 et suiv.). — Dante et Virgile en face de Plutus, figuré sous les traits d'un démon noir, aux ailes noires et crochues.

Canto vij del inferno donde si descripta la penna dei tiranni et altri violenti verso el proximo puniti nel septimo cerchio sotto guardia del minotauro et dei centauri.

L'Enfer de Dante commenté par Guiniforte delli Bargigi

Bibl. nat., ms. ital. 2017, fol. 13, v° (réduct.)

Fol. 84 (VII, 19 et suiv.). — Quatrième cercle. Supplice des avares et des prodigues, roulant des fardeaux, quelques-uns tonsurés (VII, 46) ; ils sont divisés en deux troupes, se dirigeant l'une contre l'autre, et se pressent tous du même côté du cercle (VII, 35) ; dans l'autre moitié du cercle, on ne voit que les traces de leurs pas. Ils crient, les uns : *Perchè tieni?* les autres : *Perchè burli* (VII, 30)?

Fol. 102 (VIII, 67). — Cinquième cercle et entrée du sixième. La cité de Dité, toute rouge (VIII, 74), entourée de fossés (VIII, 76), et reliée par un pont à un rocher qui émerge du Styx, et où se trouve Dante isolé. Virgile, debout sur ce pont, est repoussé par les démons, qui lui ferment les portes de la cité (VIII, 115).

Fol. 111 v° (IX, 52). — Même scène. Virgile bouche les yeux à Dante, pour lui éviter l'effet du regard de Méduse. Des âmes, sous la figure d'enfants nus couverts de blessures, se jettent dans le Styx (IX, 76 et suiv.), devant l'apparition de l'ange qui doit forcer les portes de la cité de Dité.

Fol. 114 (IX, 106). — Sixième cercle. Dante et Virgile sont entrés dans la cité infernale, pleine de tombeaux ouverts, où sont les hérésiarques et les hérétiques ; ils s'avancent en prenant à droite, entre les murailles de la cité et les tombeaux (IX, 132-133) ; entre les tombeaux, rouges comme les murailles, de grandes flammes sortent de terre (IX, 118).

Fol. 119 v°. — Même scène. Dante s'adresse à Farinata degli Uberti, sorti à demi d'une des tombes (X, 33) ; de la même tombe émerge la tête de Cavalcante Cavalcanti (X, 52 et suiv.).

Fol. 121. — Même scène. Cavalcante Cavalcanti, tombant à la renverse, disparaît dans la tombe; Farinata reste debout (X, 72 et suiv.).

Fol. 124 v° (X, 121). — Dante, appelé par Virgile, s'éloigne du tombeau où sont renfermés Farinata degli Uberti et Cavalcante Cavalcanti, pour se diriger avec Virgile vers un sentier passant à travers les tombes et qui doit aboutir à la vallée décrite au chant XI (X, 135-136).

Fol. 134 v° (XII, 1 et suiv.). — Septième cercle (1). Dante et Virgile arrivent sur le bord d'une roche à pic, dominant une vallée formant demi-cercle ; au sommet d'un éboulement de rochers, le Minotaure qui, de rage, se mord le poing (XII, 14).

Fol. 147 (XII, 46). — Septième cercle (suite). Les Centaures,

(1) Cette miniature est reproduite ci-contre (planche II).

au pied de la muraille de rochers, lancent des flèches sur les damnés (tyrans coupables de violences vis-à-vis de leurs semblables); ceux-ci sont plongés dans un fleuve de sang, les uns jusqu'aux sourcils, d'autres jusqu'à mi-corps, d'autres seulement jusqu'à la cheville. Dante et Virgile, à cheval sur le centaure Nessus, traversent cette rivière.

Fol. 160 (XIII, 109). — Septième cercle (suite). Dante et Virgile, après avoir traversé le fleuve de sang, que l'on aperçoit à gauche, sont entrés dans la forêt dont les arbres sont habités par les âmes des suicidés et des dissipateurs; deux damnés ont accouru (XIII, 115); l'un, Lanno de Sienne, crie : *accorri, morte* (XIII, 118)! l'autre, Jacques de Saint-André, caché dans un buisson, est dévoré par des chiennes (XIII, 124 et suiv.). Les arbres de la forêt pleurent, et leurs cris de douleur sont figurés en cinq endroits différents par l'exclamation *hei*, écrite à l'encre rouge.

Fol. 169 (XIV, 73). — Septième cercle (suite). Dante et Virgile, sortant de la forêt, dont ils suivent la lisière, arrivent à la plaine de sable brûlant où se trouvent les *violenti contra Dio*, couchés sur le dos (XIV, 22). Cette plaine est traversée par un fleuve rouge, encaissé entre des rochers formant talus; Virgile, montrant le fleuve à Dante, lui dit : *Tra tutto l'altro...* (XIV, 85-90).

Fol. 191 (XVI, 91). — Septième cercle (suite). Virgile et Dante arrivent sur le bord du précipice qui termine la plaine embrasée, et dans lequel se jette le fleuve rouge, dont ils ont suivi le bord. Virgile emprunte à Dante la corde qui doit servir de signal au monstre Géryon (XVI, 106); à leur droite, plusieurs suppliciés, sur lesquels tombent des flammes.

Fol. 196. — Le monstre Géryon a répondu à l'appel de Virgile; il a une tête de vieillard barbue, des pattes velues, un corps de reptile, avec une longue queue recourbée et terminée par une forte pince (XVII, 1-27). Cette représentation de Géryon est entièrement conforme à la description du poète, la plus conforme peut-être de celles qui ont été tentées dans les nombreuses illustrations de l'*Enfer*. — Cependant, Dante adresse la parole à plusieurs de ses contemporains de Florence et de Padoue, reconnaissables aux armoiries peintes sur des bourses qu'ils portent au cou (XVII, 55-65); ce sont des usuriers; ils sont assis sur le sable brûlant, et le feu tombe sur eux (XVII, 53).

Fol. 199. — Même scène. Dante et Virgile enfourchent le monstre Géryon (XVII, 79), Dante devant (XVII, 83), Virgile derrière.

Fol. 204. — Dante et Virgile, sur le dos du monstre Géryon,

planent au-dessus de l'abîme appelé Malebolge (huitième cercle), représenté tel qu'il est décrit dans les vers XVIII, 1-18.

Fol. 206 (XVIII, 34 et suiv.). — Première fosse du huitième cercle. Supplice des entremetteurs, flagellés par les démons (1).

Fol. 214 (XVI, 1 et suiv.). — Septième cercle. Dante et Virgile rencontrent Guidoguerra, Tegghiaio Aldobrandi et Jacopo Rusticucci (2).

Fol. 216 (XVIII, 100). — Dante et Virgile sur le pont qui domine la deuxième fosse du huitième cercle; dans cette fosse, une boue infecte, où sont plongés les flatteurs, se frappant avec la paume de la main (XVIII, 105); les parois de la fosse sont couvertes de moisissure (XVIII, 106); Dante, en se bouchant le nez, adresse la parole à Alexis Interminelli (XVIII, 122).

Fol. 219 (XIX, 1 et suiv.). — Troisième fosse. Supplice des simoniaques, plongés, la tête en bas, dans des trous, les plantes des pieds enflammées. Dante et Virgile sont sur le pont jeté au-dessus de cette fosse.

Fol. 223 (XIX, 40). — Même scène. Dante et Virgile descendent dans cette troisième fosse, où se trouve parmi les damnés le pape Nicolas III.

Fol. 230 v⁰ (XIX, 124). — Après l'entrevue avec Nicolas III, Virgile, portant Dante dans ses bras, remonte sur le talus qui sépare la troisième fosse de la quatrième.

Fol. 245 (XXI, 1 et suiv.). — Cinquième fosse, où sont les fourbes, plongés dans la poix bouillante. Dante et Virgile se trouvent sur le pont qui passe au-dessus de cette fosse, suivis par un démon qui, les ailes étendues (XXI, 33), vient de jeter un damné, un Lucquois, à d'autres démons, en criant : « *Mettetel sotto, ch'io torno per anche.* (XXI, 39) [*A quella terra*]. » Ces démons, avec de grands crocs, plongent le damné dans la poix.

Fol. 250 v⁰ (XXI, 58). — Même scène. Dante se cache derrière le parapet du pont, tandis que Virgile adresse la parole au démon Malacoda, qui laisse tomber son croc (XXI, 86).

Fol. 253 (XXI, 97). — Même scène. Dante est sorti de sa cachette; Virgile continue à conférer avec les démons, ayant à leur tête Malacoda.

Fol. 255 v⁰ (XXI, 127). — Même scène. Dante et Virgile, allant chercher le passage entre la cinquième et la sixième fosse, sont

---

(1) Cette miniature est très mutilée.

(2) Cette miniature, également mutilée, doit être placée entre les feuillets 185 et 186.

escortés de la troupe de dix démons précédée de Barbariccia (XXI, 120), dont la queue, par allusion au vers XXI, 139, est en forme de trompette. L'un des diables a deux défenses de sanglier ; c'est Ciriatto (XXI, 122).

Fol. 259 (XXII, 31). — Même scène. Giampolo de Navarre est écorché vif par les démons ; tiré hors de la poix par Graffiacana, qui le tient accroché par les cheveux (XXII, 34-36), il a le dos labouré par la fourche de Rubicante (XXII, 40-41), tandis que Ciriatto lui enfonce dans le flanc une de ses défenses (XXII, 55-57).

Fol. 265 v° (XXIII, 34). — Dante et Virgile, fuyant les démons, descendent l'escarpement de la sixième fosse ; Virgile se laisse glisser le long de la pente, tenant Dante dans ses bras ; les démons, d'en haut, les regardent s'éloigner.

Fol. 273 (XXIII, 109). — Sixième fosse. Les hypocrites, vêtus de chapes de plomb doré, passent sur le corps de Caïphe crucifié.

Fol. 276 v° (XXIV, 19). — Dante et Virgile, quittant les hypocrites, gravissent sur des décombres l'escarpement qui sépare la sixième fosse de la septième ; Dante est hissé par Virgile.

Fol. 277 (XXIV, 79). — Dante et Virgile dans la septième fosse, où se trouvent les voleurs torturés par des serpents ; les damnés ont les mains liées derrière le dos avec des serpents (XXIV, 94).

Fol. 284. — Même scène. Supplice de Vanni Fucci, en proie aux serpents ; le coupable élève les bras en l'air en faisant la figue (XXV, 2), et s'écrie : « *Tolle, Dio, chadte lesquadro* », [*Togli, Dio chè a te le squadro*] (XXV, 3).

Fol. 285 v°. — Même scène. Le centaure Cacus poursuivant Vanni Fucci, et criant : « *Ov'è! Ov'è! l'acelbo* » (XXV, 18) ; sur le dos du centaure, un dragon ailé, lançant des flammes par la gueule (XXV, 22-24).

Fol. 293 (XXV, 70-121). — Métamorphose de deux damnés en serpents ; Francesco Guercio Cavalcanti, sous la forme d'un monstre noir (XXV, 84), pique au nombril Buoso degli Abbati (XXV, 86) ; et de la gueule de l'un et de la blessure de l'autre, sort une fumée noire (XXV, 91-92) ; l'homme prend la forme du reptile, et le reptile celle de l'homme.

Fol. 294. — Continuation de la même métamorphose ; interprétation des vers XXV, 121-135.

Fol. 295. — Fin de la métamorphose ; interprétation des vers XXV, 136-141.

Fol. 296 v° (XXVI, 13-18). — Dante et Virgile sortent de la septième fosse.

Fol. 298. — Dante et Virgile sur le pont de rochers qui domine

la huitième fosse; Dante, pour ne pas tomber, s'accroche aux rochers avec ses mains (XXVI, 18).

Fol. 299 (XXVI, 19). — Huitième fosse; les mauvais conseil-
lers, enfermés dans des flammes. Dante s'adresse à Ulysse et à
Diomède, unis dans une même flamme divisée en deux à la cime
(XXVI, 52 et suiv.).

Fol. 327 v° (XXIX, 70). — Dixième fosse ; les alchimistes couverts de lèpre.

Fol. 332. — Même scène. Gianni Schicchi mordant Capocchio
à la nuque (XXX, 28-30); à l'angle de droite, Myrrha.

Fol. 345 v° (XXX, 46 et suiv.). — Dixième fosse (suite). Dante
et Virgile rencontrent Adam de Brescia, faux-monnayeur, sous
les traits d'un hydropique; la femme de Putiphar, Sinon, et autres damnés au milieu de vapeurs fétides.

Fol. 359 (XXXI, 82). — Dante et Virgile au bord du puits où
se trouvent les géants. Le miniaturiste a représenté seulement
Ephialte et Antée. Dante est épouvanté à la vue d'Ephialte en-
chaîné secouant ses liens (XXXI, 106-111).

Fol. 361 (XXXI, 112 et suiv.). — Le géant Antée étendant
les bras pour prendre Dante et Virgile et les déposer au fond du
puits.

Fol. 365 (XXXII, 1 et suiv.). — Miniature extrêmement mutilée; il n'en reste plus à peu près que la tête du géant Antée (1).

Fol. 366 (XXVIII, 1 et suiv.). — Neuvième fosse du huitième
cercle. Supplice de ceux qui ont semé la discorde et des schismatiques, mutilés et taillés en morceaux par un démon qui tient
une grande épée (XXVIII, 37-38). Voici, en partant de la droite,
la suite des personnages représentés dans cette miniature : Ali,
le visage fendu depuis le crâne jusqu'au menton (XXVIII, 33);
derrière lui, Mahomet, la poitrine déchirée, s'écriant : *Vedi como
scipato è Machometo* (XXVIII, 31); derrière Mahomet, Pier da
Medicina, la gorge percée, le nez coupé et une oreille tranchée
(XXVIII, 63-65); il ouvre la bouche de Curion (XXVIII, 95) et
montre que ce damné a subi l'amputation de la langue (XXVIII,
101). Ensuite, vient Mosca dei Lamberti, levant ses deux bras
mutilés (XXVIII, 104). Puis, c'est Geri del Bello, qui regarde
Dante d'un air menaçant et le montre du doigt (XXIX, 26), et
Bertran de Born, portant sa tête dans sa main (XXVIII, 121).
Enfin, après Bertran de Born, un damné dont les blessures ve-
naient de se refermer, et sur lequel le démon a déjà levé de nou-

____

(1) La place de cette miniature est immédiatement avant le folio 362.

veau son glaive (XXVIII, 39-42). — Pour la beauté et l'exactitude des détails, cette miniature est une des plus remarquables du manuscrit; par malheur, en voulant en effacer les nudités, on l'a fort endommagée (1).

Fol. 370 v° (XXXII, 124 et suiv.). — Neuvième cercle. Supplice des traîtres à leur patrie, plongés dans un lac de glace. Dante et Virgile rencontrent Hugolin et l'archevêque Roger.

Fol. 371 v° (XXXIII, 1 et suiv.). — Même scène. Hugolin adresse la parole à Dante.

Fol. 379 v° (XXXIV, 1 et suiv.). — Dante et Virgile, laissant les traîtres dans différentes postures, les uns couchés, les autres tout droits sur la tête ou sur les pieds, un autre recourbé sur lui-même en arc de cercle (XXXIV, 13-15), se dirigent vers Dité, représenté à droite de la composition, mais dissimulé aujourd'hui sous une couche de noir.

Telle est, dans son état actuel, cette vaste illustration, que l'auteur de l'*Enfer* n'eût vraisemblablement pas désavouée; presque partout, l'artiste a poussé aussi loin que possible la précision du détail et la fidélité de l'interprétation; son œuvre est un véritable commentaire de la partie la plus pittoresque du *Poema sacro*.

L'ornementation du volume ne se borne pas d'ailleurs à cette suite de miniatures. En tête de chaque chant de l'*Enfer* et de chaque division correspondante du commentaire, ont été peintes de grandes lettres ornées à fond or (2). Sur soixante-huit de ces initiales peintes que le manuscrit devait contenir primitivement, il n'en reste aujourd'hui que quarante-cinq, un peu plus de la moitié. En outre, on trouve dans le commentaire quantité de petites lettres ornées, or pour les vingt-cinq premiers feuillets du volume, alternativement bleues et rouges pour le reste.

En ce qui concerne le texte de l'*Enfer*, il faut signaler, outre les lacunes résultant de la disparition ou de la mutilation déjà constatée de nombreux feuillets, l'omission des passages suivants, passages écrits postérieurement en marge, au XVI° siècle :

Chant IV, 145-147 (fol. 53 r°).

» XXVI, 100-111 (fol. 304 v°).

» XXVII, 79-111 (fol. 311 r°).

---

(1) Le feuillet où se trouve peinte cette miniature devrait être placé entre les feuillets actuellement cotés 313 et 314.

(2) Quelques-unes de ces initiales sont particulièrement intéressantes : celles des fol. 82 v° et 97 r° entre autres.

Enfin, les arguments placés en tête des chants sont à peu près identiques à ceux du manuscrit italien 1469, avec lequel le ms. 2017 offre, quant au texte de la *Divine Comédie*, un rapport étroit.

XLII. — Sainte-Geneviève Fo. Y. Lat. 2.

TRADUCTION EN VERS LATINS DE LA DIVINE COMÉDIE, PAR MATTEO RONTO.

Volume en papier. 254 feuillets (1). 285 millimètres sur 210. Écriture italienne de la seconde moitié du XVe siècle. Reliure en parchemin vert, aux armes de l'abbaye de Sainte-Geneviève (2).

Voici le contenu de ce volume, dont l'exécution est très soignée :

I. — TRADUCTION LATINE DE LA DIVINE COMÉDIE, PRÉCÉDÉE D'UN PROLOGUE.

Fol. I vo. — *Incipit prologus fratris Mathei Rontho de Venetiis, ordinis Sancti Benedicti Montis Oliveti, super librum Dantis, in metro latino redactum, et in civitate Pistorii merito compilatum.*

Nobile Dantis opus celebri virtute micantis
Leniter in metrum studui transferre latinum (3)...

Finit prologus. Incipit capitulum primum Comedie Dantis, poete Florentini, feliciter.

(1) Abstraction faite des feuillets de garde. Il s'est produit, lors de la reliure, plusieurs interversions de feuillets.

(2) Ce manuscrit est signalé par COLOMB DE BATINES, *Bibl. Dant.*, I, 239; Batines (*loc. cit.*) a connu quatre autres exemplaires de cette même traduction; il en cite quelques vers d'après un manuscrit possédé jadis par la Bibliothèque communale de Lucques, et aujourd'hui par la Bibliothèque palatine de Parme. Voy. C. DEL BALZO, *Poesie di mille autori*, etc., II, 463, note 1.

(3) Ce Prologue, intéressant par les renseignements biographiques qu'on y trouve sur l'auteur de la traduction, a été publié par M. C. DEL BALZO, *Op. cit.*, II, 462-463. Voy. aussi TIRABOSCHI, *Storia della Letteratura italiana*, t. VI (1824), p. 1336.

Voici les premiers et les derniers vers de chacune des trois parties de la *Divine Comédie*, dans la traduction de Matteo Ronto (1).

Enfer. — Fol. 2 r°-81 r°. — *Dantis, poete Florentini, Comedia prima, seu cantica Inferni, in metro latino feliciter incipit.*

> Contigeram nostre medie tunc tempora vite
> Cum nemorosa reum me reperit atraque silva
>
> . . . .
>
> Astra revisuri nos ac exivimus inde.
> *Explicit hic herebi de penis cantica prima.*

Purgatoire. — Fol. 82 r°-171 v°.

> Ut per aquam fluitet potiorem carbasa celsa
> Elevat ingenii pregrata carinula nostri
>
> . . . .
>
> Scandere disposui sincerus ad astra polorum.
> *Explicit hic purgat que cantica crimina feda.*

Paradis. — Fol. 172 v°-252 v°.

> Gloria summa Dei, qui commovet omne per orbem,
> Mirifice totum penetrat, sed fulget in una
> Parte magis. . . . .
> Altus amor solem reliqua et qui commovet astra.
> *Explicit excelse* (sic) *Paradisi cantica sacra.*

II. — ELOGE DE LA VILLE DE PISTOIA, OU MATTEO RONTO AVAIT REÇU ASILE.

Cette pièce de vers, récemment publiée par M. C. del Balzo (2), commence et finit ainsi (fol. 254 r°-v°) :

Apostropha fratris Mathei Rontho ad urbem Pistoriensem.

> Parte (*sic*) tui que pulchra manes, o dulcis ab omni
> Pistoris. . . . .
> Expulit a priscis placidis etatibus illam.

----

(1) Cf. C. DEL BALZO, *Op. cit.*, II, 463, note 1. — Le manuscrit de la Bibliothèque Sainte-Geneviève ne porte aucune rubrique en tête du *Purgatoire* et du *Paradis*.

(2) *Op. cit.*, etc., II, 463-466.

III. — MAGIROLOGIUM.

Le *Magirologium* (1), petit poème en distiques, dans lequel l'auteur se plaint du sort, qui l'a fait aide-cuisinier, occupe les feuillets 253 v°-254 v° du manuscrit. Il a été, comme le précédent, publié par M. C. Del Balzo (2). En voici le début et la fin :

Magyrologium fratris Mathei Rontho jocosum.

Ecce quod aucupium mihi jam translatio Dantis

. . . .

Propter et excipit (*sic*) jam mihi Bachus ovans.

Ornementation. En tête de l'*Enfer*, un joli encadrement et une lettre historiée, dans laquelle est représenté Dante, à mi-corps, de face, couronné de laurier, tenant un livre dans la main. — En tête du *Purgatoire*, encadrement et lettrine peinte. — Autre lettrine en tête du *Paradis*. — En tête de chaque chant, une initiale bleue.

Çà et là, gloses latines interlinéaires ou marginales, surtout pour le *Purgatoire*.

Les chants de la *Divine Comédie*, dans cette traduction, ne sont précédés d'aucun argument.

XLIII. — Nouv. acq. franç. 4119.

TRADUCTION DES CHANTS I-XI ET XV-XX DU PARADIS DE DANTE, PAR FRANÇOIS BERGAIGNE. — MINIATURES.

Volume en vélin. 118 feuillets. 202 millimètres sur 146. Écri-

---

(1) Tel est le véritable titre de ce poème ; le titre *Marchilogium*, qu'on trouve dans le manuscrit de la Laurentienne, XXXIX, XL (Voy. BANDINI, *Catalogus codicum latinor. biblioth. Laur.*, II, 326 ; cf. BATINES, I, 241, et II, 41), n'offre aucun sens. Au contraire, *Magirologium* (de μάγειρος = cuisinier) s'explique tout naturellement par le sujet du poème. « Ma traduction », dit Matteo Ronto, « m'a valu *ut fierem subligulatus ego.* » *Subligulatus* ne se rencontre, à ma connaissance, dans aucun lexique ; mais *ligulatus* est synonyme de *coquus* (DE VIT, *Lexicon*, v° *Ligulatus*). C'est ce que confirme une glose interlinéaire du manuscrit de Sainte-Geneviève, qui donne au terme *subligulatus* le sens de *subcoquus*. — Ce même poème se trouve, mais sans titre, dans le manuscrit précité de Parme, jadis de Lucques, d'après lequel Batines (I, 238) en a donné les six premiers vers.

(2) *Op. cit.*, II, 471-473.

ture de la première moitié du XVIe siècle. Reliure en maroquin La Vallière, avec les hermines de Bretagne.

La traduction contenue dans ce volume est anonyme; mais l'auteur, François Bergaigne, inconnu d'ailleurs autrement, se nomme dans deux autres exemplaires, dont l'un, qui forme aujourd'hui le numéro 4530 du fonds des nouvelles acquisitions françaises, sera examiné plus loin, et dont l'autre paraît perdu (1). La perte de ce troisième exemplaire, offert à la reine Claude, femme de François Ier, — d'où l'on peut conclure que l'œuvre de Bergaigne est antérieure à l'année 1524, — est d'autant plus regrettable, que la *Divine Comédie* devait s'y trouver traduite tout entière (2).

Des deux copies aujourd'hui connues, celle qui porte, dans le fonds des nouvelles acquisitions françaises le numéro 4119, et qui est la moins incomplète, a été faite pour le chancelier Antoine Duprat, dont les armoiries (3) se voient au verso du premier feuillet, avec les devises :

DISOLVER NON SI PUÒ

et

CHASCUNE CHOSE EMPORTE L'HEURE ;
SEULLE VERTU EST QUI DEMEURE.

Le manuscrit commence par une épître à Ant. Duprat (fol. 2) :

« *A très équitable, vertueux et vigillant sectateur de justice et très honnoré seigneur Anthoine de Prato, chancellier de France, salut et félicité. —* Pensant en moi et revolvant ès premiers cellules de ma non assoupie mémoire... »

Commentaire. Chaque chant ou *chapitre* est précédé d'un *Quatrain* (4) et d'un argument, et suivi :

1° d'un *Rondeau sur ledit chapitre* (5);

2° d'une *Déclaration* en prose *dudit chapitre.*

---

(1) Voy. *Bibliothèque de l'École des chartes,* année 1889, p. 160, et L. DELISLE, *Manuscrits latins et français ajoutés aux fonds des nouvelles acquisitions,* p. 205.

(2) « Traduction de la *Comédie* de Dantes », lit-on en effet dans l'inventaire de bibliothèque du XVIIe siècle, où se trouve la seule mention que l'on aie de cet exemplaire.

(3) D'or à la fasce de sable, accompagné de trois trèfles de sinople, deux en chef et un en pointe.

(4) Sauf les chapitres X, XIX et XX.

(5) Sauf les chapitres XV et XVII-XX.

Il y a peu de chose à dire des *Quatrains* et des *Rondeaux* (1). Les *Déclarations* sont plus intéressantes. Elles constituent, à proprement parler, un véritable commentaire, lequel, il est vrai, n'est point de Bergaigne. Ces *Déclarations* sont une traduction résumée des commentaires généraux qui, dans Jacopo della Lana, précèdent les commentaires analytiques de chaque chant; si Bergaigne ne s'est pas servi du commentaire même de Jacopo della Lana, il a eu du moins à sa disposition un texte remanié, ou peut-être une traduction latine de ce commentaire. L'extrait suivant permettra de comparer le texte de Bergaigne avec celui de Jacopo :

Jacopo della Lana, éd. Scarabelli, t. III, p. 13.

Nouv. acq. fr. 4119, fol. 7.
Nouv. acq. fr. 4530, fol. 7.

L'autore nel presente capitolo si fa due parti, l'una si è proemio universale a tutti li capitoli; l'altro si è lo principio della parte esecutiva di questa terza cantica... Tocca l'autore in tutto questo primo capitolo *nove* cose. La prima denota come in cielo si è lo Paradiso... l'ultima felicitade consiste nella contemplazione di Dio..., siccome avemo per lo Psalmo : *Coelum coeli Domino*, etc., ed eziandio nella domenicale orazione, cioè : *Pater noster, qui es in coelis*..., che lo luogo dee essere proporzionato allo locato; sì che chiaro appare che'l Paradiso, che è la visione di Dio, per essenzia si è in cielo. Ed è da notare che Dio non è nel cielo siccome cosa in luogo è circoscritta dal detto luogo, ma la sua virtude tutto circonscrive e regge...

Alla seconda cosa... Alquale Apollo fece l'autore invocazione che li presti grazia che lo stilo poetico possa descrivere la sua alta ed eccelsa visione...

La gloire à cil (2). L'acteur en ce present chappitre fait deux parties : l'une est propheme universel à tous les autres chappitres; l'autre est le commancement de la part executive de ceste troisieme canticque, et touche en ce premier chappitre *huit* choses, dont la premiere manifeste comme ou ciel est Paradis et derniere félicité, qui consiste en la contemplation de Dieu, comme avons au Psalmiste : *Celum celi Domino*, etc. Et aussi en l'oraison dominicale : *Pater noster, qui es in celis*, qu'est le lieu proportioné au locatif. Cler appert que Paradis est vision de Dieu par essence en ciel. Et est à noter que Dieu n'est au ciel si comme chose en lieu et d'icelluy circondée, mais sa vertu tout circonde et régente.

A la seconde chose, l'acteur faict invocation à Apolo, en la maniere acoustumée des poetes, qu'il y preste grace, affin de pouvoir reduyre en escript sa vision excelse en stille poeticque...

(1) Signalons seulement, après le dixième chant, un *Triple Rondeau... en honneur de sainct Dominicque.*

(2) Le texte suivi ici est celui du ms. 4119, corrigé, quand il y a lieu, par celui du ms. 4530.

Quant à la traduction elle-même, il suffira, pour en donner une idée, d'en citer les premiers vers (f° 4 r°) :

> La gloire à cil qui tout meut et repose,
>   Par l'univers cler penectre et resplend
>   L'une part plus et l'aultre moins dispose.
> Ou ciel qui plus de sa lumiere prend,
>   Je fuz et veiz chose que pour redire
>   Ne scait ne peut qui la dessus dessend.
> Car s'approchant à son desir pour duire
>   L'entendement de nous s'enfonde tant
>   Que la memoire après ne peut conduire.

Bergaigne, on le voit, serre son modèle d'aussi près que possible ; il traduit tercet pour tercet, vers pour vers et presque mot pour mot ; ce qui, parfois, l'entraîne dans d'étranges contresens.

Ornementation. Mais ce qui fait le prix de ce volume, c'est moins le texte assurément que l'illustration qui, dans la seconde partie du moins, l'accompagne. Elle consiste, sans parler de quelques lettres ornées, en six belles miniatures, d'autant plus intéressantes que le *Paradis* de Dante a bien moins souvent inspiré les enlumineurs que son *Enfer*.

Voici la description de ces six miniatures :

Chant XV, fol. 82 v°. — L'empereur Conrad III (Conras) revêt Cacciaguida des insignes de chevalier (XV, 140).

Chant XVI, fol. 88 v°. — Florence ; la ville représentée ici est de pure imagination.

Chant XVII, fol. 95. — Une porte de Vérone. Dante, selon la prédiction de Cacciaguida, est reçu par un membre de la famille Scaliger (1).

Chant XVIII, fol. 101 v°. — Les âmes formant la croix de Mars, notamment Roland, Charlemagne et Godefroy de Bouillon.

Chant XIX, fol. 107. — Frédéric II, roi de Sicile, fuyant devant Charles II d'Anjou (allusion aux vers 127-132). Dans le ciel, l'aigle formé par les âmes des saints (XVIII, 106 et suivants).

---

(1) L'artiste interprète ainsi les vers XVII, 70-72 :

> Lo primo tuo rifugio e il primo ostello
>   Sarà la cortesia del gran Lombardo,
>   Che in su la Scala porta il santo uccello.

Il a figuré, au-dessus de Vérone, un étendard avec les armes suivantes, qui sont à peu près celles des Scaliger : d'or, à l'aigle éployée de sable, tenant dans ses serres une échelle élargie par le bas, de même.

Chant XX, fol. 112 v°. — La Justice ; à sa droite et à sa gauche, plusieurs justes, notamment David (XX, 38) et Ezéchias (XX, 49-51). Dans le ciel, le même aigle que celui de la miniature précédente.

Une lacune importante est à signaler entre les feuillets 80 et 81. Le feuillet 80 se termine avec les vers :

> Que admise fust de seconde couronne
> Par Honoré inspiré à conduyre,

qui correspondent pour la lettre, mais non pour le sens, aux vers 97-98 du chant XI.

Le feuillet 81 commence par les mots :

« eux une doublance, c'est assavoir si la lueur qui me envyronnera... »

qui appartiennent à la *Déclaration* du chant ou chapitre XIV.

XLIV. — Nouv. acq. franç. 4530.

Traduction des chants I-VII du Paradis de Dante, par François Bergaigne. — Miniatures.

Volume en vélin. 56 feuillets. 205 millimètres sur 143. Écriture de la première moitié du XVIe siècle. Reliure en maroquin rouge.

Ce manuscrit est inachevé. Non seulement la traduction du *Paradis* n'est pas poussée au delà du chant VII, mais le texte est brusquement interrompu dès le premier tiers de la *Déclaration* qui suit ce VIIe chant, et s'arrête (f° 52 r°) avec ces mots :

L'aultre consideration est que si nous considerons la personne de Jesus que le Verbe incarné souffrit.

Les différences et ressemblances que présentent entre eux cet exemplaire et le précédent sont à noter.

La traduction, dans le manuscrit 4119, est anonyme; dans celui-ci, nous trouvons le nom de l'auteur, François Bergaigne.

Le premier est adressé au chancelier Antoine Duprat; celui-ci à l'amiral Guillaume Gouffier, seigneur de Bonnivet, comme l'indiquent cette note du second feuillet :

« *Illustri domino Guiliermo Gouffier, Francie admirato, Franciscus Bergaigne humilem salutem dicit* »,

et les armes de Gouffier, peintes au-dessus (1).

Le premier est en écriture gothique assez ordinaire, celui-ci en écriture romane très soignée et très élégante. Les peintures des deux exemplaires sont absolument dans le même goût ; mais celles de l'exemplaire de Duprat sont plus finies.

La même devise : *Disolver non si può*, se trouve sur les deux manuscrits.

Il y a peu de choses à dire sur l'histoire du volume fait pour Duprat ; on sait mieux par quelles mains a passé celui dont Gouffier fut le premier possesseur.

Dès la fin du XVIe siècle, on en suit la trace. Il porte, en écriture de cette époque, l'*ex libris* d'un bourgeois de Paris appelé *Alexandre Guignard* (fol. 56 v°). — Au XVIIe siècle, il a dû faire partie de la collection d'Alexandre Petau ; c'est du moins ce que l'on peut conjecturer des armoiries (2) peintes au feuillet 1 avec la devise : Moribus antiquis. — Un siècle plus tard, on le retrouve dans la bibliothèque de Gaignat (3), puis dans celle du duc de La Vallière (4). Plus tard, ce volume passe en Angleterre. Batines (I, 249) le signale, en 1845, comme figurant dans la collection William Beckford, à Fonthill Abbey (5). Enfin, avant de rejoindre, sur les rayons de la Bibliothèque nationale l'exemplaire de Duprat, il portait le numéro 208 parmi les manuscrits de la bibliothèque Hamilton (6).

La traduction, qui est accompagnée des mêmes *Quatrains*, des

(1) D'or, à trois jumelles de sable en fasce. — En outre, la devise : Festina Lente.

(2) Écartelé : au 1 et au 4 d'azur, à trois roses d'argent, au chef d'or chargé d'une aigle issante éployée de sable ; au 2 et au 3 d'argent, à la croix pattée de gueules.

(3) *Catalogue des livres de Gaignat*, par G. De Bure (1769), n° 1978.

(4) *Catalogue des livres... de feu M. le duc de La Vallière*, par G. De Bure, t. II (1783), n° 3571.

(5) Batines fournit, en outre, les renseignements suivants, d'après le *Repertorium bibliographicum* de Clarke, p. 294 : « Fu venduto 7 sterline, 17 scellini e 6 denari presso il *Paris* nel 1791, e 6 sterline e 6 scellini presso *Allen Strange* nel 1801. »

(6) C'est l'article 29 du catalogue des manuscrits sur vélin de la bibliothèque Hamilton (1889).

mêmes arguments, des mêmes *Rondeaux* et des mêmes *Déclarations*
que le texte du manuscrit 4119, est précédée :

1° (fol. 1), des vers suivants (1) :

> Ceste est la troisieme partie
> De la Commedie de Dantes,
> Qui de bon sens n'est departie,
> Ains par questions evidentes
> Donne à congnoistre en ses beaulx ditz
> Les joyes qui sont permanentes,
> Et se intitulle *Paradis.*

2° (fol. 1), de cet adresse au lecteur :

AD LECTOREM

> Quisquis es et nostri lector studiose libelli
>   Condita morali dogmate scripta legis,
> Si quas ipsa tibi pariat traductio mendas
>   En Rhytmus dispar sermoque causa subest;
> Me, precor, his igitur purgato, tergito labes,
>   Istud opus facili suscipitoque manu.

3° (fol. 2 v°), d'une épître en vers à Gouffier, commençant ainsi :

> Très hault seigneur, puissant et magnanime,
> Ton bon renom me stimule et anime,
> De colauder tes ans et jeunes jours...

L'ornementation, abstraction faite d'un certain nombre d'initiales ornées, consiste en sept grandes miniatures, dont la description suit :

Chant I, fol. 3 v°. — Béatrice apparaît à Dante. Dante et Béatrice ensemble dans le *Paradis*. Partie du zodiaque.

Chant II, fol. 11 v°. — Dante dans une barque (II, 1); plusieurs âmes dans une autre barque. Dans le ciel, la lune, dans laquelle on voit Caïn portant un fagot (allusion au vers II, 51).

Chant III, fol. 20 v°. — Des soldats enlèvent des femmes d'un monastère situé dans l'*Ille de Cécile*. C'est une allusion au vers III, 118, où il est question de Constance, fille du roi Roger, que l'on fit en effet sortir d'un monastère pour la marier à l'empereur Henri VI.

Chant IV, fol. 26 v°. — La ville de Palerme; sans doute allu-

---

(1) Imprimés dans BATINES (*loc. cit.*) et dans le catalogue de la collection Hamilton (n° 208).

sion au même fait que celui qui est représenté dans la miniature précédente.

Chant V, fol. 34 v°. — Jephté (V, 66) ; Iphigénie (V, 70); Dante portant deux clefs, l'une d'or, l'autre d'argent (V, 57).

Chant VI, fol. 40 v°. — Ciel de Mercure. Des soldats, les uns à pied, les autres à cheval, sortant d'une ville. Je ne saurais dire précisément quel passage du chant VI le miniaturiste a voulu interpréter.

Chant VII, fol. 47 v°. — D'un côté, à gauche, le paradis terrestre, Adam, Eve et le serpent (VII, 20 et suiv.); de l'autre, à droite, la nativité de Jésus-Christ (VII, 120).

Dans toutes les miniatures de ce volume, comme dans celles du manuscrit 4119, on a représenté Dante et Béatrice planant dans le ciel ; dans presque toutes, on a figuré les âmes des bienheureux sous la forme de petits enfants nus agenouillés.

XLV. — Toulouse 842 (II, 20).

TRADUCTION FRANÇAISE DE L'ENFER, PAR PHILIPPE LE HARDY, MARQUIS DE LA TROUSSE. — VIE DE DANTE.

Cette traduction est faite sur l'édition de Venise de 1529, dont le frontispice est relié en tête du volume. — Elle est précédée d'une *Vie de Dante*, de la même main que le reste du manuscrit, et occupant les pages 1-65.

Papier ; 500 pages ; hauteur 340 millimètres. XVIIe siècle. — En tête, on lit ce qui suit, d'une autre main du temps : « De la bibliothèque du château de Vareilles. Sommières, 1746. — Donné à l'abbé de Layrat, chanoine régulier de la Chancelade, par moy Vareilles. — Cette traduction est de M. Philippe Le Hardy, marquis de La Trousse. »
Reliure du temps, en veau. — Ancien 617.

(D'après le *Catalogue général des manuscrits des Bibliothèques publiques des départements*, série in-4°, t. VII (1885), [par A. Molinier], p. 491.)

XLVI. — **Français 12422** (ancien Supplément français 3466).

TRADUCTION FRANÇAISE DE LA DIVINE COMÉDIE. 1751.

Volume en papier, composé de trois parties, correspondant chacune à l'une des trois cantiques de la *Divine Comédie* : la 1re de 189 pages, la 2e de 240, la 3e de 233. 280 millimètres sur 200. Écriture du XVIIIe siècle. Cartonnage.

Le titre est le suivant :

« La *Divine Comédie* de Dante Aligiery, contenant la description de l'*Enfer*, du *Purgatoire* et du *Paradis*. Traduction littérale. 1751. »

La traduction, précédée d'un avis au lecteur, et d'un extrait d'une lettre d'un cardinal au traducteur, commence et finit ainsi :

« J'étais à la fleur de mes ans, lorsque je m'égarai dans une forest obscure — et comme une roue ne peut tourner que sur son axe, je me conformerai à sa volonté. »

Cette traduction anonyme, qui semble avoir échappé à tous les bibliographes, n'a pas été publiée, que je sache, et assurément elle était peu digne de l'être. Le seul mérite qu'on puisse reconnaître à l'auteur, c'est la nouveauté de son entreprise. En effet, il est vraisemblablement le premier après l'abbé Grangier, dont le sépare un siècle et demi, qui ait tenté en France une traduction complète de la *Divine Comédie*.

XLVII. — **Nancy 376** (596).

TRADUCTION FRANÇAISE DE LA DIVINE COMÉDIE. 1751.

Volume en papier, composé de trois parties, correspondant aux trois parties de la *Divine Comédie* : la 1re de 258 pages, la 2e de 282, la 3e de 275. 230 millimètres sur 173. Écriture du XVIIIe siècle. Reliure en maroquin vert.

Cette traduction est la même que celle du manuscrit français 12422 ; elle porte le même titre de *Traduction littérale* et la même date ; l'*incipit* est le même (1).

A noter, dans ce manuscrit, deux *ex libris* : S. Principis de Marsan a Lotharingia. — J. A. Schmit.

(Cf. le *Catalogue général des manuscrits des Bibliothèques publiques de France*, série in-8°, Départements, t. IV (1886), p. 183.)

XLVIII. — Châlons-sur-Marne 271 (fonds Garinet 9652).

Traduction française de la Divine Comédie. 1751 (2).

XVIIIᵉ siècle. Papier, 243 pages. 296 millimètres sur 225. Reliure en veau.

Cette traduction est celle qui vient d'être signalée dans le ms. français 12422 de la Bibliothèque nationale et le ms. 376 de Nancy. Elle est précédée de l'avis au lecteur et du fragment de lettre qui se lisent également dans le manuscrit de Paris (3).

Il existe donc trois exemplaires au moins de cette traduction, dont l'auteur est jusqu'à présent inconnu.

(Cf. le *Catalogue général des manuscrits des Bibliothèques publiques de France*, série in-8°, Départements, t. III (1885), p. 58).

XLIX. — Nouv. acq. franç. 16.

Traduction du Purgatoire de Dante par Artaud de Montor.

Volume en papier. 161 plus 170 pages. 335 millimètres sur 230.
Il n'y a pas lieu d'insister longuement sur cette traduction bien

---

(1) Je dois de pouvoir faire cette identification à une obligeante communication de mon confrère et ami M. Ém. Duvernoy.

(2) Dans le manuscrit 265 de la même bibliothèque, manuscrit de la fin du XIVᵉ siècle, on lit deux vers de Dante sur un feuillet de garde.

(3) C'est grâce aux renseignements qu'a bien voulu me fournir M. Gillet, bibliothécaire de la ville de Châlons-sur-Marne, que j'ai pu m'en assurer.

connue du *Purgatoire*. Elle a été plusieurs fois réimprimée dans la traduction complète de la *Divine Comédie*, par le même. La première édition du *Purgatoire* est de 1813 : *Le Purgatoire, poème de Dante; Paris, J.-J. Blaise* (1). La seconde partie du manuscrit est occupée par des notes, utilisées pour l'édition parue chez Didot, en 1845 (2).

L. — Angers 1122.

TRADUCTION ANGLAISE DES CHANTS I A XVII DE L'ENFER, PAR F. HAWKE.

Volume in-4°, sur papier, de 96 feuillets. XIX° siècle.

Traduction des 17 premiers chants de l'*Enfer* (3), avec les figures de Flaxman, copiées au crayon, formant 17 planches.

(D'après LEMARCHAND, *Catalogue des manuscrits de la Bibliothèque d'Angers*. Angers, 1863, p. 432.)

LI. — Clermont-Ferrand 711.

CHANT XXXIII DE L'ENFER. TRADUCTION EN FRANÇAIS ET EN PATOIS.

Les derniers feuillets de ce manuscrit sont occupés par une traduction en francais et en patois d'Ambert (Puy-de-Dôme), du chant XXXIII de l'*Enfer*, par M. Madur du Lac ; elle est datée de 1841.

(D'après le *Catalogue général des manuscrits des Bibliothèques publiques de France*, série in-8°, Départements, t. XIV, 1890, p. 188.)

---

(1) Sur la traduction de la *Divine Comédie* par Artaud de Montor, voir BATINES, I, 255 ; FERRAZZI, *Manuale dantesco*, II, 507-508, et MAXIME FORMONT dans l'*Instruction publique*, XVII (1888), p. 180.

(2) Dans le manuscrit n° 15 du fonds des *Nouv. acq. fr.*, se trouve une « Histoire de la Vie et des travaux poétiques, littéraires et politiques de Dante Alighieri, 1840 », par Artaud de Montor ; cet ouvrage parut, en 1841, chez Leclère (in-8°, avec portrait).

(3) Cette traduction ne parait pas être connue autrement.

LII. — Carpentras 389.

CAPITOLI OU ARGUMENTI EN TERZA RIMA, DE BOCCACE, SUR LA DIVINE COMÉDIE. — FRAGMENT DU CENTILOQUIO D'ANTONIO PUCCI, RELATIF A DANTE.

Le recueil de pièces diverses, la plupart en italien, qui forme le manuscrit 389 de la bibliothèque de Carpentras, contient (fol. 87-96) deux poésies qui rentrent dans le cadre de ce travail.

I. — La première, que Lambert, dans son Catalogue des manuscrits de Carpentras (1), ne distingue pas de la suivante, est, on le sait, l'œuvre de Boccace (2). Plusieurs fois réimprimée, elle a été publiée en dernier lieu, avec la mention des éditions antérieures, par M. Del Balzo, sous le titre de : *Argumenti in terza rima alla Divina Commedia di Dante Alighieri* (3).

Les premiers vers sont :

> Nel mezo del camin di nostra vita,
>> Smarrito in una valle l'autore
>> Era sua via da tre bestie impedita...

et les derniers :

> Mostrando come in quel tutto si volse
>> L'alto disìo et alle belle cose,
>> Et come ogni altro appetito gli tolse
>
> L'amor che muove il sole e l'altre stelle.

II. — L'autre poésie, dont Lambert (4) cite quelques vers, sans en désigner l'auteur, commence et finit ainsi dans le manuscrit de Carpentras :

> La mente è stata per lo dietro ardita
>> A ragionar delle valenti cose,
>> E al presente tutta sbigottita.

(1) *Catalogue descriptif et raisonné des manuscrits de la Bibliothèque de Carpentras*, par C.-G.-A. LAMBERT, t. I (1862), p. 229-230. D'après Lambert, cette pièce et la suivante seraient d'une main du XIVᵉ siècle.

(2) C'est grâce aux extraits de cette pièce de vers qu'à bien voulu m'envoyer M. Liabastre, bibliothécaire de la ville de Carpentras, que j'ai pu faire cette identification.

(3) C. DEL BALZO, *Poesie di mille autori*, etc., II, 220-241.

(4) *Catalogue... de la Bibliothèque de Carpentras*, I, 230.

> Se in Purgatorio l'anima sua verna,
>   Che la ne tragga per divina grazia,
>   E conducala a' ben di vita eterna.

Or, c'est là, moins les quatre derniers vers, le LVe chant du *Centiloquio* d'Antonio Pucci, consacré entièrement à Dante, et qui, à ce titre, a trouvé place dans le recueil, maintes fois cité déjà, de M. Del Balzo (1).

Le manuscrit de Carpentras ne porte pas le titre en six vers qui, dans les éditions, précède cette poésie.

On trouve, dans ce même volume (fol. 53 v°), un sonnet qui, d'après Lambert (2), serait de Dante, et dont le premier vers est celui-ci :

> O matre di virtute, luce eterna.

Ce sonnet a été imprimé par Fraticelli, dans son édition des *Opere minori* de Dante, mais parmi les *Rime apocrife* (3). On peut considérer comme certain qu'il n'est pas de Dante ; il a été attribué à Monte Andrea da Firenze.

LIII. — Carpentras 395.

CAPITOLI DE JACOPO DI DANTE ET CAPITOLI DE BOSONE DA GUBBIO
SUR LA DIVINE COMÉDIE.

Le *Catalogue des manuscrits de la bibliothèque de Carpentras*, par M. Lambert (I, 235), ne fait mention que des *Capitoli* de Bosone da Gubbio ; mais, comme n'a pas manqué de le faire remar-

---

(1) C. DEL BALZO, *Poesie di mille autori*, etc., II, 205-215. Le *Centiloquio* d'ANTONIO PUCCI forme, avec ses poésies, les tomes III à VI des *Delizie degli eruditi toscani, raccolte dal* P. ILDEFONSO (FREDIANI) DI S. LUIGI (Firenze, 1770-1789) ; le chant LV, qui seul nous occupe, se trouve au t. V (1774), p. 111-121. — J'ai suivi, pour les trois derniers vers ici reproduits, non le texte du manuscrit, qui est douteux, mais celui de M. Del Balzo, qui n'est autre que celui donné par M. d'Ancona en 1868. Voy. C. DEL BALZO, *Op. cit.*, II, 215.

(2) LAMBERT, *Catalogue... de la Bibliothèque de Carpentras*, I, 226.

(3) FRATICELLI, *Opere minori di Dante*, I, 284-285.

quer Batines (1), ils sont précédés de ceux de Jacopo di Dante.
M. Mazzatinti a eu soin, dans son *Inventaire* (2), d'établir nette-
ment cette distinction, que le titre général de ce petit volume ne
laisse aucunement soupçonner. Ce titre est, en effet, le suivant :

Sopra la D. Commedia di Dante. Incomincia alcuna brevissima Con-
clusione et Spositione del dicto libro, facte per messer Busone de
Agubbio (3).

L'*explicit* est celui-ci :

Explicit Chonclusio brevissima espositionis libri Dantis, edita per dominum Busonem de Eugubio (4).

Manuscrit du XIVe siècle. Papier. 7 feuillets petit in-folio.
Reliure moderne en maroquin rouge. Titres et initiales en
rouge (5).

(1) BATINES. I, 216.
(2) MAZZATINTI, *Inventario*, etc., III, 30.
(3) D'après MAZZATINTI, *loc. cit.*
(4) D'après MAZZATINTI, *loc. cit.*
(5) Il n'est pas inutile de rappeler ici que, parmi les *Manuscrits portés sur
une ancienne liste dressée par M. de Saint-Véran, et qui n'ont pas été
retrouvés lors de l'inventaire fait en 1842* (LAMBERT, *Catal.*, III, 406;
cf. MAZZATINTI, III, 19), figurait, sous le n° 8, un « Dante 8° ou petit in-4°
vélin, rel. mar. rouge ». — D'après LAMBERT, *loc. cit.*, ce volume, dans
lequel le texte de Dante aurait été accompagné du commentaire de Tom-
maso Spinelli (?), a disparu de la bibliothèque de Carpentras, en 1835. Ce
serait ce même manuscrit qui se trouve mentionné dans HAENEL, *Catal.
libror. mss.*, p. 117, avec le n° 43 (Dante, saec. XIV, membr., 8). — BATINES,
II, 252, n'est pas éloigné de croire qu'il s'agit là, non d'un exemplaire aujourd'hui perdu de la *Divine Comédie*, mais précisément des *Capitoli* sur
Dante, formant le volume coté actuellement 395, objet de cette notice.
L'opinion de Batines est fondée sur ce fait que COSTANZO GAZZERA, dans
son *Trattato della dignità del Tasso*, où il donne une liste de tous les manuscrits italiens conservés dans les bibliothèques du midi de la France, ne
fait aucune mention du Dante de Carpentras. Mais, s'il est vrai, comme le
dit Lambert, que cet exemplaire ait disparu en 1835, il n'est pas étonnant
que, figurant dans le répertoire d'Haenel, qui est de 1830, il n'ait pas été vu
de Gazzera, dont l'ouvrage a paru en 1838. Il n'est pas impossible que le
petit volume de sept feuillets, dont il vient d'être parlé, ne soit précisément
qu'un fragment du manuscrit porté sur la liste de M. de Saint-Véran, et que
Lambert déclare disparu. Le ravisseur du manuscrit aura emporté le texte
de Dante avec le Commentaire, et laissé les *Capitoli* (que l'on ne rencontre
guère isolément, mais toujours, ou presque toujours, joints à la *Divine
Comédie*). Ce n'est là d'ailleurs qu'une conjecture.

LIV. — Italien 526 (ancien Supplément français 2860).

Poésies de Dante.

Ce volume, du XVIe siècle, renferme un recueil de poésies religieuses italiennes, dont on trouvera le dépouillement dans le t. II (p. 129-130) de l'*Inventaire* de M. Mazzatinti.

Il suffira de mentionner ici, comme œuvres de Dante ou considérées comme telles :

1° (fol. 1-4), la pièce connue sous le titre de *Profession de foi* ou *Credo* de Dante (1) :

> Io scripsi già d'amor più volte rime... (2),

2° (fol. 16 v°), une des poésies apocryphes insérées dans le recueil de Fraticelli à la suite du Canzoniere (3) :

> Ave, tempio de Dio sacrato tanto (*sic*)...

LV. — Italien 545 (ancien Supplément français 2373).

Poésies de Dante. — Vie de Dante par Leonardo Bruni.

La majeure partie de ce beau volume étant occupée par les *Triomphes* et le *Canzoniere* de Pétrarque, et les poésies de Dante ne s'y trouvant, en quelque sorte, qu'accessoirement, c'est aux pétrarquistes qu'on doit laisser le soin de faire la description et l'histoire de ce manuscrit, et je me bornerai à mentionner ici les œuvres de Dante qui y sont contenues. Qu'il me suffise de rappeler que ce manuscrit est daté (fol. 243 v°) du 19 février 1456.

---

(1) Fraticelli, *Opere minori di Dante*, 1 (1856), 386.

(2) Cette poésie se trouve aussi dans un exemplaire des *Triomphes de Pétrarque*, qui forme le manuscrit 8582 de la Bibliothèque de l'Arsenal ; cf. Marsand, II, 292. M. Mazzatinti, III, 135, a passé cette poésie sous silence. Pour les nombreux mss. où on la rencontre, voy. *Il Propugnatore*, nuova serie, t. II, parte i (1889), p. 32-34.

(3) *Opere minori di Dante*, I, 324. M. Lemma, dans ses *Studî sul canzoniere di Dante* (*Propugnatore*, t. XIX, parte i (1886), p. 156), ne la croit pas non plus authentique.

En ce qui concerne Dante, la composition de ce recueil est la suivante :

1° (fol. 191-203), les poésies insérées dans la *Vita Nuova*, dans l'ordre même où elles se présentent dans cet ouvrage, sous le titre suivant : *Incipit liber sonectorum et cantilenarum Dantis Aligherii, excellentissimi poete Florentini. Lege eum feliciter* (1).

2° (fol. 203-226), sous cette rubrique : *Qui finiscono e sonecti elle canzone della Vita Nuova di Dante. Et incominciano le canzone che lui fe dapoi*, une suite de 17 pièces (2), toutes intitulées *canzone*, mais parmi lesquelles se trouvent une sextine et une ballade.

Voici le détail de ces pièces :

Fol. 203 (FRATICELLI, I, 144, canz. IX) :

> Così nel mio parlar voglio esser aspro.

Fol. 204 v° (FRAT., I, 187, canz. XIV) :

> Voi che, [i]ntend[end]o, il terzo ciel movete.

Fol. 205 v° (FRAT., I, 191, canz. XV) :

> Amor, che nella mente mi ragiona.

Fol. 207 (FRAT., I, 195, canz. XVI) :

> Le dolci rime d'Amor, ch'i solia.

Fol. 209 v° (FRAT., I, 179, canz. XII) :

> Amor, che muovi tua virtù dal cielo (3).

---

(1) La vingt-troisième de ces pièces est un sonnet pour les premiers vers duquel on trouve deux textes différents (FRATICELLI, II, 114 ; — GIULIANI, *La Vita Nuova e il Canzoniere*, Firenze, 1863, p. 99) ; voici le texte fourni par le manuscrit 545 :

> « Era venuta nella mente mia
> » Quella donna gentil cui piange Amore
> » Entro quel punto. . . . . . .
> » Vi trasse a riguardar quel che facia. »

(2) Les trois premières se retrouvent dans le *Convito*.

(3) La dernière stance ou congé de cette canzone :

> « Canzone, a tre men rei di nostra terra... »

fait défaut à cette place dans le manuscrit, et elle est reportée à la fin de la canzone suivante, au lieu de la stance :

> « Canzone, mia bella, se tu mi somigli... »

qui manque dans cette seconde poésie. Le texte de ces deux pièces, tel qu'il se trouve dans les manuscrits 548 et 554, offre les mêmes particularités.

Fol. 210 v° (Frat., I, 183, canz. xiii) :

> I sento sì d'Amor la gran possanza (1).

Fol. 212 (Frat., I, 166, sestina i) :

> Al poco giorno, ed al gran cerchio d'ombra.

Fol. 212 v° (Frat., I, 172, canz. x) :

> Amor, tu vedi ben che questa donna.

Fol. 214 (Frat., I, 175, canz. xi) :

> I son venuto al punto della rota.

Fol. 215 (Frat., I, 100, canz. iii) :

> E m'increscie di me sì malamente.

Fol. 216 v° (Frat., I, 201, canz. xvii) :

> Poscia ch'Amor del tucto m'a lasciato.

Fol. 219 (Frat., I, 87, canz. i) :

> La dispietata mente, che pur mira.

Fol. 220 (Frat., I, 213, canz. xix) :

> Tre donne intorno al cor mi son venute.

Fol. 221 v° (Frat., I, 206, canz. xviii) :

> Doglia mi reca nello core ardire (2).

Fol. 224 (Frat., I, 139, canz. viii) :

> Amor, da che convien pur ch'i mi doglia.

Fol. 225 v° (Frat., I, 229, canz. xxi) :

> Ay faux ris prous quoi tray aves (3).

Fol. 226 v° (Frat., I, 156, ballata viii) :

> Io mi son pargolecta bella e nova.

---

(1) Voyez la note précédente.

(2) La dernière stance :

> « Canzone, presso di qui è una donna... »

manque dans le manuscrit; elle ne se trouve pas davantage dans la publication citée plus haut de Giuliani.

(3) Cette pièce, d'après Fraticelli et d'après Giuliani (*Op. cit.*, p. 455), est d'authenticité douteuse; au contraire, M. E. Lamma, dans le *Propugnatore* (t. XVIII, parte ii, p. 376, et t. XIX, parte i, p. 180), la considère comme authentique.

Après ces poésies, dont l'*explicit* est : *Finiscono le canzone di Dante*, vient (fol. 227-237) la *Vie de Dante*, par Leonardo Bruni ou Léonard Arétin, souvent réimprimée :

Incomincia la Vita del clarissimo huomo Dante Alighieri, poeta Fiorentino, facta et composta da messer Lionardo d'Arezo. Avendo in questi giorni... convolgere di sue rote. Finisce la Vita di Dante Alighieri, sommo poeta Fiorentino, composta et facta dallo eloquentissimo huomo messer Lionardo d'Arezo, laureato poeta et cictadino Fiorentino.

Au folio 191, vignette et lettre historiée, dans laquelle on a peint un buste de Dante, tenant un livre à la main.

Marsand, I, 797, n° 692.

LVI. — Italien 548 (ancien fonds 7768²).

POÉSIES DE DANTE. — VIE DE DANTE PAR LEONARDO BRUNI.

Dans ce magnifique volume, réputé pour sa belle reliure enrichie d'émaux, et écrit, en 1476, par Antonio Sinibaldi (1), nous retrouvons, à la suite des *Triomphes* et du *Canzoniere* de Pétrarque, les mêmes œuvres de Dante ou sur Dante, que dans le manuscrit précédent (2), avec lequel il offre les plus grandes ressemblances.

1° (fol. 202). — *Incominciano e sonecti et le canzone del divino poeta Dante Allighieri, nobilissimo cittadino Fiorentino. — Sonecto primo.*

2° (fol. 214). — *Qui finiscono li sonecti et le canzone della Vita Nuova di Dante, et incominciano le canzone che lui fece dapoi.*

3° (fol. 238). — *Incomincia la Vita del clarissimo huomo Dante Alighieri, poeta Fiorentino, composta da messere Lionardo d'Arezo, poeta famosissimo.*

Ornementation. A signaler, pour la partie qui nous occupe, deux

(1) Voyez, sur ce copiste, dont beaucoup d'œuvres sont restées, L. DELISLE, *Cabinet des Manuscrits*, I, 226, et III, 357 et 359; cf. MAZZATINTI, I, XXXV.

(2) L'ordre est le même, sauf une interversion : la canzone *Amor, tu vedi*, précède, dans cet exemplaire, la sextine *Al poco giorno*, au lieu de la suivre, comme dans le manuscrit 545.

lettres historiées représentant le poète. La première, jointe à une jolie vignette (f. 202), est la plus intéressante ; Dante y est figuré lisant ou écrivant, dans son cabinet de travail. Dans la seconde (f. 238), il est peint à mi-corps, de face, tenant un livre sous le bras.

Marsand, I, 800, n° 694.

LVII. — Italien 554 (ancien fonds 7767).

Poésies de Dante.

Ce manuscrit, du commencement du XVIe siècle, renferme des poésies d'un certain nombre d'auteurs italiens, dont Marsand (I, 123) donne une liste exacte. C'est un exemplaire du recueil connu sous le nom de *Raccolta Aragonese* ; le contenu est presque entièrement identique à celui du manuscrit 204 de la bibliothèque Palatine de Florence. Le dépouillement du manuscrit de Paris a été donné, mais avec quelques omissions et erreurs (1), par M. Mazzatinti (II, 130-166).

Voici celles des œuvres de Dante ou à lui attribuées qui sont transcrites dans ce volume :

I. — *Qui cominciano le canzone del chiaro poeta Dante Alighieri di Firenze.*

a. Fol. 1-23. Les quinze premières des pièces énumérées plus haut comme se trouvant dans le manuscrit 545, et dans le même ordre (2).

b. Fol. 23. La canzone apocryphe (3) :

« Io non posso celar lo mio dolore... »

(1) Voyez Renier, dans le *Giornale storico della Letteratura italiana*, X (1887), 412. — En comparant le dépouillement du ms. ital. 554, par M. Mazzatinti, avec celui du ms. 204 de la Palatine de Florence, par M. Luigi Gentile (*I Codici Palatini*, I [1889], 219-232), on constatera aisément l'identité des deux recueils ; il ne me paraît nullement prouvé, d'ailleurs, que le ms. de Paris soit une copie directe de celui de Florence.

(2) Les remarques qui ont été faites plus haut relativement au texte de quelques-unes des pièces du manuscrit 545 trouveraient ici leur exacte application.

(3) Omise, à cette place, par M. Mazzatinti, dans le dépouillement, cité plus

Cette pièce, que Fraticelli (I, 333-334) se borne à signaler comme se trouvant dans le manuscrit de la Laurentienne XC, xxxvii, n'est pas reproduite non plus dans le recueil précité de Giuliani.

c. Fol. 24 v°. Autre canzone apocryphe :

« Non spero che già mai per mia salute... »

Cette pièce, imprimée pour la première fois, d'après le manuscrit qui fait l'objet de cette notice, dans les *Rime di Dante* (Rovetta, in-4°, 1823), est reproduite par Fraticelli (I, 296), qui la considère comme devant être attribuée avec certitude à Cino (1).

d. Fol. 25. Autre canzone apocryphe (2), devant être, comme les deux précédentes, rangée parmi les œuvres de Cino (Frat., I, 260) :

« [L']alta speranza che mi reca Amore... (3). »

II. — *Canzona di Dante Alighieri di Firenze, al tempo che ne fu cacciato :*

Fol. 26 v° (Fraticelli, I, 218, canz. xx) :

[O] patria, degna de triumphale fama (4).

III. — *Sonetti di Dante Alighieri Fiorentino :*

Fol. 27 v° (Frat., I, 274, son. apocr.) :

Nelle man vostre, dolce donna mia (5).

---

haut, qu'il a fait de ce volume, elle est mentionnée par lui parmi les poésies de Cino da Pistoia ; elle se trouve, en effet, répétée plus loin, dans le manuscrit (fol. 81 v°). Cette poésie a été imprimée plusieurs fois (voy. *Il Propugnatore*, nuova serie, t. II, parte i, 1889, p. 32), notamment parmi les œuvres de Cino da Pistoia.

(1) Elle se trouve reproduite plus loin, dans le même manuscrit (fol. 58), parmi les œuvres de ce poète. — Giuliani ne l'a pas fait entrer dans son recueil, non plus que la suivante. — M. E. Lamma, dans l'article cité plus haut du *Propugnatore* (t. XIX, parte i, p. 149), démontre avec évidence que cette pièce ne peut être de Dante.

(2) Omise, à cette place, par M. Mazzatinti, mais citée par lui parmi les poésies de Cino, au nombre desquelles elle figure à nouveau dans le manuscrit (fol. 83).

(3) Voyez E. Lamma, *Il Propugnatore*, t. XVIII, parte ii, p. 365, et t. XIX, parte i, p. 181.

(4) Voyez E. Lamma, *Il Propugnatore*, t. XIX, parte i, p. 169 et 182.

(5) Voyez E. Lamma, *Il Propugnatore*, t. XVIII, parte ii, p. 375, et t. XIX, parte i, p. 181. Cette pièce ne se trouve pas dans Giuliani.

Fol. 28 (Frat., I, 155, son. xxxv) :

> Chi guarderà già mai sanza paura.

Fol. 28 (Frat., I, 119, son. xxi) :

> Degli occhi della mia donna si muove.

Fol. 28 vo (Frat., I, 153, son. xxxiv) :

> Parole mie, che per lo mondo sete.

Fol. 28 vo (Frat., I, 164, ballata ix) :

> Voi che savete ragionar d'Amore.

Fol. 29 (Frat., I, 158, son. xxxvi) :

> E' non è legno di sì forti nocchi.

Fol. 29 vo (Frat., I, 269, son. apocr.) :

> Ben dico certo che non è riparo (1).

Fol. 29 vo (Frat., I, 120, son. xxii) :

> Io son sì vago della bella luce (2).

Fol. 30 (Frat., I, 118, son. xx) :

> O ! dolci rime, che parlando andate.

LVIII. — Fr. 1203 (ancien fonds 7413).

Poésie attribuée a Dante.

A la fin du manuscrit français 1203, du XIVe siècle, on trouve (fol. 149 vo et 150 ro) une poésie ayant pour titre : *Questa è l'oracion che fe' Danti a la morte.*

---

(1) N'est pas imprimé par Giuliani, non plus que le suivant. Cf. E. Lamma, *Il Propugnatore*, t. XIX, parte i, p. 181.

(2) L'attribution à Dante serait incertaine d'après M. E. Lamma, *Il Propugnatore*, t. XVIII, parte ii, p. 368-369; cf. *ibid.*, t. XIX, parte i, p. 181.

Cette poésie, qui commence par :

Foli penseri e vanità de core...,

et qui finit par :

A vera penitencia e bona morte,

a été imprimée au moins quatre fois :

1° sous le titre de : *Canzone inedita in lode della Vergine Maria, tratta da un codice della reg. Biblioteca di Parigi ed illustrata* (Padova, alla Minerva, 1839, 8°), par C. G. D. F. A. D. T. P. (Campi Giuseppe, dott° Ferrari Antonio, dott° Torrachini Pietro);

2° d'après la publication précédente, par A. Perini, dans la *Rivista Viennese*, anno II (1839), t. I, p. 329-341 (1).

3° d'après une copie de Paulin Paris, par Fatio Sargenti, *per le nozze Torlonia-Ruspoli* (1852) (2);

4° d'après la première publication de 1839, par Fraticelli, *Opere Minori di Dante*, I, 315.

On s'accorde aujourd'hui pour regarder l'attribution de cette pièce à Dante comme absolument erronée (3).

LIX. — Grenoble 835.

DE VULGARI ELOQUIO.

« Liber de Vulgari Eloquio sive Idiomate, editus per Dantem. »
En marge, notes et corrections que l'on a attribuées à un Italien du XVIII° siècle (cf. Alessandro Torri, *Delle prose e poesie liriche di Dante Allighieri*, Livourne et Florence, 1850, in-fol.), mais bien antérieures, comme on le verra plus loin.

XIV° siècle. Vélin. 25 feuillets, plus des feuillets de papier blanc, 208 millimètres sur 140. Initiales bleues et rouges. Reliure en parchemin, ornée de dorures aux fers; doré sur tranche.

---

(1) D'après PERINI, la publication des « *illustri italiani* » aurait été faite d'après une copie de Paulin Paris, à l'occasion des « nozze del conte Matteo di Thurn ».

(2) Je tiens ce renseignement de M. Cesare de Lollis. Ce serait la seconde fois que la copie de Paulin Paris aurait été utilisée (voy. la note précédente).

(3) Voyez, outre Fraticelli, E. LAMMA, dans le *Propugnatore*, t. XIX, parte I, p. 151.

(Cf. le *Catalogue général des Manuscrits des Bibliothèques publiques de France*, série 8°, Départements, t. VII, bibliothèque de Grenoble (1889), p. 252.)

Cet exemplaire du *De Vulgari Eloquio*, œuvre dont les anciennes copies sont fort rares, est particulièrement précieux ; c'est celui qui a servi à Jacopo Corbinelli pour l'*édition princeps* de ce traité, et les notes tracées dans les marges sont considérées comme étant de la main de ce savant. M. le Dr Prompt et M. Maignien, conservateur de la Bibliothèque de Grenoble, en préparent une reproduction photographique complète.

LX. — Hyères 2.

La Monarchia di Dante Allighieri, tradotta de latino in lingua toscana da Marsilio Ficino. Lione, 1543.

XVIe siècle. Papier. 62 feuillets. 238 millimètres sur 170. Couverture en parchemin.

(D'après le *Catalogue général des Manuscrits des Bibliothèques publiques de France*, série 8°, Départements, t. IX (1888), p. 385).

Cet exemplaire est à ajouter à la liste de cinq manuscrits de la traduction italienne de la *Monarchia*, par Marsile Ficin, dressée par K. Witte dans son édition de ce traité de Dante (1).

LXI. — Italien 536 (ancien fonds 7764³).

I. — Traduction italienne de la Monarchia de Dante.
II. — Le Convivio de Dante (2).

Volume en parchemin. 118 feuillets, plus le feuillet A prélimi-

---

(1) *Dantis Alligherii de Monarchia libri III, cod. mss. ope emendati per* Carolum Witte (Vienne, 1874), p. LXX-LXXI.

(2) J'adopte la forme *Convivio* et non la forme *Convito*, employée notamment par Fraticelli. Sur la préférence à donner à la première de ces formes, qui a pour elle l'autorité de la plupart des manuscrits et des meilleurs, voyez K. Witte, *Dante-Forschungen*, II, 574-580.

naire, qui est en papier. 285 millimètres sur 193. Écriture de la fin du XVᵉ siècle. Reliure en maroquin rouge, aux armes de Colbert.

Ornementation. Fol. 1. Lettre historiée ; dans cette lettre, le buste de Dante, de trois quarts ; vignette ; médaillon avec armoiries (1). — Fol. 33 vᵒ. Grande initiale ornée.

Ce volume a appartenu au littérateur italien Jacopo Corbinelli (2), qui l'a annoté de sa main (3), comme le *De Vulgari Eloquio* de Grenoble ; c'est lui, selon toute vraisemblance, qui l'a apporté en France. On retrouve ce manuscrit au XVIIᵉ siècle dans la bibliothèque de Colbert, où il porte le nᵒ 605 (4).

Au fol. A, se lit une note dans laquelle on s'est attaché à faire ressortir l'importance de ce manuscrit ; elle est signée *Giuseppe Campi*, et Marsand l'a reproduite en partie. Les textes contenus dans ce volume méritent en effet d'être examinés de près.

I. — La traduction italienne de la *Monarchia*, qui occupe les feuillets 1-33, diffère absolument de celle qui est publiée parmi les *Opere Minori* de Dante (édit. Fraticelli, II [Florence, 1857], 289), laquelle est de Marsile Ficin. La nôtre, qui est anonyme (5), ne paraît pas avoir été imprimée (6). Ce qui la caractérise, c'est la

(1) D'or, à trois fasces de gueules, au lion naissant, en chef, de même.

(2) Le feuillet 1 porte son *ex libris* : « di Jacopo Corbinelli. »

(3) Il y a quelques notes marginales, qui semblent de la main du copiste ; on les distingue aisément de celles de Corbinelli, qui sont presque toujours dans la marge inférieure.

(4) C'est ce volume qui est ainsi estimé dans la prisée des manuscrits de Colbert (Mélanges Colbert, vol. 77, fol. 731) : « Il Dante, maroquin, vélin, quarante sols. » En marge, le nᵒ 605.

(5) K. WITTE, dans son édition précitée du *De Monarchia*, mentionne (p. LXXI-LXXII) une traduction de ce traité, autre que celle de Marsile Ficin, comme se trouvant dans le ms. 1043 de la Bibliothèque Riccardi, à Florence, et dans un manuscrit de l'Escurial, coté III, α, 25 dans le répertoire de Haenel ; il exprime en même temps le regret d'être sans renseignements sur la traduction anonyme de Paris. Or, grâce à une obligeante communication de M. S. Morpurgo, préfet de la Bibliothèque Riccardienne, il m'a été possible de reconnaître avec certitude que la traduction du manuscrit de Paris, dont l'*incipit* est : *A* (par erreur *E*) *tutti li huomini*, n'est autre que celle du ms. de Florence, et probablement aussi de l'Escurial ; la copie de Florence est datée de 1461 ; celle de l'Escurial, de 1462 ; la nôtre paraît un peu postérieure. Des fragments de cette traduction ont été donnés, d'après le ms. Riccardi, par ALESSANDRO TORRI, dans son édition du *De Monarchia* (Livourne, 1843).

(6) G. Campi, l'auteur de la note précitée, se proposait de la publier dans une édition projetée par lui des *Opere minori* de Dante, édition que je crois n'avoir jamais paru.

rigueur presque servile avec laquelle l'auteur a suivi, et comme calqué l'original, conservant presque toujours dans l'italien l'ordre même des mots que présente le latin. En outre, le traducteur ou, moins probablement, l'un de ses copistes, a pris soin d'expliquer certaines expressions, de préciser le sens de certains termes (1), de gloser, en un mot, le texte ainsi traduit. Voici la traduction du premier chapitre du premier livre; on y trouvera plusieurs exemples de ces gloses, reproduites ici en *italiques* :

« E (*sic*) tutti li huomini, li quali la natura di sopra, *cioè Dio*, d'amore di verità ha impresso, *cioè segnato*, s'apartiene che, come della fatica delli antichi, *cioè delle scripture*, sono arricchiti, così per li altri loro successori s'afatichino, acciò chelloro posterità habbia di che arricchire. E però non si dubiti essere di lungi dal suo officio chi è amaestrato nella Republica, e non cura d'operare qualche cosa per utilità della detta Republica; perochè non è i[l] legno, il quale è piantato apresso del corso dell' aqua che fructifica nel tempo suo, ma è più tosto pernitiosa profondità, sempre engurgitante, *cioè assorbente*, *overo engolante*, e mai le cose engorgiate non refundente, id est rendente, *cioè essere utile ad se e non ad altri*. Queste cose adunque spesse volte meco ripensando, acciò ch'io non sia alchuna volta ripreso della colpa del nascosto talento, *cioè valore*, alla publica utilità non solo disidero dare svegliamento, ma disidero rendere fructo e dimostrare le verità non toccate dagli altri. Perochè qual fructo darebbe colui che di nuovo dimostrasse, *cioè volessi dimostrare*, alchuno teorema, *cioè regola overo speculatione*, de Euclide in geometria? e chissifforzasse di nuovo manifestare la dimostrata felicità de Aristotile? e chi la vecchiezza difesa da Cicerone di nuovo prendesse a difendere? Nessun, *cioè fructo*, faria, ma fastidio più tosto presterebbe la superfluità tediosa. E conciosiacosachè trall' altre verità occulte ed utili, la notitia della temporale monarchia sia sottilissima (2) e nascosta, perchè non è inmediatamente al guadagno da tutti e non toccata, nel mio proposito è di sgarugliare (3) el nocciolo delli suoi nascondimenti. Tu (4) ac-

---

(1) Il est extrêmement vraisemblable que ces notes se lisaient dans les marges ou dans les interlignes d'un exemplaire d'où le nôtre est issu; et, par la suite, elles auront passé dans le texte même, au risque de l'alourdir ou d'interrompre le sens. Elles se rencontrent dès 1461 dans le manuscrit Riccardi.

(2) Le traducteur avait-il sous les yeux un texte latin portant *subtilissima*? Marsile Ficin, auteur de la traduction imprimée, a lu *utilissima* (qui est la leçon donnée par Fraticelli et par Witte, leçon d'ailleurs moins bonne pour le sens), et traduit en conséquence. L'indépendance des deux traductions peut être, par ce seul fait, considérée comme certaine.

(3) *Sgarugliare* (ou *disgarugliare*), mot inconnu aux lexiques; G. Campi, dans la note citée plus haut, le rattache au toscan *gariglio* (cf. milanais *garù*), « intérieur de la noix, cerneau. »

(4) Le traducteur aurait-il lu *Tu autem* pour *tum ut*?

ciochè valentemente nel mondo pervigili, *cioè utilmente vegghi*, e acciochè io primo acquisti la palma, *cioè l'onore*, di tanto gonfalone, over palio a mia gloria cerco. Duro lavorio ed oltre alle mie forze assalisco, non confidandomi solo della propria virtù quanto del lume del Donatore il (1) quale da a tutti abondantemente e non te rimproverà. »

II. — Une observation est encore nécessaire relativement au texte du *Convivio* (2) que renferme ce manuscrit. L'auteur de la note citée plus haut, G. Campi, et, d'après lui, Marsand, considèrent ce texte comme excellent. Les éloges qu'ils en font sont peut-être exagérés. Ce qui est certain, c'est que, grâce à une particularité relevée par Campi, cet exemplaire, le jour où l'on tentera la classification des manuscrits du *Convivio*, pourra constituer, soit à lui seul, soit avec les exemplaires analogues qui pourront être signalés, une famille à part (3).

Tous les exemplaires manuscrits utilisés dans l'édition de Fraticelli, sauf un, et les anciennes éditions, présentent au chapitre 1 du « trattato » II, une lacune dans le passage que voici (4) :

« L'uno si chiama litterale... e questo è quello che si nasconde... »

Cette lacune est comblée en partie dans le manuscrit 536, qui nous occupe :

« L'uno si chiama litterale, *e questo è quello che non si stende più oltre chella lettera prop... L'altro si chiama allegorico*, e questo è quello chessi nasconde... »

Enfin, elle n'existe plus du tout dans le manuscrit 1044 de la Riccardienne, à Florence, utilisé par Fraticelli :

« L'un si chiama litterale, *e questo è quello che non si distende più oltre che la lettera propria, siccome è la narrazione propria di quella cosa che tu tratti : che per certo e appropriato esempio è la terza Canzone, che tratta di Nobiltade. L'altro si chiama allegorico*, e questo è quello che si nasconde... »

Marsand, I, 125, n° 116.

(1) *Ms.* : « al quale. »

(2) Le *Convivio* commence au feuillet 33 v°.

(3) Je ne puis savoir ce qui est dit de ce manuscrit et du suivant dans la plus récente édition du *Convivio*, donnée par GIULIANI à Florence, en 1875. K. Witte avait préparé, de ce traité, une édition critique que la mort l'empêcha malheureusement d'achever.

(4) Cette lacune se trouve notamment dans le manuscrit italien 1014, examiné ci-après.

LXII. — Italien 1014 (ancien fonds 7768).

LE CONVIVIO DE DANTE.

Volume en parchemin. 138 feuillets. 230 millimètres sur 160. Écriture de la fin du XVe siècle. Reliure en maroquin rouge, aux armes de France (1).

Incipit (fol. 2) : « Incomincia il Convivio di Dante, P[oeta] Fiorentino. — Prolago. — Si come dice el philosopho... »

Explicit (f. 138) : « Finito il Convivio di Dante. — Finis. »

Ornementation. Lettre ornée, vignette, et médaillon destiné à recevoir des armoiries qui n'ont pas été peintes (fol. 2).

La note suivante : « Italien. — Le banquet et convive de Dante florentin, en prose », a été tracée, au XVIe siècle, sur le verso du premier feuillet ; ce volume figurait alors dans la collection de Fontainebleau.

Marsand, I, 124, n° 116.

LXIII. — Mazarine 2069.

EXTRAITS DE DANTE.

« Raccolta di sonetti, canzoni, ariette e diversi passaggi de' migliori poeti, scelti dalla signora contessa di Lusignan. »

Volume en papier. 151 feuillets. Fin du XVIIIe siècle. Relié en basane au chiffre R. L.

Voici ce que l'on y trouve des œuvres de Dante :

Pag. 125. — *Canzone* (FRATICELLI, I, 96, canz. II) :

Donne, ch'avete intelletto d'Amore...

Pag. 128. — *Canzone* (FRAT., I, 191, canz. XV) :

Amor, che nella mente mi ragiona...

(1) Anciennes cotes (fol. 2) : MMCCCCXII (catalogue de 1622); — 1880 (catalogue de 1645); — on lit en outre, fol. 1, le numéro 198; je ne saurais dire à quelle classification il se rapporte.

Pag. 132. — Dall' *Inferno*, canto XXXII (du vers 124 à la fin) :

Noi eravamo partiti già da ello...
Se quella con ch'i parlo non si secca.

Pag. 133-136. — Dall' *Inferno*, canto XXXIII (épisode d'Hugolin).

LXIV. — Lat. 5828.

VIE DE DANTE, PAR GIANNOZZO MANETTI.

Les derniers feuillets (198-215) du manuscrit latin 5828, écrit à la fin du XVᵉ siècle, sont occupés par les Vies de Dante, Pétrarque et Boccace, par Giannozzo Manetti (1), éditées en 1747, à Florence, par Mehus, sous le titre de *Specimen historiae litterariae Florentinae saeculi decimi tertii ac decimi quarti, sive Vitae Dantis, Petrarchae ac Boccacii, a cel. Iannotio Manetto, saeculo XV scriptae.* La *Vita Dantis*, qui correspond aux pages 7-50 de l'imprimé, comprend les feuillets 199-208 du manuscrit.

LXV. — Arsenal 6331-6333.

LA DIVINE COMÉDIE EXPLIQUÉE SELON LES RITES MAÇONNIQUES, SUR LES TRADUCTIONS DE MM. FIORENTINO, BRIZEUX ET MESNARD, PAR F. COBOURG. 1845-1858.

C'est un exemplaire interfolié de la traduction de la *Divine Comédie*, par Mesnard (Paris, Amyot, 1854-1857) ; et sur les feuillets intercalés est le commentaire maçonnique de Cobourg.

Incipit de la préface : « Dans les premiers beaux jours du printemps de 1845, conduit par le hasard à la Sorbonne, le même hasard me fit assister à la première séance du cours de M. Ozanam... »

---

(1) Dans le *Catalogus codicum manuscriptorum Bibliothecae regiae*, IV (1744), 163, ces trois biographies sont indiquées comme étant d' « authore anonymo » ; mais l'identité du texte avec celui de Manetti est certaine.

APPENDICE

I

Manuscrit italien 79. — Gloses anonymes.

A. — *Gloses en latin et gloses en italien* (1) *du Chant I de l'Enfer* (fol. 1).

Nel mezo del camin, etc. Liber iste dividitur in duas partes :

In prima quarum ponit auctor qualiter in ista obscura valle sive silva mundi erraverat et deviaverat a recto tramite virtutum, tamquam polutus viciis, et maxime viciis luxurie, superbie et avaricie. Ista enim tria vicia pre aliis impediunt humanum genus adscendere ad virtutes, et ocupant, necant et poluunt mentes ipsorum. Nam loquitur auctor de se, intelligendo de humano genere. Per lonzam enim intelligit luxuriam, que aspectu decora est et delectabilis visui, et variis coloribus picta et agilis ; et per lupam intelligit cupiditatem sive avariciam, que super omnia vicia impedit et obfuscat animam nostram.

In secunda parte hostendit auctor qualiter conscilio racionis fugentur, purgentur et evictentur ipsa vicia. Incipit secunda pars ubi dicit :

> Mentre ch' io ruinava in basso loco (*Inf.*, I, 61),

et ponit ibi qualiter aparuit ei Virgilius, confortans eum devium ; quem Virgilium ponit pro racione naturali et philosophia.

Ista secunda pars dividitur in duas partes :

In quarum prima describitur qualiter Virgilius aparuit Danti devio, confortans eum, commonens evitare vicia et alium limitem ingredi, cum subicit :

> Unde per lo tuo me io penso e dis[c]erno (*Inf.*, I, 112).

In secunda parte ponit auctor quomodo Virgilius duxit eum ad inferos, eique hostendit cruciatos et tormenta danatorum, qui ibi diversis penis cruciantur, secundum eorum diversa facinora, et hoc ut, si forsan

(1) J'ai conservé aux gloses italiennes du chant I et du chant IX leurs irrégularités de langue et de syntaxe.

non amore virtutis, saltem formidine pene vicia aborrerent. Incipit ista
secunda pars in principio tercii capituli, ubi dicit :

Per me se va nela città dolente (*Inf.*, III, 1).

Ista secunda adhuc dividitur in tot partes quot sunt genera tormento-
rum, atributa ipsis dampnatis secundum ipsorum, ut dictum est, faci-
norum diversitatem.

Et dicit auctor *nel mezo*, id est dicere inter crescunt et minuuntur,
quia tunc ipse actor erat treginta trium annorum, usque ad quam etatem crescunt et augmentantur virtutes corporis, et ab inde in antea
minuuntur; et apelatur merito illud medium tempus quasi medius
decursus vite. Et ideo ait propheta in Psalmo : *Anni nostri sicut aranea
meditabuntur, dies annorum nostrorum in ipsis LXX annis* (1).

Item potest et alio modo, et brevius, dividi ista Comedia Dantis, scilicet
in tribus partibus, secundum quod tres sunt libri : in prima parte,
puniuntur dampnati ; in secunda, purgantur salvati ; in tercia, glorifi-
cantur sanctificati.

Prima pars incipit ibi :

Per me se va... (*Inf.*, III, 1).

Secunda ibi :

Per corer meglior aqua... (*Purg.*, I, 1),

in primo capitulo Purgatorii.

Tercia ibi :

La gloria di Colui... (*Par.*, I, 1),

in primo capitulo Paradixii.

Mi ritrovai per una selva scura (*Inf.*, I, 2). — Hic vult dicere auctor
quod, quia viciosus et pecator erat, et [rectam] (2) viam et opera divina
neglexerat ; ideo dicit : *per una selva scura.*

Ma poi ch'io fu, etc... (I, 13). — Hic vult dicere auctor : cum apro-
pinquasset virtutibus et cessare vellet a viciis, vidit radios solis in cacu-
mine montis, id est, recogitans, cognovit vicia et adhere[re] voluit bonis,

(1) Ps. LXXXIX, 9-10.
(2) Mot douteux.

et ideo ait [propheta] : *Vobis timentibus nomen meum orietur sol justitie* (1).

Una lonza... (I, 32). — Hic auctor vult dicere quod per lonzam intelligit pecatum luxurie et vanaglorie, que viriliter et subito adgrediuntur hominem, et eum redunt plenum variis cogitacionibus et maculatum ac polutum, et hoc pecatum impediebat eum temptacionibus.

La vista che me parve d'un leone... (I, 45). — Hic auctor per leonem intelligit superbiam, que similiter impediebat eum ne adscenderet montem virtutis, et per consequens quod non poterat respicere valem humilitatis, et hoc est quod dicit auctor in testu : *Questi parea che 'n contra me venisse Cola testa alta*, etc. (I, 46-47), ad incuciendum timorem, ne aspiceret supradictum montem.

Ed una lupa, che di tute brame, etc... (I, 49). — Hic auctor inteligit per lupam cupiditatem et avariciam, que nunquam saciatur.

Hec enim sunt tria pecata supradicta, que valde impediunt hominem ad adherendum divinis virtutibus, et ad erigendum mentem ad celum, cecitate bonorum temporalium, unde Ecclesiastici quinto capitullo : *Avarus non implebitur pecunia, nec sinet eum dormire* (2).

Mi ripingea là dove 'l sol tace, etc... (I, 60). — Hic auctor inteligit quod sol tacitus est ubi sunt tenebre condense et palpabiles, et ideo dicit quod ipsa lupa repingebat eum in tenebris viciorum (3), nec sinebat eum adscendere montem virtutis.

... pareà fioco (I, 63). — Hic auctor dicit de Virgilio, quia longum silencium tenuerat, silicet quia nullus de Virgilio fuerat locutus, et ideo dicit *fiocho*, id est deprese et rauce vocis.

Che per longo, etc... (I, 63). — Qui vol dire Dante che questo Virgilio fu figluolo d'un altro Virgilio, e la sua matre ave[a] nome Maia. E furon Ma[n]toani, e stette Virgilio a Mantoa. Et fe' tre libri : zoè lo Eneydo, la Buccolica, e la Georgica.

Naqui su Julio... (I, 70). — Dicit hic in parte ista et loquitur auctor de Virgilio, et dicit quod natus fuit tempore Julii Cesaris, qui post nativitatem Virgilii parum viscit. Deinde regnavit Augustus Cesar, cujus tempore floruit Virgilius, tempore ydolorum ; et hoc est quod infra subicit in testu.

Nel tempo dei Dii falsi e bugiardi... (I, 72). — Hic auctor in parte ista hostendit quo modo Virgilius fuit magister et doctor, et quo modo naravit de factis Enee, filii Anchise... Et etiam, secundum quod ponit doctor supradictus, Eneas fuit filius Veneris.

---

(1) Malac., IV, 2.
(2) Eccles., V, 9-11.
(3) *Ms. :* « visorum. »

Quando il superbo Ylion fo combusto... (I, 75). — Hic in parte ista auctor vult hostendere disposicionem civitatis Troye, et dicit quod Ylion fuit quoddam pulcherrimum castrum Priami, regis Troianorum, quod traditum fuit incendio, tempore destructionis Troye.

Il bel stilo, etc... (I, 87). — In questa parte Dante vol dir che per amor de Virgilio studiò in poesia(1), per la qual sconcia ricivete grande honor.

Molti son l'animali, etc... (I, 100). — Qui Dante vol dir che dal' invidia prociede molti peccati. Per invidia Lucifero fu caziato dal cielo, la quale lui commese contra il suo creator; per invidia il demonio temptò Adamo e fe' lo discacciar dal paradiso; per invidia Caym ucise Abel, suo fratello; de la qual invidia procese lo pecato de la gola, e per tal peccato fo discazato Adamo et Eva da lo paradiso.

... la vergine Camilla (I, 107). — Camilla fu una nobel donna, la qual era fortissima; et venne in subsidio di re Turno; e per lo gran caldo si scoverse un poco il volto, e subito un venne cun una freza venenata, e sill' ucise.

Euriale, e Turno e Nisso... (I, 108). — Nota che Enea venne... (Le commentateur résume en quelques lignes l'épisode bien connu de Nisus et Euryale.)

Dove udirai... (I, 115). — Qui l'auctor fa la promissione chome dirà prima le pene infernale, le qual tutte in questa cantica reciterà; nella seconda dirà di quei che stanno contenti nel fuoco; nella terza dirrà di quei sancti beati del Paradiso.

B. — *Gloses du Chant IX de l'Enfer, en italien* (fol. 2).

Che sol per pena... (vers 18). — Nota che il primo cerchio (2) è il limbo, dove è la stantia di Virgilio; la lor pena non è altra, se non c'an zoncha la speranza di vedere (3) Dio, et altra pena non ano.

Vero è c' altra fiata... (vers 22). — Qui Dante dimand' a Virgilio d'una questione, se quei del limbo posson discender nel fundo d'inferno.

Che richiamava... (vers 24). — Qui Virgilio risponde alla question dimandata da Dante. Dice che rare volte quelli del limbo discende nell' inferno, ma pur una volta io vi discesi *scunzurato da quella Eriton cruda,*

(1) Ms. : « un. »
(2) Ms. : « cerchio che è. »
(3) Ms. : « credere. »

laquale richiamava l'ombre ai corpi sui. Nota che Heriton era una femina nel tempo di Pompeio, la quale cum suo arte feceva intrar i spiriti nei corpi morti de poco tempo, e diceano le cose [che] devean essere; e rivelò al figlolo di Pompeio che per nissuna cosa non dovesse combatter Pompeio cum Cesare, e cossì volse far Pompeio. Ma i suo' baroni Romani volean far un'altro capitanio; donde Pompeio, temando (*sic*) che non legessero altro capitanio insipido, fermóse affar lor' voluntadi, per tal che fu sconfitto, e diffatto e morto. — Nota che Eriton visse poi la morte di Virgilio. Et etiamdio Virgilio invita sua (*sic*) volse andar nel fundo d'inferno, e trasse cum sui scunzuramenti uno spirito, e rimesselo nel corpo per poter dir cose future.

De la regina... (vers 44). — Nota che la regina del' inferno si chiama Proserpina; è muglie di Pluto; un[de] Pluto è posto da' poeti re del' inferno, e Proserpina regina. Et eran tre done in compagnia cun essa : l'una era Megera; l'altra Thesyphone; e la terza Aletho.

Vegna Medugia... (vers 52). — Nota che Medusa fu una dona molto spetiosissima, e bella intanto, che alcun riguardandola diventava immobile, come fusse una pietra ; però dissero i poeti che chi la riguardava diventava a modo d'un saxo. Ovidio forma sopra ziò la fabula dil re Gorgon. E dicesi che Persio li tagliò il capo, et inbalsamólo, e chiamavalo Gorgon, et a qualunque lo dimostrava, diventava pietra ; poi queste tre furie lo tolse, e portólo nell' inferno. E cossì volse far a Theseo ; ma egli si tornò indietro. Cossì etiamdio a Dante; ma Virgilio li obturoe li ochi, che non la guardasse.

Ben m' acorsi... (vers 85). — Questo messo dal cielo fu l'angelo, lo qual venne, et aperse la porta di la città de Dite.

Sì come ad Arlì... (vers 112). — Qui dice che fu una gran battaglia e gran schonficta di Cristiani, et una nocte fu trovato (1) fatte molte arche nelle qual sepelirono i Cristiani tutti quanti.

... tutto il loco varo (vers 115). — Cio è vana, perchè quelle arche da Arlì toglono molto terreno ai lavoradori.

Che infra li avelli... (vers 118). — Dice Dante che queste arche sono nella città di Dite. E sono longhe et non anno fiamme di fuoco di fuore che incendio. Unde li heretici che son dentro quelle arche, sentono cocienti tormenti.

(1) *Ms.* : « travato. »

II

MANUSCRIT ITALIEN 70. — FRAGMENTS D'UN COMMENTAIRE ANONYME.

A. — *Fragments relatifs au premier chant de l'Enfer, avec le texte de Jacopo della Lana en regard* (fol. 1).

Commentaire de Jacopo della Lana,
éd. Scarabelli, t. I, p. 112.

Commentaire anonyme.

Ad te convien tener, etc... (I, 91).
— Queste sonno parole della ragione in forma de Virgilio, nelli quali Virgilio mostra ad l'autore che egli a errato el camino, et che altra via li convien tenere, se vole canpare dalla morte dell' anima ; et dechiara le proprietadi di quella lupa, et li mali che ella a facto a li mortali, et farae in fine che vengna un veltro, cio è un prencepe poderoso, nel quale sieno li contrarii effecti de quelli che fa la lupa ; il quale la cacci del mondo e repingala en enferno, tra li dimoni, luogo deputato ad li vitii ; *là onde* la *invidia* (cf. I, 111), che ebbe el diavolo ad l'uhomo (cio è ad Adam et Eva, che era nel paradiso delitiano, creati ad posseder lu logo, del quale colui fo cacciato), *dipartie* quella avaritia con la quale il demonio tentoe li primi nostri parenti, ut entra *in Genesi, 3º capitulo*. Il quale veltro non farae suo cibo delle cose terrene, ma delle cose divine. Ad evidentia de questo veltro, è da sapere che qui se seguita l'oppinione delli astrologi e de' savii naturali, li quali tengono, sì chome

Or è da sapere che, secondo li savii naturali e astrologi, sicome Albumazar, libro *De Conjunctionibus,* mettono che 'l mondo si regge naturalmente ad etadi, in le quali singularmente regge e signoreggia uno pianeto, per certo tempo, sicome li dì della settimana; e poneno che la prima etade regesse Saturno; in la seconda, Jupiter; in la terza, Mars; in la quarta, Sol; in la quinta, Venus; in la sesta, Mercurio; in la settima, Luna.

E poi ricomincerà a Saturno e anderà in questo modo... Or mettono elli che nella prima etade del mondo regnò Saturno; e in quella etade non nullo ebbe proprio nel mondo, ma ogni cosa liberamente si tenne a comune e con tutta larghezza e benivolenzia; e questa etade è apellata etade d'oro, che, sicome l'oro è senza ria mestione, così questa etade era senza alcuno vizio. Venne poi la seconda etade, che signoreggiò Jupiter, e in questa li uomini cominciònno a lavorare le terre a sua posta, e raccogliere li frutti e tenerli per loro. Vero è che avarizia non gli aveva ancora tanto assagliti, ch'elli non fusseno larghi e cortesi, ma tutta volta voleano che mancasse inanzi ad altri che a loro. E

dice Albumassar nel libro *delle Congnitioni (sic)*, [che] lo mondo si **regge** naturalmente ad etadi , nelle quali singularimente regge e singnoreggia un pianeto. Et pongono che la prima etade regesse Saturno, la quale fue l'etade del'oro, della qual tocca in figura della testa del gran veglio, *capitulo Inferni XIIII°*: *La sua testa* etc... (*Inf.*, XIV, 106); la seconda, socte Jove, la quale fue d'argento, onde di questa dice, *capitulo predicto* : *Et puro argento son le braccia e 'l pecto* (*Inf.*, XIV, 107) ; la terza, socto Marte, la quale fue de ferro : *Da inde in giu* [*so è tutto ferro eletto*], *capitulo predicto* (*Inf.*, XIV, 109); la quarta, socto il Sole ; la quinta, socto Venere; la sesta, socto Mercurio ; la septima, socto la Luna. Et poi ricomincia da Saturno, et procede (1) in infinito per cotal modo. Et dicono che nella prima età del mondo, quando rengnò Saturno, nullo advea proprio, ma tucte le cose erano comuni, et era tucta larghezza et benivolenza et senza vitio, chomo oro puro. La seconda, socto Jove, nel[la quale] li homini cominciarono ad guadangnare et aver proprio, ma non li vinse avaritia; anzi forono larghi et cortesi, e così venne digradando. Or pongono li savii che noi semo nela VI^a etade, cio è in quella di Mercurio, nella quale appare ad senso chomo avaritia rengna. Nella VII^a etade, pongono che singnoreggiar[a]e la Luna, et che allora sarae ongni

(1) Ms. : « procoda. »

questa etade è apellata d'argento, che è metallo buono e netto, ma non è cosi puro come l'oro... Or poneno li savii che noi siamo in la sesta, cio è in quella di Mercurio; lo quale appare, a senso, come l'avaritia ci offende. Quando verrà la settima etade, che signoreggerà la Luna, allora ognuno sarà pessimamente avaro. E questo è quello ch' elli dice.

Ora mette elli che, quando la settima sarà compiuta, la signoria ritornerà a Saturno. E per *consequens* le genti saranno tutte larghe e cortesi; e mette che 'l mondo venerà ad uno signore, lo quale amerà sapienza, amore e virtude, e non cose temporali nè signoria di terre nè moneta. Per moneta dice *peltro*, che è uno metallo composto di stagno e di rame. Dice *sua nazion sarà tra feltro e feltro.* Questo si può intendere in due modi : tra feltro e feltro, cioè tra cielo e cielo, ciò vuol dire per constellazione. L'altro modo tra feltro et feltro, cioè che nascerà di assai vile nazione, chè feltro è vile panno. Et questo risponde elli a una tacita questione per una oppinione, la quale è che di vile padre e madre non può nascere buono e virtudioso figliuolo.

huomo pessimamente avaro. (Et altri savii dicono nella VIIª (1), et più vero). E questo è quello che dice : *E più saranno ancora infin che 'l Veltro (Inf., I, 101).*

Ora mecte egli che, quando la VIIª etade sarà compiuta, (che elli) ritornerae la singnoria ad Saturno, et per conseguenti le genti seranno tucti larghi et cortesi. Et mecte che 'l principe de costoro, cio è del mondo, sarà un singnore che amerà sapientia, amore et vertude, et non pecunia. Per la moneta, dice *peltro (Inf., I, 103)*. Et dice che *sua natione sarà tra feltro e feltro (Inf., I, 105)*, cio è tra celo et celo, et per costellatione, non per luogo, cio è intra costellatione di Saturno e di Jove; o *tra feltro e feltro*, cio è d'agevole natione, come è 'l feltro, che è vil panno. Et qui risponde ad una tacita questione, cio è se da vil padre et madre pote nassire l'uhomo virtuoso et excellente figliuolo. Di questo veltro tocca egli *capitulo XXº del Purgatorio*, quivi : *O cel, nel cui girar par che si creda, etc. (Purg., XX, 13)*, et *capitulo (XXVIII lisez) XXXIII : Ch'io vegio certamente, etc. (Purg., XXXIII, 40)*. Feltro in lingua tartarica è a dire campo diserto.

---

(1) Sous-entendu : *che noi semo*, exprimé quelques lignes plus haut.

B. — *Partie du commentaire du chant VII de l'Enfer non conforme au commentaire dit Ottimo* (fol. 7).

Pape Satan, pape Satan aleppe (VII, 1). — Pape Satan, che viene addire : O meraviglia! principe de' diavoli. Satan è interpretato adversario, o contrario, o assalitore. Pape in gramatica è adverbio che denota una admiratione et uno stupore d'animo. Et dice : *cominciò Pluto* (v. 2), che, chome è dicto, viene addire padre di ricchezze. Piacque ad l'autore di proponerlo sopra coloro che in balia ebboro (*sic*) le ricchezze mondane; advengna che li poeti il mectano generale iddio dello 'nferno. Et dice *cola voce chioccia* (v. 2), però che l'avaro non parla mai con voce chiara ne intera.

Et quel savio, etc. (v. 3). — Qui mostra l'autore che egli avesse gran paura di Pluto, et però induce il conforto da Virgilio, dicente : *non ti noccia* (v. 4), ch' elli non può inpedire lo tuo camino.

Poi si rivolse, etc. (v. 7). — Qui l'autore discrive chome Virgilio manifestoe ad Pluto che, per la gratia de Dio spitiale, Dante passava per lo Inferno, et ciò non era senza gran cagione. Et in prima lo isgrida discrivendo lui con un viso infiato et [come] lupo rabioso, dessiderante de divorare la greggia del singnore, et per più confonderlo, dice : questo viaggio è deliberato nel celo, donde San Michele arcangelo caccioe il tuo maggiore. Et dice *superbo strupo* (v. 12), cio è advulterone, che, se fusse esuto naturale et legitimo figlio, non sarebbe levato contro al Sommo Padre.

Quali dal vento, etc. (v. 13). — Descrive la confusione ch' ebbe Pluto delle parole de Virgilio, udendo villaneggiare se e 'l suo maggiore.

Così scendemmo, etc. (v. 16). — Pone l'intrata nel IIII° circulo.

Ai, justitia de Dio, etc. (v. 19). — Admirativamente parla qui l'autore de la justitia che laggiù punisce li avari et li prodighi.

Como fa l'onda là sopra Cariddi (v. 22). — Discrivene (*sic*), per far comperatione, un pericolo di mare presso la Cicilia, le quali periscono le inprovise nave, però che di ver levante corre verso ponente quello mare, et di verso ponente verso levante, overo da tramontana in ostro, et da ostro in tramontana; et li marosi contrarii s'intoppano et spezzano inseme, overo, chome dice Papia, è mare bellicoloso (*sic*) in Cicilia, che col suo gorgo occulto, le navi inghioccissie tre volte tra dì et nocte, et tira ad se l'acque, et tre li rigecta. Cariddi viene addire devoratrice; secondo le favole, fu una femina, la quale Hercole gictò in mare, perchè li avia furati li boi.

Qui vidi gente più ch' altrove troppa, etc. (v. 25). — Qui discrive la moltitudine di questi pecchatori del IIII° circolo, et divideli in due, cio è in avari et prodighi, et discrive lor costume; in questo luogo, dice che con grandi urli voltavano li pesi mondani l'uno contra l'altro, però che sono oppositi avaritia et prodigalitade, et l'una parte gridava contra l'altra, cio è il prodigo contra l'avaro : perchè ritieni (1) l'avere, che è facto per spendere? et l'avaro contra il prodigo : perchè gecti l'avere, deputato alle bisongne delli huomeni? et dice : *Così tornavan per lo cerchio tetro* (v. 31), cio è obscuro, *gridando* il dicto *loro ontoso* verso (v. 33).

Et io c' avea etc. (v. 36). — Questa domanda che fa Dante ad Virgilio è aperta; nella qual singnifica esse victuperoso più vitio l'avaritia, in ciò che la mecta da man sinestra, che la prodigalitade, et dice che questi avari pareano tucti cherci, sì erano tonduti.

Et egli ad me, etc. (v. 40). — La risposta de Virgilio è chiara, dove biasma el prodigo et l'avaro, in ciò che dice che con misura nulla spesa fecero, et dice che in loro parlare manifesta che elli fuorono, dicendo l'uno : *perchè tieni?* l'altro : *perchè gecti?* Poi procede et dice : Questi de chi tu parli fuorono cherici, che non anno coperchi di capelli al capo, ma cherica, et fuorono papi et cardinali, ne' quali, chomo fuorono più excellenti, più pecunia venne loro alle mani, et più tenacemente la ritennero, et però dice *in cui usa* o usoe *avaritia il suo* maggior vitio (v. 48).

Et io : maestro, etc. (v. 49). — Queste parole dell' autore sonno aperte.

Et egli ad me, etc. (v. 52). — In questa sua risposta Virgilio toccha tre cose.

A partir de cet endroit, jusqu'à ces mots : « ... ad una anima partita del corpo », le texte du manuscrit 70 est conforme, sauf certaines omissions et différences de détail, au texte de l'*Ottimo*, éd. Torri, t. I, p. 113-114. — Puis il reprend (fol. 7 v°) :

La seconda cosa tocca quivi : *Et questi surgerranno, etc.* (v. 56). La terza quivi : *Or puoi, figliol, veder la corta buffa Di beni che son conmessi alla Fortuna, etc.* (v. 61-62). Questa è la terza cosa, la quale è manifesta per quello che è decto di sopra.

Maestro, dix' io, etc. (v. 67). — Però che Virgilio nela sua risposta toccoe questo nome Fortuna.....

Ici nous retrouvons le texte de l'*Ottimo*, jusqu'à : « ... secundo che a ciascuno si conviene », éd. t. I, p. 114-115; puis, après une

____

(1) *Ms. :* « perche vene. »

forte suppression, le texte de l'*Ottimo* reprend avec ces mots :
« Nella seconda parte dice che similmente Iddio ... », jusqu'à :
« ... che di necessitade ella è veloce nelle sue influenze e permutazioni »,
éd. t. I, p. 118-121 ; ensuite, nouvelle suppression, et l'on passe
au commentaire des vers 91 et suivants : *Quest è colei*, etc., « Ancora dice il testo ... », tel que le donne l'*Ottimo*, éd. t. I, p. 126 ;
à partir de cet endroit jusqu'à la fin du chapitre, éd. t. I, p. 131,
le manuscrit 70 suit, à très peu de différences près, le texte imprimé.

III

Fragment du commentaire appelé Falso Boccaccio.

Histoire du moine hérésiarque Nicolas (1).

Texte du ms. ital. 75 (2).

Poy parve a me, etc. (Purg., XXXII, 130). — Qui discrive l'autor
la grande persequitione ch'ebe Santa Chiesa, la quale è stata magior che
tutte l'altre, et fu questa quella di Malcometto, et la storia si è questa, et
sequitonne grande mancamento di nostra fede. Et fu uno monaco dale
Smirre (3), lo quale usava in corte di Roma, et era molto savio et bene
lettarato (*sic*), et fedele cristiano ; et aveva nome Niccolaio ; et per lo
suo grande senno et sapere, elli si n'andò nele parte di Miche (4),
i quali huomini et gente non aveano alcuna lege se non pagana ; et fu a

(1) Sur cette histoire fabuleuse, voy. D'ANCONA, La *Leggenda di Maometto
in Occidente*, dans le *Giornale storico della Letteratura italiana*, t. XIII
(1889), p. 199-281 ; et principalement sur la légende de Mahomet chez les
commentateurs de Dante, *ibid.*, p. 264. — Cf. E. RENAN, dans le *Journal
des Savants*, 1889, p. 421-428.

(2) Manuscrit italien 75, fol. 101 v°, col. 2. — Cf. *Chiose sopra Dante....*,
Firenze, 1846, p. 510. — Le texte du manuscrit 75 est notablement différent
du texte publié, et l'un et l'autre sont très altérés.

(3) Il faut lire vraisemblablement *delle Smirne*. Ed. : *umonacho danas-
tiner* ; d'après le manuscrit Magliabecchi, n° XLVII, palc. I : *umonacho
dalesmerre*.

(4) Ed. : *mecche*, c'est-à-dire *La Mecque*.

questo tempo Maccometto, et era grande huomo in Arabia, che è capo di
Chabibia (1), et si era savio huomo secondo l'usanza del paese.
E questo monaco Niccolaio arecò lui et tutti i suoi a la fede di Roma,
cio è a la fede cristiana. Et quando l'appostolico di Roma intese che el-
lino erano tornati a la nostra fede cristiana, si vi mandò uno patriarca,
per chè fosse loro governatore. Quando el dicto Niccolaio intese che el
papa vi mandava per parte de la Chiesa altro governatore, el quale do-
veva essere sopra lui, si li rencrebe (2) molto, come huomo che si cre-
dette essere signore lui del paese et governatore fatto per lo papa. Allora
quello monaco Niccolaio si mise in grande iniquità contra sua cons-
cienza, et si si n'andò a questo Malcometto, el quale molto li credeva ;
per ch' era huomo di buona fede et di grande consciencia, et fece li
credere come Dio lo avea fatto suo messo, per predicare sua novella
lege, et Malcometto li diede in sua compagnia diece valenti huomini, et
sì come prima avea predicato et dato loro a credere la lege cristiana,
così la rimutò, quasi non affermando la fede cristiana in certe cose che
dove elli aveva insegnato, e 'l batismo rimutò (3), e fece che elli si lava-
rono et lavano i polsi coll' acqua chiara, et la circumcisione, et dovessero
torre tre moglie, et altre diverse cose a la nostra lege [non] consonante,
et piacente all' uomini et a le donne ; et per questo si rimutarono dala
nostra fede, et tengono et observano quella che insegnò loro quello monaco Niccolaio per disdegno del Santo Patre, che non lo confermò in
quello honore, el quale elli s' aveva acquistato, el dì che elli insegnò (4)
la fé cristiana [a] più de la metà de la gente.

(1) Ed. : *Chaldea.*
(2) Pour : *rincrebbe.* Ed. : *ne fu molto dolente.*
(3) Le texte du manuscrit paraît ici corrompu ; le texte imprimé n'est
guère préférable.
(4) Le manuscrit, dont le texte est certainement altéré à cet endroit, porte
ne scemo ; la leçon *insegnò* est toute conjecturale. Le texte imprimé, très
différent, n'est pas plus clair.

IV

PRÉFACE DE GUINIFORTE DELLI BARGIGI A SON COMMENTAIRE SUR L'ENFER DE DANTE.

Manuscrits italiens 1469 et 2017 (1).

Incomincia lo Comento sopra lo 'nferno della Comedia de Dante Aldrigeri Firentino, composto da meser Guiniforto deli Barzizi, doctor, etc.

Evidentiale nanzi se vengha all' expositione del testo de Dante.

Se noi volemo considerare bene la conditione de l'anima christiana, trovaremo che, prima da Dio creata munda, senza macula, et dotata di ragione et di libero arbitrio, da lui fi congiunta col corpo ad ciò che ella el reggia et guidi (2), et ben caminando nella presente vita, conservando la mundicia sua et adornandosse de virtuti, finalmente pervegna alla patria celestiale. Ma però che nella infusione di questa anima nel corpo, ella se contamina di macula di peccato originale, Dio, principalmente per levare cotal macula, ha ordinato et instituito (3) lo sancto sacramento del baptismo, per beneficio del quale remane (4) l'anima munda quanto era quando fu creata. Or qui se vede comunemente (5) che in processo di tempo, como l'homo comincia havere alcuno sentimento del mundo, cossì tosto l'anima comincia esser sottoposta a temptacione et bataglia, in modo che de passo in passo se allonga dal buon camino de l'uso de la ragione, et tutta si fa sozza et abominevole ; per la quale cosa incorre la indignacione di Dio, perde la patria celestiale et li gaudii eterni, camina al' inferno, et aspetta damnatione et pene intollerabile senza fine. Ma pur ancora Dio clementissimo ad questo caso ha donato novo rimedio a chi lo vole accetare. Questo è lo beneficio de la vera et perfetta confessione, mediante la quale torna l'anima in buono camino et in stato de gratia.

Havemo donque ad considerare che tre son li stati de li huomini,

---

(1) J'ai suivi généralement le texte du ms. italien 1469 (A), en empruntant certaines corrections au ms. italien 2017 (B), qui fournit pour cette préface de meilleures leçons, mais qui, malheureusement, par suite des mutilations dont il a été parlé plus haut, n'est plus complet.

(2) A. « guida. »

(3) B. « ha instituito lo. »

(4) A. « romane. »

(5) A. « comunamente. »

poi che sonno venutti a l'ettà de discretione. Alcuni sonno i quali se disviano dal ben vivere, in tal modo che, o per malicia, o per ignorantia o fragilità, non ritornano al buon camino ; ma seguitano la via di suoi affecti sensuali. Et questi sonno *peccatori*, i quali, per tal via caminando, non puon mai pervenire alla celestiale patria, da Dio promessa ad ogni anima fidele. Alcuni altri huomini sono i quali, recognoscendosse haver tenuta la mala via, dolenti del suo errore, se partino da quella et cercano de corregierse et mendarse del passato. Questi sono li *penitenti*, verso i quali Dio usa di (1) misericordia. Altri huomini sono i quali senza prevaricatione caminano (2) per la via de Dio, attentissimi per adimplire quello che lui comanda, et molto desiderosi de arivare alla patria. Et questi sono li *perfetti* (3), sopra ogni altra cosa dati alla contemplacione.

Ad questi perfetti (4) in gracia de Dio perseveranti, jocundo et ogni buon conforto. Alli penitenti, utile et ogni (5) sustentaculo. Alli (6) peccatori conviene che con grande sforzo se reducano a penitencia, et poi fatti penitenti se mantegnano in gratia, et cossì vengano al stato perfetto, si vuoleno senza dilatione esser recittati ne la superna patria (7). Adunque si per negligentia stanno in peccato, può bastare incitativa exhortacione. Se (*sic*) in peccato stanno per ignorancia del bene o del modo di pervenire ad quello, non bastarebbe exhortacione ad cosa che non cognoscano; ma più oltra li bisogna salutifera monitione et savio consiglio. Si per malicia stanno in peccato, necessario è più forte adjutorio ; unde convene vincere tali, inducendoli terrore et mettendoli in odio el male.

Que cagione habbia mosso Dante ad scrivere de lo inferno, purgatorio et paradiso.

Questa consideracione sopradetta dovemo noi credere che habia indutto per carità el nobile phylosopho et perito theologo Dante Aldighieri ad scrivere cose, quali siano jocunde ad perfetti, utili a penitenti, terribili a peccatori maligni, consigliative (8) di ignoranti, et incitative di negligenti et debili : ad fine che ciascuno possa in questo mondo acquistare felicità humana, et poi, finita questa caduca vita, receva (9) beatitudine sempiterna.

(1) A. « usa misericordia. »
(2) A. « camino. »
(3) A. « propheti. »
(4) A. « propheti. »
(5) B. « ogni firmo sustentacolo. »
(6) A. « Li. »
(7) B. « patria superna. »
(8) A. « consigliativi. »
(9) B. « ricevere. »

Adunque primo, ad correctione d'ogni peccatore, et propriamente ad terrore di maligni, secundo litteral sentimento ha descripto le pene (1) de lo inferno, et lo stato che ha da poi la morte l'anima peccatrice, sotto figura representando la viltà et turpitudine di vicii, et il travagliato et misero stato de l'anima viciosa in questa vita. Secundariamente, ad sustentare et corroborare li penitenti in sua buona emendacione, ancora a ben consigliare et sanctamente ammonire quelli che per ignorantia stanno in peccato, secundo litteral sentimento ha descritto le pene et refrigerii del purgatorio, et lo stato doppo (2) la morte che ha l'anima pentita, sotto figura representando el modo de correctione, et lo buon stato in questa vita de quelli che se corregieno. Tertio, ad jocundità et solacio de' perfetti, ancora ad invitare et incitare per desiderio de tanto bene li negligenti et debili, sì che solliciti sieno (3), et niente li appaia difficile, ha descritto, secundo litteral sentimento, la gloria del paradiso et lo stato doppo la morte che ha l'anima virtuosa, sotto figura representando el pacifico et tranquillo statto in (4) questa vita di quelli che viveno virtuosamente, in gratia de Dio constanti.

Per che cagione habia Dante tractato delle sopradette cose poeticamente et per vulgare.

Ma di tal materia volendo scrivere, ha considerato Dante che molti sonno, et litterati et non litterati, alli quali convien dare la doctrina delle cose spirituali (5) per via delle sensuali, sotto figura et per exempli materiali. Molti ancora sonno, et maximamente li gran peccatori, che non puono soffrir (6) de legere o ascoltare cosa che paia utile et fructuosa, ma bene hanno aperte le (7) orreche ad ogni fabula; et per lo contrario li buoni et quelli che se drizano al bene vivere, non solamente se delettano delle cose morali e sancte, ma ultra di questo cerchano di convertire ogni fabula ad (8) buono exemplo et buona significatione.

Per questa cagione dovemo noy credere che Dante ha voluto tractare de la phylosophia christiana per vulgare, in stillo poetico, per versetti rittimi et canti, et sotto fictione poeticha. Finge (9) personalmente nel l'inferno, nel purgatorio et nel paradiso haver vedute o intendute cose da

---

(1) A. « penne. » De même quelques lignes plus loin.
(2) B. « da poi. » De même un peu plus bas.
(3) A. et B. « siano. »
(4) A. « di. »
(5) A. « et per. »
(6) A. « soffire. »
(7) A. « gli. »
(8) A. « al. »
(9) A. « fingi. »

lui descritte, tra le (1) quali molte (2) in exteriore apparentia sonno manifestamente fabulose. Similmente monstra parte haver conosciuto in se medesimo, parte haver veduto in altri quello che ciascuno debia (3) examinare nella conscientia propria.

Et in questo modo, in quanto la sua doctrina è per vulgare, venne ad (4) esser commune, così ad non litterati como ad litterati, così ad femine como ad huomini. In quanto è poeticha, vienne ad (5) essere delectevole, et può essere utile così a delicati et fastidiosi peccatori, como a quelli che cerchano de sapere il bene. In quanto è sotto figura representativa, viene ad (6) essere intelligibile, non solamente da suttili intelletti, secundo morale representacione, ma etiamdio da grossi huomini et terreni, se (7) allo testuale, da se intelligibile, adaptato li sia lo allegorico senso, el quale forsi per altra via duro li sarebbe stato ad intendere.

Per che cagione Dante ha intitulato tutta l'opra sotto nome de Comedia, et le parti principali ha chiamate Cantiche, et li capitoli Canti.

Ormai adunque venendo noy alla (8) expositione de questa doctrina, prima dovemo sapere che questa opera di Dante, quale havemo tra le mane, è chiamata *Comedia*, et così chiamóla (9) luy nel vigesimoprimo canto de lo *Inferno*. Et da (10) alcuni fi intitulata in questo modo : *Cominciasi la Comedia di Dante Aldighieri Firentino;* altri più in particulare dicono : *Cominciasi* (11) *la prima Canticha de la Comedia di Dante Aldighieri*, etc. Unde per intelligencia de la ragione per che sia chiamata *Comedia*, dico che tre sonno li stili poetici. Uno stilo alto et sentencioso, chiamato *Tragedia*, nel quale se suoleno descrivere molte cose grandi et horribili (12), quali sonno mutacione di stato, destructione di terre, sanguinolente bataglie et simile cose; et questo accade (13) nella Tragedia, che finisse in cose triste et dolorose. Altro stilo poetico se trova mediocre et temperato,

(1) A. « li. »
(2) A. « molto. »
(3) B. « de'. »
(4) « ad » *om.* A.
(5) « ad » *om.* A.
(6) « ad » *om.* A.
(7) « se... intendere » *om.* B.; le ms. A. porte *alla* pour *allo.*
(8) A. « alle. »
(9) B. « la chiama. »
(10) « Da » *om.* A.
(11) A. « cominciase. »
(12) B. « son descritte cosse molto terribili. »
(13) A. « acada. »

chiamato *Satyra*, nella quale sonno laudate le virtuti et reprobati li vicii. Lo terzo stillo, basso et piano, fi chiamato *Comedia*, nel quale son descritte da poeti cose humili et basse. *Comedia* in greco significa in latino canto de villa. Et questo accade nella Comedia, che comincia da cose turbulente et finisce in cose jocunde, per imitacione (1) de villani, i quali antichamente ogni anno, doppo che havevano (2) recolti li fructi et seminata (3) la terra, donandosse al riposso et godendo il recolto, suolevano fare suoy balli et cantare di sua vita, [la] quale tutto l'anno era stata piena de fatiche fin a quell' ora jocunda.

Dante adunque, non ostante che molte cose alte et horribili descriva (4), et in molte parti reprenda li vicii expressamente, niente di meno puotemo dire che non ha chiamata sua opera *Tragedia* per non disconfortare li huomini de puocho ingegno, i quali puotrebon non fidarsi d'essere capaci de alta et difficile doctrina. Non la chiama *Satyra*, per non alienare (5) da se li viciosi, a quali non piace udire alcuna reprensione. Et ultra di questo ancora vedemo che Dante non usa di stilo tragico ne satyrico. Chiamóla (6) *Comedia* a denotare che in stilo facile et basso ha scritto de le cose le quali a luy finzi (7) esser occorse. Per altra cagione anchora la chiama *Comedia*, però che questa opera comincia da vicii et dal' inferno, pieno de tristicia, et finisce in virtude et nella gloria del paradiso, pieno de gaudio, secundo che havemo detto accadere in ogni Comedia.

Le tre parti principali de questa Comedia, cioè *Inferno*, *Purgatorio et Paradiso*, son chiamate *Cantiche*, et li particulari capitoli de ciascuna Canticha sonno chiamati *Canti*, et cossì li chiama Dante nel terzo et nel vigesimo Canto de la prima Canticha. De la quale cosa diverse cagioni se puono assignare : una cagione ad ciò che le nome de le parti correspondano con lo nome de tutta l'opera, chiamata *Comedia*, cioè canto de villa, e però le parti se chiameno *Cantiche* et li capitoli *Canti* (8). Altra cagione, però che ogni capitolo è composto de versetti misurati et consonanti in rima, et distincti per trinario, si chè cantare se possano ; per la quale causa, puotendo ogni capitulo degnamente (9) esser

(1) A. « mutacione. »
(2) A. « aveno. »
(3) A. « sominata. »
(4) A. « descrive. »
(5) A. « aleviare. »
(6) B. « chiamala. »
(7) B. « le quale el finge allui. »
(8) Cf. la lettre de Dante à Can Grande, dans FRATICELLI, *Opere minori di Dante*, III (1857), 540.
(9) « degnamento » *om.* B. ; de même à la ligne suivante.

chiamato *Canto*, ancora dignamente ogni parte principale, la quale contiene (1) in se molti canti, se de' chiamare *Canticha*. Alcuni dicono che se chiamano (2) *Cantiche* ad denotare una excellentia sopra ogni altra poesia, secundo che nella Sacra Scriptura uno libro de Salamone fo chiamato *Canticha* per excellentia.

Et questo basti quanto alla Rubrica. Ormai vegnamo al testo. G[uiniforte] B[argigi] doctor, etc. (3).

<hr>

(1) B. « anchora le parti principali che contienen in se molti canti se den chiamar *Cantiche*. »

(2) A. « chiameno. »

(3) « G. B. doctor, etc., » *om.* B.

TABLE DE CONCORDANCE

NUMÉROS D'ORDRE.	NUMÉROTATION ACTUELLE.	CONTENU DU MANUSCRIT.	ANCIEN FONDS.	ANCIEN SUPPLÉMENT FRANÇAIS.	NUMÉROTATION DE MARSAND.	NUMÉROTATION DE C. DE BATINES.	NUMÉROTATION DE M. MOORE.
I.	B. N. ital. 69	*Divine Comédie.*	7001	»	6 et 696	418 et 426	3
II.	— — 71	—	7251	»	23	436	106
III.	— — 72	—	7252	»	25	437	110
IV.	— — 76	—	7002.3	4144	699	434	115
V.	— — 527	—	7251.2	»	24	442	»
VI.	— — 528	—	7252.5	»	703	430	111
VII.	— — 529	—	7253	»	96	438	112
VIII.	— — 530	—	7254	»	27	432	103
IX.	— — 531	—	7257	»	30	420	102
X.	— — 532	—	7258	»	31	439	105
XI.	— — 533	—	7764	»	112	421	104
XII.	— — 539	—	7002.7	4149	691	413	1
XIII.	— — 542	—	7259.3	4152	688	433	113
XIV.	— — 544	—	7259.5	4154	690	428	»
XV.	— — 1298	—	»	»	807	425	6
XVI.	— — 1470	—	»	»	»	444	»
XVII.	Arsenal 8506	—	»	»	927	447	109
XVIII.	— 8530	*Divine Comédie*, avec gloses empruntées à une traduction latine, autre que celle d'Alberico da Rosciate, du commentaire de Jacopo della Lana, pour les cinq premiers chants de l'*Enfer*, et des gloses anonymes pour les chants VIII et IX du *Purgatoire*. (Voyez aux *Addenda*).	»	»	925	445	107
XIX.	— 8531	*Divine Comédie.*	»	»	926	446	708
XX.	Montpellier, École de Méd., H. 197	—	»	»	»	448	»
XXI.	Valenciennes 397	—	»	»	»	»	»
XXII.	B. N. ital. 534	L'*Enfer*, avec traduction italienne du commentaire latin de Graziolo dei Bambaglioli, plus des gloses anonymes.	7765	»	113	422	5
XXIII.	Chantilly	L'*Enfer*, avec le commentaire de Guido da Pisa.	»	»	»	256	»
XXIV.	B. N. ital. 72	*Divine Comédie*, avec le commentaire de Jacopo della Lana.	7255	»	28	431	»
XXV.	— — 525	Commentaire de Jacopo della Lana sur la *Divine Comédie*, et Capitoli en terza rima de Mino di Vanni d'Arezzo et de Cecco di Meo Mellone degli Ugurgieri.	[illegible]	[illegible]	[illegible]	[illegible]	[illegible]
XXVI.	— — 527	Commentaire de Jacopo della Lana sur la *Divine Comédie*.	7766	»	114	»	»
XXVII.	— — 530	L'*Enfer* et le *Paradis*, avec trad. du comm. de J. della Lana, par Alberico [da Rosciate].	7280	»	»	»	»
XXVIII.	[illegible]	[illegible]	[illegible]	[illegible]	[illegible]	[illegible]	[illegible]
XXIX.	[illegible]	[illegible]	[illegible]	[illegible]	[illegible]	[illegible]	[illegible]
XXX.	[illegible]	[illegible]	[illegible]	[illegible]	[illegible]	[illegible]	[illegible]
XXXI.	— — 70	L'*Enfer*, avec quelques fragments d'un commentaire anonyme.	7002	»	7 et 697	435 et 441	3
XXXII.	— — 541	*Divine Comédie*, avec le commentaire de Pietro di Dante, pour la plus grande partie, et, pour quelques chants du *Purgatoire*, une traduction latine anonyme du commentaire de Jacopo della Lana.	7259.2	4151	685	440	»
XXXIII.	— — 1015	Commentaire de Pietro di Dante, accompagné de gloses extraites de la trad. latine du comm. de Jacopo della Lana, par Alberico da Rosciate.	8138	»	»	»	»
XXXIV.	— — 75	*Divine Comédie*, avec le commentaire appelé *Falso Boccaccio*.	»	2679	»	415	»
XXXV.	— — 77	*Divine Comédie*, avec le commentaire de Benvenuto da Imola.	7002.4	4145	8 et 700	416	»
XXXVI.	— lat. 8702	Commentaire de Benvenuto da Imola sur l'*Enfer*	7766.2	»	»	»	»
XXXVII.	— ital. 78	*Divine Comédie*, avec traduction italienne du comment. de Benv. da Imola, et la *Vie de Dante* par Boccace.	7002.2	4146	698	429	»
XXXVIII.	— — 540	*Divine Comédie*, avec des gloses extraites du comment. de Benv. da Imola.	7002.8	4150	1 et 686	417 et 427	7
XXXIX.	— — 543	L'*Enfer*, avec le commentaire de Guiniforte delli Bargigi.	7259.4	4153	683	423	4
XL.	— — 1469		»	»	483	443	»
XLI.	— — 2017		»	»	»	»	»
XLII.	Sainte-Geneviève F° Y. lat. 2	Traduction latine de la *Divine Comédie* par Matteo Ronto	»	»	»	»	»
XLIII.	B. N. nouv. acq. fr. 4119	Traduction française de plusieurs chants du *Paradis*, par Fr. Bergaigne.	»	»	»	»	»
XLIV.	— 4530	—	»	»	»	»	»
XLV.	Toulouse 842	Traduction française de l'*Enfer*, par Le Hardy.	»	»	»	»	»
XLVI.	B. N. fr. 12422	Traduction française, anonyme, de la *Divine Comédie* (1751).	»	3466	»	»	»
XLVII.	Nancy 376	Même traduction.	»	»	»	»	»
XLVIII.	Châlons-sur-Marne 271	Même traduction.	»	»	»	»	»
XLIX.	B. N. nouv. acq. fr. 16	Traduction du *Purgatoire*, par Artaud de Montor.	»	»	»	»	»
L.	Angers 1122	Traduction anglaise des chants I à XVII de l'*Enfer*, par Hawke.	»	»	»	»	»
LI.	Clermont-Ferrand 711	Chant XXXIII de l'*Enfer*. Traduction en français et en patois.	»	»	»	»	»
LII.	Carpentras 389	Capitoli ou *Argumenti* en terza rima, de Boccace, sur la *Divine Comédie*. Fragment du *Centiloquio* d'Antonio Pucci, relatif à Dante.	»	»	»	»	»
LIII.	— — 395	Capitoli de Jacopo di Dante et de Bosone da Gubbio sur la *Div. Comédie*.	»	»	»	»	»
LIV.	B. N. ital. 596	Poésies de Dante.	»	2860	692	»	»
LV.	— — 545	Poésies de Dante. — *Vie de Dante* par Leonardo Bruni.	»	2373	694	»	»
LVI.	— — 548	—	7758.2	»	»	»	»
LVII.	— — 555	Poésies de Dante.	7767	»	115	»	»
LVIII.	— fr. 1203	Poésie attribuée à Dante.	7413	»	»	»	»
LIX.	Grenoble 835	*De Vulgari Eloquio*.	»	»	»	»	»
LX.	Hyères 2	Traduction de la *Monarchia*, par Marsile Ficin.	»	»	»	»	»
LXI.	B. N. ital 536	Traduction anonyme de la *Monarchia*. — *Le Convito*.	7764.3	»	116	»	»
LXII.	— — 1014	*Le Convito*.	7768	»	116	»	»
LXIII.	Mazarine 2069	Extraits de Dante.	1924	»	»	»	»
LXIV.	B. N. lat. 5828	*Vie de Dante*, par Giannozzo Manetti.	»	»	»	»	»
LXV.	Arsenal 6331-6333	La *Divine Comédie*, expliquée selon les rites maçonniques, par F. Cobourg.	»	»	»	»	»

TABLEAU DES VARIANTES

PASSAGES CARACTÉRISTIQUES DE L'ENFER INDIQUÉS
PAR M. MONACI.

Note préliminaire. — Le tableau suivant a été composé sur le modèle
de celui que M. E. Monaci a proposé, il y a quatre ans, à l'Académie
des *Lincei* (voy. plus haut, à l'Introduction, p. 5). Assurément, ce
tableau ne saurait servir à lui seul à un classement général des manuscrits de la *Divine Comédie*, et il ne pourra être de quelque utilité que
combiné avec ceux qui ont déjà été publiés (voy. plus haut, p. 8).
Cependant, l'examen de ces chiffres appelle certaines remarques qu'il
importe de noter dès à présent.

Inf., II, 60. Aucun de nos manuscrits ne porte la leçon *quanto 'l modo
lontana*. — II, 93. Dans deux seulement nous trouvons *El fiamma*. —
III, 59. Nulle part *Guardai e vidi*, qu'on rencontre dans les éditions courantes, mais rejeté par M. Moore dans ses *Contributions*. — V, 59. Nulle
part *sugger dette*, que M. Moore rejette également, infiniment moins
banal pourtant que *succedette*, et que je n'abandonnerais qu'à regret. —
V, 83. *Aperte*, que donnent les éditions courantes, mais non accepté par
M. Moore, ne se trouve que dans un de nos manuscrits. — IX, 64.
Quatre exemplaires seulement portent *sucid' onde*. — XIII, 41. Un
seul porte *lati*. — XV. 121. *Poi si rivolse* est la leçon commune à tous
nos exemplaires. — XVII, 115. *Montando* et *natando* sont des leçons
tout à fait exceptionnelles. — XXIV, 119. *Vendetta* et *Giustizia*. Même
remarque. — XXVI, 57. *Corron* ou *corre*. Même remarque. — XXX, 31.
Nous ne rencontrons nulle part *tirando* ni *gridando*.

Bien entendu, on ne saurait conclure nécessairement de la rareté de
telle ou telle leçon à son peu de valeur; le triage des variantes ne pourra
se faire avec quelque sûreté qu'une fois le classement des manuscrits
établi. On a vu plus haut quels essais avaient déjà été faits pour atteindre ce but.

Nous ne rencontrons dans nos collections que deux manuscrits pré-
sentant les mêmes leçons d'une manière assez constante, pour qu'on
puisse, à première vue, les attribuer à une seule et même sous-famille :
ce sont les deux exemplaires où l'*Enfer* est accompagné du commentaire
de *Guiniforte delli Bargigi*.

Notons enfin que M. Monaci, dans le choix de ses *punti critici*, et
M. Moore, dans le choix de ses *passages discussed*, devaient nécessairement se rencontrer plus d'une fois; c'est le cas pour les passages suivants, qui appartiennent tous, sauf le dernier, au premier tiers de
l'*Enfer* : I, 28; II, 60; III, 59; IV, 95; V, 59; XI, 90; XII, 125.

Inferno.

Columns are manuscripts; in each cell a manuscript's own number (or A1 = Arsenal 8506, A2 = Arsenal 8530, A3 = Arsenal 8531, M = Montpellier II. 197, V = Valenciennes 397) is printed in its column for the reading it gives; « » = same as the lemma. The table is split here into two column-groups.

Left group — B. N. ital.

Réf.	Inferno	69	70	71	72	73	74	75	76	77	78	79	527	Not. 529
I, 4.	E quanto a dir	»	»	»	72	»	»	75	»	»	»	79	527	»
	Ai quanto	»	»	71	»	»	»	»	76	77	78	»	»	»
	Et quanto	69	70	»	»	73	74	»	»	»	»	»	»	»
	Ha quanto	»	»	»	»	»	»	»	»	»	»	»	»	»
	Ah quanto	»	»	»	»	»	»	»	»	»	»	»	»	»
	Hai quanto	»	»	»	»	»	»	»	»	»	»	»	»	»
28.	Poi ch' ei posato un poco	»	»	»	»	»	»	»	»	»	»	»	»	»
	Poi ch' io ebbi posato un poco	»	»	»	»	»	»	»	»	»	»	»	»	»
	Poi che posato	»	70	71	72	73	»	75	»	»	»	79	»	»
	Poi posato ebbi un poco	»	»	»	»	»	»	»	»	»	»	»	»	»
	Poi ch' ebbi riposato	»	»	»	»	»	»	»	76	77	78	»	»	»
	Poi ch' ebbi posato	»	»	»	»	»	»	»	»	»	»	»	»	»
	E riposato un poco	»	»	»	»	»	»	»	»	»	»	»	»	»
	Com' io posato	69	»	»	»	»	74	»	»	»	»	»	»	»
	Da ch' ebbi riposato	»	»	»	»	»	»	»	»	»	»	»	»	»
	E poi che fo posato	»	»	»	»	»	»	»	»	»	»	»	»	»
	Poi prese lena un poco	»	»	»	»	»	»	»	»	»	»	»	»	»
	Poco posato un poco	»	»	»	»	»	»	»	»	»	»	»	»	»
	Po ch' ebbi posato	»	»	»	»	»	»	»	»	»	»	»	»	»
	E come posato un poco	»	»	»	»	»	»	»	»	»	»	»	»	»
	Poi posato un poco	»	»	»	»	»	»	»	»	»	»	»	»	»
II, 60.	.... quanto 'l modo lontana	»	»	»	»	»	»	»	»	»	»	»	»	»
	.... quanto 'l mondo lontana	69	70	71	72	»	»	75	76	77	78	»	»	529
	.... quanto 'l moto lontana	»	»	»	»	73	74	»	»	»	»	»	»	»
93.	Et fiamma	»	»	»	»	»	»	»	»	»	»	»	»	»
	Ne fuoco	»	»	»	»	»	»	»	»	»	»	»	»	»
	Ne fiamma	69	70	71	72	73	74	75	76	77	78	»	»	»
	Nen fiamma	»	»	»	»	»	»	»	»	»	»	»	»	»
III, 59.	Vidi e conobbi	69	70	71	72	73	74	75	76	77	78	»	»	»
	Guardai e vidi	»	»	»	»	»	»	»	»	»	»	»	»	»
IV, 95.	Di quei signor	»	»	71	»	»	74	»	»	77	78	»	»	»
	Di que signor	69	»	»	»	»	»	»	76	»	»	»	»	»
	Di quel signor	»	»	»	»	73	»	»	»	»	»	»	»	»
	Di quei signori	»	»	»	72	»	»	75	»	»	»	»	»	»
	Di que singnori	»	70	»	»	»	»	»	»	»	»	»	»	»
V, 59.	Che succedette	69	70	71	72	73	74	75	76	77	78	»	»	»
	Che sugger dette	»	»	»	»	»	»	»	»	»	»	»	»	»
83.	Con l' ali alzate	69	70	71	72	73	74	75	76	77	78	»	527	»
	Con l' ali aperte	»	»	»	»	»	»	»	»	»	»	»	»	»
VI, 18.	.... scuoia ed isquatra	»	»	»	»	»	»	75	»	»	»	»	»	»
	.... in guia et squatra	»	»	»	»	73	»	»	»	»	»	»	»	»
	.... in goia ed isquatra	»	70	71	72	»	74	»	»	»	»	»	»	»

Right group — B. N. ital. (531–2017), Arsenal, Montpellier, Valenciennes

Réf.	Inferno	531	532	533	534	538	539	540	541	542	543	544	1298	1469	1470	2017	Ars. 8506	Ars. 8530	Ars. 8531	Montp. 197	Val. 397
I, 4.	E quanto a dir	»	»	»	534	»	»	»	»	»	»	»	Deficit.	»	1470	»	»	A2	»	»	»
	Ai quanto	»	»	533	»	»	»	»	»	»	»	»	»	»	»	»	A1	»	»	»	»
	Et quanto	531	532	»	»	538	539	»	541	542	»	»	»	1469	»	»	»	»	»	M	V
	Ha quanto	»	»	»	»	»	»	540	»	»	543	544	»	»	»	2017	»	»	»	»	»
	Ah quanto	»	»	»	»	»	»	»	»	»	»	»	»	»	»	»	»	»	A3	»	»
	Hai quanto	»	»	»	»	»	»	»	»	»	»	»	»	»	»	»	»	»	»	»	»
28.	Poi ch' ei posato un poco	»	»	»	»	»	»	»	»	»	»	»	»	»	»	Deficit.	»	»	»	»	»
	Poi ch' io ebbi posato un poco	»	»	»	»	»	»	»	»	»	»	»	»	»	»	»	»	»	»	»	»
	Poi che posato	531	532	»	»	»	»	»	»	»	»	»	»	»	1470	»	»	»	»	M	»
	Poi posato ebbi un poco	»	»	»	»	»	»	»	»	»	»	»	»	»	»	»	»	»	»	»	»
	Poi ch' ebbi riposato	»	»	533	534	»	»	»	»	»	»	»	»	1469	»	»	»	»	»	»	»
	Poi ch' ebbi posato	»	»	»	»	»	»	»	541	542	»	»	»	»	»	»	A1	»	A3	»	»
	E riposato un poco	»	»	»	»	»	»	»	»	»	»	»	»	»	»	»	»	A2	»	»	»
	Com' io posato	»	»	»	»	»	»	»	»	»	»	»	»	»	»	»	»	»	»	»	»
	Da ch' ebbi riposato	»	»	»	»	»	»	»	»	»	»	»	»	»	»	»	»	»	»	»	»
	E poi che fo posato	»	»	»	»	»	»	»	»	»	»	»	»	»	»	»	»	»	»	»	»
	Poi prese lena un poco	»	»	»	»	»	»	»	»	»	»	»	»	»	»	»	»	»	»	»	»
	Poco posato un poco	»	»	»	»	»	»	»	»	»	»	»	»	»	»	»	»	»	»	»	»
	Po ch' ebbi posato	»	»	»	»	538	539	540	»	»	543	544	»	»	»	»	»	»	»	»	V
	E come posato un poco	»	»	»	»	»	»	»	»	»	»	»	»	»	»	»	»	»	»	»	»
	Poi posato un poco	»	»	»	»	»	»	»	»	»	»	»	»	»	»	»	»	»	»	»	»
II, 60.	.... quanto 'l modo lontana	»	»	»	»	»	»	»	»	»	»	»	»	»	»	»	»	»	»	»	»
	.... quanto 'l mondo lontana	531	532	»	534	538	»	540	541	542	»	544	»	1469	1470	2017	A1	A2	A3	»	»
	.... quanto 'l moto lontana	»	»	533	»	»	539	»	»	»	543	»	1298	»	»	»	»	»	»	M	V
93.	Et fiamma	»	»	»	»	»	»	»	»	»	»	»	»	»	»	»	»	»	»	»	»
	Ne fuoco	»	»	»	»	»	539	»	»	»	»	»	»	»	»	»	»	»	»	»	»
	Ne fiamma	531	532	533	534	538	»	540	541	542	543	544	1298	1469	1470	2017	A1	A2	A3	M	V
	Nen fiamma	»	»	»	»	»	»	»	»	»	»	»	»	»	»	»	»	»	»	»	»
III, 59.	Vidi e conobbi	531	532	533	534	538	539	540	541	542	543	544	1298	1469	»	2017	A1	A2	A3	M	V
	Guardai e vidi	»	»	»	»	»	»	»	»	»	»	»	»	»	»	»	»	»	»	»	»
IV, 95.	Di quei signor	531	»	533	534	»	539	540	541	542	543	»	»	1469	1470	2017	A1	»	»	»	V
	Di que signor	»	532	»	»	538	»	»	»	»	»	544	»	»	»	»	»	A2	A3	M	»
	Di quel signor	»	»	»	»	»	»	»	»	»	»	»	»	»	»	»	»	»	»	»	»
	Di quei signori	»	»	»	»	»	»	»	»	»	»	»	1298	»	»	»	»	»	»	»	»
	Di que singnori	»	»	»	»	»	»	»	»	»	»	»	»	»	»	»	»	»	»	»	»
V, 59.	Che succedette	531	532	533	534	538	539	540	541	542	543	544	1298	1469	Deficit.	2017	A1	A2	A3	M	V
	Che sugger dette	»	»	»	»	»	»	»	»	»	»	»	»	»	»	»	»	»	»	»	»
83.	Con l' ali alzate	531	532	533	534	538	539	540	541	542	543	544	1298	1469	Deficit.	2017	A1	A2	»	M	V
	Con l' ali aperte	»	»	»	»	»	»	»	»	»	»	»	»	»	»	»	»	»	A3	»	»
VI, 18.	.... scuoia ed isquatra	»	»	»	»	»	»	»	541	»	543	»	»	»	»	»	»	A2	A3	»	»
	.... in guia et squatra	531	»	»	»	»	»	»	»	»	»	»	»	»	»	»	»	»	»	»	»
	.... in goia ed isquatra	»	532	»	534	538	»	»	»	542	»	544	»	»	»	»	»	»	»	»	»

N. B. — Dans les notes qui suivent, le premier chiffre indique le manuscrit; le deuxième, le chant d'où est tiré le passage; le troisième, le numéro du vers dans ce même chant : ainsi 71, V, 83, veut dire ms. italien 71, *Inf.*, chant V, vers 83.

69, I, 28, *Com' io ebbi posato*, avec *ebbi* dans l'interligne. — 69, IV, 95, *Di quei singnor*, avec l'i exponctué. — 72, VI, 18, en *g'eza*. — 75, V, 83, *col ale alzate*. — 75, VI, 16, *eisquoia eisquatra*. — 76, V, 83, *con l'ale*. — 77, I, 4, *Ahy quato a dire*. — 77, II, 60, *mundo lontana*. — 77, V, 53, *con l'ale alzate*. — 78, I, 28, *ripossato*. — 527, V, 83, *Chon l'ale*. — 529, II, 60, *lontana*. — 531, I, 28, glose : *del cielo*. — 532, VI, 18, *in ghoia esquatra*. — 533, I, 28, résulte d'une correction. — 533, II, 60, *quante et moto*; *et* et *moto* résultent d'une correction. — 533, III, 59, *Viddi*. — 533, V, 83, *alie*. — 534, VI, 18, *isquarta*. — 538, I, 28, vers refait. — 538, II, 60, *mundo*. — 538, IV, 95, *yuey segnore*. — 539, II, 93, *foco*. — 540, II, 60, *mundo* (écrit *mód*) est le résultat d'une correction. — 541, I, 28, changé en *Poi c'hai posato*. — 541, III, 59, *Viddi et chonubbi*. — 541, V, 83, *alciale*. — 543, V, 83, *conl'ale*. — 544, I, 28, *Po che posato*. 1298, II, 60, *el moto*. — 1298, IV, 95, *sighori*. — 1469, I, 28, *ripossato*. — 1469, III, 59, *Viddi*. — 2017, I, 4, *Ba quant e ud dir*. — 2017, II, 60, *mundo*. — 2017, III, 59, *Viddi*. — M, IV, 95, en interligne, alias *quei*.

— 69, V, 59, *succiedete*. — 70, VI, 18, *isquarta*. — 71, V, 83, *alie*. — 72, V, 95, dans *quei*, l'è est exponctué.

	Inferno.	B. N. ital. 69.	B. N. ital. 70.	B. N. ital. 71.	B. N. ital. 72.	B. N. ital. 73.	B. N. ital. 74.	B. N. ital. 75.	B. N. ital. 76.	B. N. ital. 77.	B. N. ital. 78.	B. N. ital. 79.	B. N. ital. 527.	B. N. ital. 529.	B. N. ital. 530.	B. N. ital. 531.	B. N. ital. 532.	B. N. ital. 533.	B. N. ital. 534.	B. N. ital. 538.	B. N. ital. 539.	B. N. ital. 540.	B. N. ital. 541.	B. N. ital. 542.	B. N. ital. 543.	B. N. ital. 544.	B. N. ital. 1298.	B. N. ital. 1469.	B. N. ital. 1470.	B. N. ital. 2017.	Arsenal 8506.	Arsenal 8530.	Arsenal 8531.	Montpellier H. 197.	Valenciennes 397.
	..... emgoya ed isquatra	»	»	»	»	»	»	»	»	77	»	Deficit.	»	Deficit.	»	»	»	»	»	»	»	»	»	»	»	»	»	»	»	»	»	»	»	»	»
	..... engoia et disquatra	»	»	»	»	»	»	»	»	»	»		527		»	»	»	»	»	»	»	»	»	»	»	»	»	»	»	»	»	»	»	»	»
	..... in goia et disquatra	»	»	»	»	»	»	»	76	»	78		»		»	»	»	533	»	»	539	540	»	»	»	»	1298	»	»	»	A1	»	»	M	V
	..... in gola et disquatra	»	»	»	»	»	»	»	»	»	»		»		»	»	»	»	»	»	»	»	»	»	»	»	»	1469	»	2017	»	»	»	»	»
	..... in coia et disquatra	69	»	»	»	»	»	»	»	»	»		»		»	»	»	»	»	»	»	»	»	»	»	»	»	»	»	»	»	»	»	»	»
	..... dischuoia et disquatra	»	»	»	»	»	»	»	»	»	»		»		»	»	»	»	»	»	»	»	»	»	»	544	»	»	»	»	»	»	»	»	»
VIII, 101.	E se 'l passar	69	70	71	72	73	74	75	76	77	78		527		530	»	»	533	534	538	539	»	541	»	543	544	1298	1469	1470	2017	A1	A2	A3	M	V
	E se l' andar	»	»	»	»	»	»	»	»	»	»		»		»	531	532	»	»	»	»	»	»	542	»	»	»	»	»	»	»	»	»	»	»
	Se 'l passar	»	»	»	»	»	»	»	»	»	»		»		»	»	»	»	»	»	»	540	»	»	»	»	»	»	»	»	»	»	»	»	»
IX, 64.	..... sucid' onde	»	»	»	»	73	»	»	»	»	»	79	»	»	»	»	»	»	»	538	»	»	»	»	»	»	»	»	»	»	»	»	»	»	V
	..... torbid' onde	69	70	71	72	»	74	75	76	77	78	»	527	»	530	531	532	533	534	»	539	540	541	542	543	544	1298	1469	1470	2017	A1	A2	A3	M	»
X, 136.	..... spiacer suo lezzo	»	70	»	»	»	74	75	»	»	78	»	527	529	530	531	532	533	»	538	539	540	541	542	543	544	1298	1469	1470	Deficit.	A1	A2	A3	M	V
	..... spicciar suo lezzo	»	»	»	72	73	»	»	»	»	»	»	»	»	»	»	»	»	534	»	»	»	»	»	»	»	»	»	»		»	»	»	»	»
	..... sparger suo lezzo	»	»	»	»	»	»	»	76	77	»	»	»	»	»	»	»	»	»	»	»	»	»	»	»	»	»	»	»		»	»	»	»	»
	..... spuzar suo lezzo	69	»	»	»	»	»	»	»	»	»	»	»	»	»	»	»	»	»	»	»	»	»	»	»	»	»	»	»		»	»	»	»	»
	..... spirar suo lezzo	»	»	71	»	»	»	»	»	»	»	79	»	»	»	»	»	»	»	»	»	»	»	»	»	»	»	»	»		»	»	»	»	»
XI, 90.	La divina vendetta	69	»	71	72	»	74	75	76	77	78	79	527	529	530	»	»	533	534	538	539	540	541	»	543	544	1298	1469	1470		A1	A2	»	»	V
	La divina giustizia	»	70	»	»	73	»	»	»	»	»	»	»	»	»	531	532	»	»	»	»	»	»	542	»	»	»	»	»		»	»	A3	M	»
91.	O sol che sani ogni vista	69	70	»	72	73	74	75	»	77	78	79	527	529	530	531	532	533	534	538	539	540	541	542	543	544	1298	1469	1470	2017	A1	A2	A3	M	V
	O sol che solvi ogni vista	»	»	71	»	»	»	»	»	»	»	»	»	»	»	»	»	»	»	»	»	»	»	»	»	»	»	»	»	»	»	»	»	»	»
	O sol che sali ogni vista	»	»	»	»	»	»	»	76	»	»	»	»	»	»	»	»	»	»	»	»	»	»	»	»	»	»	»	»	»	»	»	»	»	»
XII, 125.	Quel sangue si che cuoce	»	»	»	»	73	»	»	»	»	»	»	»	529	»	»	»	»	»	»	»	»	»	»	»	»	»	»	»	»	»	»	»	»	»
	Quel sangue si che cocea	69	70	»	»	»	74	75	76	77	78	»	527	»	»	»	»	533	534	538	539	540	»	»	543	544	1298	1469	1470	2017	A1	A2	A3	M	V
	Quel sangue si cocea	»	»	»	»	»	»	»	»	»	»	»	»	»	»	»	»	»	»	»	»	»	541	»	»	»	»	»	»	»	»	»	»	»	»
	Quel sangue si che copria	»	»	»	72	»	»	»	»	»	»	»	»	»	530	531	532	»	»	»	»	»	»	542	»	»	»	»	»	»	»	»	»	»	»
	Quel sangue si che toccava	»	»	»	»	»	»	»	»	»	»	»	»	»	»	»	»	»	»	»	»	»	»	»	»	»	»	»	»	»	»	»	»	»	»
	Quel sangue sicche cho pric.	»	»	71	»	»	»	»	»	»	»	»	»	»	»	»	»	»	»	»	»	»	»	»	»	»	»	»	»	»	»	»	»	»	»
	Quel sangue si che corea	»	»	»	»	»	»	»	»	»	»	79	»	»	»	»	»	»	»	»	»	»	»	»	»	»	»	»	»	»	»	»	»	»	»
XIII, 41.	Dall' un de' capi	»	70	71	72	73	74	75	76	77	78	79	527	529	530	531	532	533	534	538	539	540	541	542	543	544	1298	1469	1470	2017	A1	A2	A3	M	V
	Dall' un de' lati	69	»	»	»	»	»	»	»	»	»	»	»	»	»	»	»	»	»	»	»	»	»	»	»	»	»	»	»	»	»	»	»	»	»
XIV, 70.	Dio in disdegno	»	70	71	72	73	74	75	76	77	78	79	527	529	»	»	532	533	534	»	539	540	»	542	»	544	1298	1469	»	2017	»	A2	A3	M	V
	I Dio in disdegno	»	»	»	»	»	»	»	»	»	»	»	»	»	»	»	»	»	»	»	»	»	541	»	»	»	»	»	»	»	»	»	»	»	»
	Dio in dispregio	69	»	»	»	»	»	»	»	»	»	»	»	»	»	531	»	»	»	»	»	»	»	»	543	»	»	»	1470	»	A1	»	»	»	»
	Dio in dispetto	»	»	»	»	»	»	»	»	»	»	»	»	»	»	»	»	»	»	538	»	»	»	»	»	»	»	»	»	»	»	»	»	»	»
	Dio a disdegno	»	»	»	»	»	»	»	»	»	»	»	»	»	530	»	»	»	»	»	»	»	»	»	»	»	»	»	»	»	»	»	»	»	»
XV, 121.	Poi si rivolse	69	70	71	72	73	74	75	76	77	78	79	527	529	530	531	532	533	534	538	539	540	541	542	543	544	1298	1469	Deficit.	2017	A1	A2	A3	M	V
	Poi si mosse	»	»	»	»	»	»	»	»	»	»	»	»	»	»	»	»	»	»	»	»	»	»	»	»	»	»	»		»	»	»	»	»	»
	Poi si parti	»	»	»	»	»	»	»	»	»	»	»	»	»	»	»	»	»	»	»	»	»	»	»	»	»	»	»		»	»	»	»	»	»
XVI, 135.	O scoglio	69	70	»	72	»	74	»	»	77	78	»	»	529	530	531	532	533	534	»	»	»	»	542	»	544	1298	»		»	A1	A2	A3	M	V
	Il scoglio	»	»	»	»	»	»	»	»	»	»	»	»	»	»	»	»	»	»	»	»	»	541	»	»	»	»	»		»	»	»	»	»	»

70, X, 136, *ispiacer*. — 72, X, 136, *su lezzo*. — 75, XI, 91, *sani onne*. — 75, XIII, 41, *daicun di capi*. — [illegible] 136, *sparger suo lezio*. — 77, XI, 91, *ogne vista*. — 77, XIV, 70, *Dissio in disdegno*. — 78, XII, 125, *Quel sangue si chel chozica*. — 79, XI, 90, *La vendecta diuina*. — 79, XI, 91, *ogne vista*. — 79, XII, 125, *Quel* [illegible] — 79, XIV, 70, *E Dio in*. — 527, XII, 125, *Quel sangue si che chocica*. — 529, XV, 121, *rivose* changé en *rivolse*. — 533, XIV, 70, *Dio en desdegno*; *en* résulte d'une correction. — 534, XII, 125, *cocea*. — 534, XV[illegible], *Dallo scoglio*. — 538, VIII, 101, *pasar*. — 538, IX, 64, *sucide*, résulte d'une correction. 538, XI, 91, *Ki sani*. — 538, XV, 121, *rivuolse*. — 540, VI, 18, *in goila*; *golia* résulte d'une correction. — 540, XIII, 41, *Dalli* [illegible] 1470, VIII, [illegible] XI, 91, *omenn*, avec le premier *e* exponctué. — 541, XIV, 70, *disdingno*. — 542, XIV, 70, *disdegno* résulte d'une correction. — 543, X, 136, *su lezo*. — 1298, XVI, 135, *scollio*. — 1469, VI, 18, *golla*. — 1470, [illegible] — 1470, XII, 125, *cocica*. — 2017, VI, 18, *golla*. — 2017, XI, 91, *Sol che sani*. — A1, VI, 18, résulte d'une correction. — A1, XII, 125, *cocica*, avec l'*i* exponctué. — A2, XV, 121, *se*. — M, XVI, 135, *O scoglio*.

	Inferno.	B. N. ital. 69.	B. N. ital. 70.	B. N. ital. 71.	B. N. ital. 72.	B. N. ital. 73.	B. N. ital. 74.	B. N. ital. 75.	B. N. ital. 76.	B. N. ital. 77.	B. N. ital. 78.	B. N. ital. 79.	B. N. ital. 527.	B. N. ital. 528.	B. N. ital. 530.	B. N. ital. 531.	B. N. ital. 532.	B. N. ital. 533.	B. N. ital. 534.	B. N. ital. 538.	B. N. ital. 539.	B. N. ital. 540.	B. N. ital. 541.	B. N. ital. 542.	B. N. ital. 543.	B. N. ital. 544.	B. N. ital. 1298.	B. N. ital. 1469.	B. N. ital. 1470.	B. N. ital. 2017.	Arsenal 8506.	Arsenal 8530.	Arsenal 8534.	Montpellier H. 197.	Valenciennes 397.
	A scoglio	»	»	»	»	73	»	»	»	»	»	»	527	»	»	»	»	»	»	»	»	»	»	»	543	»	»	1469		2017	»	»	»	»	»
	A scolglio	»	»	»	»	»	»	»	»	»	»	»	»	»	»	»	»	»	»	»	»	»	»	»	»	»	»	»		»	»	»	»	»	»
	O soglio	»	»	71	»	»	»	»	»	»	»	»	»	»	»	»	»	»	»	»	»	»	»	»	»	»	»	»		»	»	»	»	»	»
	O scolgio	»	»	»	»	»	»	»	»	»	»	79	»	»	»	»	»	»	»	538	»	540	»	»	»	»	»	»		»	»	»	»	»	»
	In soglio	»	»	»	»	»	»	75	»	»	»	»	»	»	»	»	»	»	»	»	»	»	»	»	»	»	»	»		»	»	»	»	»	»
	Scoglio	»	»	»	»	»	»	»	76	»	»	»	»	»	»	»	»	»	»	»	539	»	»	»	»	»	»	»		»	»	»	»	»	»
XVII, 115.	Ella s'en ve notando	69	70	71	72	»	74	75	»	»	»	»	527	528	530	531	532	»	534	538	539	540	541	542	543	544	1298	»	Deficit.	»	A1	»	»	»	»
	Ella s'en va rotando	»	»	»	»	»	»	»	76	»	78	79	»	»	»	»	»	533	»	»	»	»	»	»	»	»	»	1469		2017	»	A2	A3	M	V
	Ella s'en va montando	»	»	»	»	73	»	»	»	»	»	»	»	»	»	»	»	»	»	»	»	»	»	»	»	»	»	»		»	»	»	»	»	»
	Ella s'en va natando	»	»	»	»	»	»	»	»	77	»	»	»	»	»	»	»	»	»	»	»	»	»	»	»	»	»	»		»	»	»	»	»	»
XVIII, 104.	..... col muso isbuffa	»	»	»	»	»	»	»	»	»	»	»	»	»	»	»	»	»	»	»	»	»	»	»	»	»	»	»		»	»	»	»	»	»
	..... col muso s·uffa	69	70	»	72	73	74	75	76	»	»	79	527	528	530	531	532	»	534	538	539	»	541	542	543	»	1298	»		»	A1	»	A3	M	V
	..... col muso stuffa	»	»	71	»	»	»	»	»	»	»	»	»	»	»	»	»	»	»	»	»	»	»	»	»	»	»	»		»	»	»	»	»	»
	..... col muso suffa	»	»	»	»	»	»	»	»	»	»	»	»	»	»	»	»	533	»	»	»	»	»	»	»	»	»	»		»	»	»	»	»	»
	..... col muso sbuffa	»	»	»	»	»	»	»	»	77	78	»	»	»	»	»	»	»	»	»	»	540	»	»	»	544	»	1469		2017	»	A2	»	»	»
XIX, 12.	E quanto giusto	»	»	71	»	»	»	»	»	»	»	»	»	528	»	»	»	533	»	»	»	»	»	»	»	»	»	»	Deficit.	»	A1	A2	A3	»	V
	E quanta giustitia	»	»	»	»	»	»	»	»	»	»	»	»	»	»	»	»	»	»	»	»	»	»	»	»	»	»	»		»	»	»	»	»	»
	Quanta giustizia	»	»	»	»	»	»	»	»	»	»	79	527	»	530	»	»	»	534	»	539	540	»	»	»	»	»	»		»	»	»	»	?	»
	E quant è giusta	»	»	»	»	»	»	»	»	»	»	»	»	»	»	»	»	»	»	»	»	»	»	»	»	»	»	»		»	»	»	»	»	»
	E quanto giusta	»	»	»	»	73	»	75	»	»	»	»	»	»	»	531	532	»	»	538	»	»	541	542	543	544	»	»		»	»	»	»	»	»
	E quanta giusta	69	70	»	72	»	»	»	»	»	»	»	»	»	»	»	»	»	»	»	»	»	»	»	»	»	»	»		»	»	»	»	»	»
	Et quanta giusta	»	»	»	»	»	74	»	76	»	»	»	»	»	»	»	»	»	»	»	»	»	»	»	»	»	»	»		»	»	»	»	»	»
	Quanta giusta	»	»	»	»	»	»	»	»	»	78	»	»	»	»	»	»	»	»	»	»	»	»	»	»	»	1298	»		»	»	»	»	»	»
	Et quanto tua giusta	»	»	»	»	»	»	»	»	»	»	»	»	»	»	»	»	»	»	»	»	»	»	»	»	»	»	1469		2017	»	»	»	»	»
	Q[u]anto iusto	»	»	»	»	»	»	»	»	77	»	»	»	»	»	»	»	»	»	»	»	»	»	»	»	»	»	»		»	»	»	»	»	»
XXIV, 119.	O potenza di Dio	69	70	71	72	73	74	75	76	77	»	79	527	528	530	»	»	533	534	538	539	540	541	»	543	»	1298	1469	1470	2017	A1	A2	A3	M	V
	O vendetta di Dio	»	»	»	»	»	»	»	»	»	78	»	»	»	»	»	»	»	»	»	»	»	»	»	»	544	»	»	»	»	»	»	»	»	»
	O giustizia di Dio	»	»	»	»	»	»	»	»	»	»	»	»	»	»	531	532	»	»	»	»	»	»	542	»	»	»	»	»	»	»	»	»	»	»
XXV, 144.	La novità se fior la penna	»	»	71	72	»	74	75	76	»	»	»	527	528	530	531	»	533	534	538	539	»	541	542	»	544	1298	»	1470	2017	A1	»	A3	»	V
	La novità se fior la lingua	»	»	»	»	73	»	»	»	»	»	»	»	»	»	»	»	»	»	»	»	»	»	»	543	»	»	»	»	»	»	»	»	M	»
	La novità se fior la pena	69	70	»	»	»	»	»	»	77	78	79	»	»	»	»	532	»	»	»	»	540	»	»	»	»	»	1469	»	»	»	A2	»	»	»
XXVI, 57.	Alla vendetta vanno	69	70	71	72	73	74	75	76	77	78	79	527	528	530	531	532	533	534	538	539	540	541	542	»	544	1298	1469	1470	2017	A1	A2	A3	M	V
	Alla vendetta corron	»	»	»	»	»	»	»	»	»	»	»	»	»	»	»	»	»	»	»	»	»	»	»	»	»	»	»	»	»	»	»	»	»	»
	Alla vendetta corre	»	»	»	»	»	»	»	»	»	»	»	»	»	»	»	»	»	»	»	»	»	»	»	543	»	»	»	»	»	»	»	»	»	»
XXIX, 120.	Dannò Minos a cui fallar	69	70	»	72	»	74	75	76	77	78	79	527	528	»	531	532	533	534	538	539	540	541	542	543	544	1298	1469	1470	2017	A1	A2	A3	M	»
	Dannò Minos a cui peccar	»	»	»	»	»	»	»	»	»	»	»	»	»	»	»	»	»	»	»	»	»	»	»	»	»	»	»	»	»	»	»	»	»	V
	Dannò Minos a cui parlar	»	»	»	»	»	»	»	»	»	»	»	»	»	»	»	»	»	»	»	»	»	»	»	»	»	»	»	»	»	»	»	»	»	»
	Dannò mi mosse a cui parlar	»	»	71	»	»	»	»	»	»	»	»	»	»	»	»	»	»	»	»	»	»	»	»	»	»	»	»	»	»	»	»	»	»	»
	Dampna Minos a cui fallar	»	»	»	»	73	»	»	»	»	»	»	»	»	»	»	»	»	»	»	»	»	»	»	»	»	»	»	»	»	»	»	»	»	»
	Dannò Minos a cui fallir	»	»	»	»	»	»	»	»	»	»	»	»	»	530	»	»	»	»	»	»	»	»	»	»	»	»	»	»	»	»	»	»	»	»
XXX, 31.	..... rimase tremando	69	70	71	72	73	74	75	76	77	78	79	527	528	530	531	532	533	534	538	539	540	541	542	543	544	1298	1469	1470	2017	»	A2	A3	M	V
	..... rimase tirando	»	»	»	»	»	»	»	»	»	»	»	»	»	»	»	»	»	»	»	»	»	»	»	»	»	»	»	»	»	»	»	»	»	»

69, XVIII, 104, *scufa* changé en *scuffa*. — 70, XXV, 144, deux fois *se fior*. — 72, XXIV, 119, *Oi potenze*. — [illegible] XVIII, 104, *schuffa*. — 75, XVIII, 104, *schuffa*. — 75, XIX, 12, *iusta*. — 76, XVIII, 104, *schuffa*. — 77, XVIII, 104, *musso*. — 77, XXIX, 120, *Do[m]pnó Minos*. — 78, XXIV, 119, *Ilo vendeta di Dio*. — 78, XXVI, 57, *A* [illegible] *vano*. — 79, XVII, 115, *rotando*, en interligne : *alias notando*. — 79, XXV, 144, *La novità che fior* ; *fior* résulte d'une correction. — 79, XXVI, 57, *A la vendeta vano*. — 527, XVIII, 104, *schuffa*. — 530, XVIII, 104, *schuffa*. — 532, XXV, 144, *svor*. — 538, XVI, 135, *O scotglio*. — 538, XVIII, 104, *scupha*. — 538, XXIV, 119, *puotencia*. — 538, XXX, 31, *rimasse*. — 540, XVIII, 104, *sbuffa* résulte d'une correction. — 540, XIX, 12, *Quanta*, la trace d'un *e* effacé. — 541, XVII, 115, *nottando*. — 541, XVIII, 104, *schuffa*. — 541, XXV, 144, *fictor*. — 543, XVI, 135, *A scollio*. — 1469, XVI, 135, *Ad scoglio*. — 1469, XXVI, 57, *vendeto*. — 2017, [illegible] *Ad scoglio*. — 2017, XVII, 115, *rollando*. — A1, XVIII, 104, *schuffa*. — M, XVIII, 104, vers récrit. — M, XIX, 12, leçon douteuse. — V, XXIV, 144, en interligne : *alias lingua*.

Inferno.	B. N. ital. 69	B. N. ital. 70	B. N. ital. 71	B. N. ital. 72	B. N. ital. 73	B. N. ital. 74	B. N. ital. 75	B. N. ital. 76	B. N. ital. 77	B. N. ital. 78	B. N. ital. 79	B. N. ital. 527	B. N. ital. 528	B. N. ital. 530
..... rimase gridando.	»	»	»	»	»	»	»	»	»	»	»	»	»	»
..... rinase tremando.	»	»	»	»	»	»	»	»	»	»	»	»	»	»
XXXIII, 75. Poscia più che il dolor potè il d.	»	70	71	»	73	74	75	»	77	78	79	527	528	530
Poiche 'l dolor potè più che il.	»	»	»	»	»	»	»	»	»	»	»	»	»	»
Poscia che più il dolor pote il..	69	»	»	»	»	»	»	»	»	»	»	»	»	»
Poscia potte 'l dolor più kel d..	»	»	»	72	»	»	»	»	»	»	»	»	»	»
Poiche più dolor pote il d...	»	»	»	»	»	»	»	76	»	»	»	»	»	»
Poscia ch' el dolor pote 'l d..	»	»	»	»	»	»	»	»	»	»	»	»	»	»
Poscia più che el dolor pati il d.	»	»	»	»	»	»	»	»	»	»	»	»	»	»
Poiche più che lor pote 'l d..	»	»	»	»	»	»	»	»	»	»	»	»	»	»
Poscia più ch' al dolor pote il d.	»	»	»	»	»	»	»	»	»	»	»	»	»	»
XXXIV, 82. ..... si fatte scale.	»	»	»	»	»	»	»	»	»	»	»	»	»	»
..... cotali scale.	69	70	71	72	73	74	»	76	»	78	79	527	528	530
..... cotale scale.	»	»	»	»	»	»	75	»	77	»	»	»	»	»
..... così fatte scale.	»	»	»	»	»	»	»	»	»	»	»	»	»	»

Inferno.	B. N. ital. 531	B. N. ital. 532	B. N. ital. 533	B. N. ital. 534	B. N. ital. 538	B. N. ital. 539	B. N. ital. 540	B. N. ital. 541	B. N. ital. 542	B. N. ital. 543	B. N. ital. 544	B. N. ital. 1298	B. N. ital. 1469	B. N. ital. 1470	B. N. ital. 2017	Arsenal 8506	Arsenal 8530	Arsenal 8531	Montpellier H. 197	Valenciennes 397
..... rimase gridando.	»	»	»	»	»	»	»	»	»	»	»	»	»	»	»	»	»	»	»	»
..... rinase tremando.	»	»	»	»	»	»	»	»	»	»	»	»	»	»	»	A1	»	»	»	»
XXXIII, 75. Poscia più che il dolor potè il d.	531	532	»	»	538	539	»	541	542	543	544	1298	»	1470	2017	A1	A2	A3	M	V
Poiche 'l dolor potè più che il.	»	»	»	»	»	»	»	»	»	»	»	»	»	»	»	»	»	»	»	»
Poscia che più il dolor pote il..	»	»	»	»	»	»	»	»	»	»	»	»	»	»	»	»	»	»	»	»
Poscia potte 'l dolor più kel d..	»	»	»	»	»	»	»	»	»	»	»	»	»	»	»	»	»	»	»	»
Poiche più dolor pote il d...	»	»	»	»	»	»	»	»	»	»	»	»	»	»	»	»	»	»	»	»
Poscia ch' el dolor pote 'l d..	»	»	533	»	»	»	»	»	»	»	»	»	»	»	»	»	»	»	»	»
Poscia più che el dolor pati il d.	»	»	»	534	»	»	»	»	»	»	»	»	»	»	»	»	»	»	»	»
Poiche più che lor pote 'l d..	»	»	»	»	»	»	540	»	»	»	»	»	»	»	»	»	»	»	»	»
Poscia più ch' al dolor pote il d.	»	»	»	»	»	»	»	»	»	»	»	»	1469	»	»	»	»	»	»	»
XXXIV, 82. ..... si fatte scale.	»	»	»	»	»	»	»	»	»	»	»	»	»	»	»	»	»	»	»	»
..... cotali scale.	531	532	533	534	538	539	»	541	542	543	544	1298	1469	1470	Déficit.	A1	A2	A3	M	V
..... cotale scale.	»	»	»	»	»	»	»	»	»	»	»	»	»	»	»	»	»	»	»	»
..... così fatte scale.	»	»	»	»	»	»	540	»	»	»	»	»	»	»	»	»	»	»	»	»

76, XXXIII, 75, *più dilor pote.* — 79, XXXIII, 75, *poteo il.* — 528, XXXIII, 75, *poscia,* a ajouté dans l[...] — 534, XXXIII, 75, *del dolore,* avec le *d* de *del* exponctué. — 538, XXXIII, 75, *Puoscia più kel duolor puotel.* — 538, XXXIV, 82, *cuotalli scalle.* — 541, XXXIII, 75, *Possia... potte.* — 1298, XXXIII, 75, *che [...] puottel.* — 1469, XXXIV, 82, *cottal.* — 2017, XXXIII, 75, vers en grande partie disparu, par suite d'une déchirure, et récrit après coup.

ADDITIONS ET CORRECTIONS

P. 16, note 2. Voyez aussi le Catalogue des mss. de l'Arsenal par M. Henry Martin, t. VI (1892), p. 506.

P. 24, ms. **italien 72**. *Commentaire*. — Dans cet exemplaire , les gloses sont relativement nombreuses pour les sept premiers chants de l'*Enfer*; ensuite, nous ne trouvons plus que quelques notes isolées, de très loin en très loin. Comme on l'a vu plus haut (voy. Introd., p. 12), quelques-unes de ces gloses sont suivies de la syllabe *Ber*, qui ne peut guère s'interpréter que *Bernardus* (1), et que d'ailleurs on ne rencontre plus après le premier chant. Ces gloses sont pour la plupart identiques ou à peu près identiques aux gloses anonymes du ms. ital. 79. Je ne crois pas inutile de reproduire ici les premières de ces *postille*; on remarquera, à la suite de l'une d'elle, la mention, assez inattendue, de Cecco d'Ascoli, l'auteur, peu favorable à Dante, de l'*Aversa*. Pour les passages qui se retrouvent textuellement ou à peu près textuellement dans notre ms. ital. 79 (voy. plus haut, p. 158 à 161), je ne donne ici que les premiers et derniers mots, précédés et suivis d'un astérisque (*).

Prima parte distinguit per XXXIIII°ʳ capitula, in quibus tractat de omnibus conditionibus quas possunt habere anime dampnate. Et in primo et secundo capitulo prohemium ponit primi et secundi libri, et qualiter invenit Virgilium, qui ad preces Beatricis succurrit sibi ; et ostendit per figuram poeticam qualiter Virgilius apparuit sibi, ostendendo sibi diversimode loca et pena inferni et purgatorii.

* Liber iste dividitur... et poluunt mentes ipsorum, * et hoc durat usque ad versum : *Mentre ch' eo...* (1, 61). Ita e[odem] c[apitulo] (2) *Ber*.

(1) Faut-il voir là le nom de quelque commentateur de Dante inconnu jusqu'à ce jour? Je n'ai pu résoudre ce problème.

(2) Le ms. porte *e. c.* L'interprétation *eodem capitulo*, qui a pour elle la vraisemblance, n'est cependant pas certaine.

Nel mezo, etc. (*Inf.*, I, 1). — Hoc ideo dicit quia erat XXXV annorum, * usque ad quod tempus... medius decursus vite. * *Ber*.

... *ke poch' è più morte* (I, 7). — Mors est plus in hoc quia contra mortem non est remedium, sed contra hanc vitam est remedium per gratiam vel per penitentiam.

Ma per trattar... (I, 8). — Hic ostendit qualiter homo debet recedere a cogitatione et operatione talis vite. Et ad hoc quod homo sciat recipere exemplum ipsam evitandi, ideo de ipsa facit tractatum.

Tant' era pien di sonno... (I, 11). — Hoc vult dicere quod sompniando intravit illam silvam, secundum Ceccum de Ascoli.

Ma poi k'i fui... (I, 13). — Id est, * cum appropinquasset virtutibus... adherere voluit virtutibus *.

Una leonza... (I, 32). — Id est luxuria, nam leonza aspectu decora est et delectabillis visui et variis coloribus depicta et agillis, unde merito equiparatur luxurie, * que leviter agreditur hominem... eum temptationibus. * *Ber*.

Et una lupa... (I, 49). — * Per lupam intelligitur cupiditas et avaritia... bonorum temporalium. * *Ber*.

Mi ripingnea là dove... (I, 60). — * Sol dicitur tacitus... montem virtutis. * *Ber*.

Mentre mi (vel *ch' eo*) *ruinava*... (I, 61). — * Hec est secunda pars in qua auctor ostendit qualiter auxilio et conscilio rationis... alium limitem ingredi *, puta cum dicit : *Ond' io per lo te meglio*, II^a [colonna] IIe [pagine]. I[ta] e[odem] c[apitulo] II. *Ber*.

P. 28, l. 7, et partout où il y « del Balzo » ou « Balzo », lisez : « Del Balzo. »

P. 35, l. 23, et partout où il y a « de Batines », lisez, soit : « Batines », soit : « Colomb de Batines. »

P. 38, note 1. Au lieu de : « à l'Introduction, p. 13 et 14 », lisez : « à l'Introduction, p. 16 et 17. »

P. 40. Manuscrit de l'**Arsenal 8506**. Ce manuscrit vient de la bibliothèque de M. de Paulmy, Belles-Lettres, n° 2874. (Voy. le Catal. des mss. de la bibliothèque de l'Arsenal, par M. Henry Martin, t. VI (1892), p. 467.)

P. 41. Manuscrit de l'**Arsenal 8530**. A ajouter ce qui suit sur le *Commentaire* qui, dans cet exemplaire, est joint à certaines parties du texte de Dante :

Il y a à distinguer dans ce manuscrit, abstraction faite d'un certain nombre de notes isolées, deux séries de gloses d'une certaine importance.

La première série commence au vers de l'*Enfer*, I, 3, pour s'arrêter au vers V, 52 de cette même cantique.

La seconde comprend les vers du *Purgatoire*, VIII, 1 à IX, 117.

I. — Les gloses de la première série, d'une écriture assez fine, entièrement différente de celle du texte, sont empruntées certainement à une traduction latine du commentaire de Jacopo della Lana, mais à une traduction qui n'est pas celle d'Alberico da Rosciate (1), et beaucoup plus fidèle que celle-ci.

Voici la première de ces gloses qui ait quelque étendue (fol. 2 r°) :

« *Molti son li animali*, etc. (*Inf.*, I, 100). — Virgilius distinguit Danti (2) eetatem mundi in hunc modum : dicit quod multi sunt quibus certa avaricia se uxorem facit tempore presenti, et plures erunt tempore futuro, usque quo iste lascive eetates erunt complete, et post modum revertetur eetas pristina, tota magnificha, libera et larga. Unde sciendum est quod, secundum naturales [et] astrologos, prout Albumazar, in libro *de Conjunctionibus*, ponit quod mundus naturaliter regitur ad eetates, in quibus singulariter regit et dominatur quoddam planctum, prout in diebus edomadis ; et dicunt quod in prima eetate regit Saturnus ; in secunda, Jupiter ; in tercia, Mars ; in quarta, Sol ; in quinta, Venus ; in sexta, Mercurius ; in septima, Luna ; et post, revertetur Saturnus, et ibit per istum modum ; et istud debet inteligi secundum curssum naturalem ; et quia scientie matematice invente sunt post factum, eo dicunt quod, quando tallis constelatio fuit, tunc fuit tale quid, et sic dicunt, quando revertetur dicta constelatio, de ratione revertetur illud idem. Et istud debet inteligi de rebus subpositis cello... »

Voici maintenant la dernière des gloses de cette série (fol 8 v°) :

« *La prima di color*, etc. (*Inf.*, V, 52). — Ista fuit Semeramis (3), que fuit uxor regis Babilonie, et habebat quemdam filium... ex dicto rege, nominatum Ninia. Mortuo dicto rege, ipsa Semeramis... in dicto regno, quia dictus Ninia erat parvi valoris... de habito (*sic*) femineo. Ista Semeramis, videns pulcritudinem... incalciada (*sic*) a luxuria, concubuit carnaliter cum ipso. »

II. — Je ne saurais dire à quel commentaire appartiennent les gloses des chants VIII et IX du *Purgatoire*, qui, contrairement à

---

(1) On connaît une traduction latine, par « Gulielmus de Bernardis », du commentaire de Jacopo della Lana sur l'*Enfer*, traduction conservée dans un manuscrit, qui paraît unique, d'Oxford (voy. plus haut, p. 86). Je ne saurais dire si les gloses sur l'*Enfer* qui se lisent dans le manuscrit de l'Arsenal appartiennent à cette traduction ou à une traduction non encore signalée jusqu'à ce jour.

(2) Cf. *Jacopo della Lana*, éd. SCARABELLI, I, 112.

(3) Cf. *Jacopo della Lana*, éd. SCARABELLI, I, 153. — Le texte latin est en partie effacé, en partie mutilé par le couteau du relieur.

celles des chants I à V de l'*Enfer*, sont de la même main que le texte de la *Divine Comédie*. Il semble bien que ce commentaire, quel qu'il soit, a été connu de Benvenuto da Imola. On lit, en effet, dans le grand ouvrage de Benvenuto, à propos du vers du *Purgatoire*, IX, 1,

La concubina di Titone antico,

cette phrase caractéristique (1) : « *dicunt aliqui* quod Titon proprie dicitur vapor elevatus et grossus, qui(a) elevatur a terra et stat prope terram. »

Or, cette phrase, qui n'a, dans les autres commentaires de la *Divine Comédie*, dans Jacopo della Lana, par exemple, qu'un équivalent très imparfait, se retrouve en propres termes, dans les gloses, indépendantes d'ailleurs de Benvenuto da Imola, du manuscrit 8530 de l'Arsenal.

Voici en effet les premières gloses sur le chant IX du *Purgatoire* (fol. 76 vᵒ) :

« *Titon proprie dicitur vapor depresus et grosus, qui ellevatur a terra et stat prope terram* (2). Tamen Titon ponitur hic pro quodam homine, quem amase dicitur Aurora et eum rapuisse, dum antichus esset, et portasse ad cellum. Et concubina dicitur ejus Aurora Lune; uxor autem ejus dicitur Aurora Solis; et dicitur fornicari cum eo in celis de die et de nocte; surgere de brachiis ipsius Tithonis, vult dicere quod erat Aurora Lune.

Possa (sic) *in figura*, etc. (*Purg.*, IX, 5). — Dicit quod luna erat in Scorpione et quod jam transiverant due hore noctis et quasi tota tercia, ita quod Aurora Lune, debentis surgere circa principium quarte hore noctis, jam aparebat in hemisperio allio ubi erat... »

Souhaitons que M. Rocca, poursuivant ses belles études sur les anciens commentateurs de Dante, fixe mieux qu'on n'a pu le faire jusqu'ici les nombreuses sources de Benvenuto da Imola, et retrouve ces *aliqui* auxquels il fait tant d'emprunts.

A noter enfin que les feuillets 147 rᵒ et 148 vᵒ sont palimpsestes; on y distingue la trace de plusieurs lignes d'écriture du XIIIᵉ ou du commencement du XIVᵉ siècle, disposées perpendiculairement au texte de Dante.

---

(1) *Benevenuti de Imola comentum*, etc., éd. LACAITA, III, 247.

(2) A remarquer que le texte de nos gloses : *depressus... elevatur*, vaut certainement mieux que celui de Benvenuto : *elevatus... elevatur*.

P. 42. Manuscrit de l'**Arsenal 8531**. Vient de la bibliothèque de M. de Paulmy, Belles-Lettres, n° 2873 A ; antérieurement, de la bibliothèque du duc de La Vallière (1777), n° 560. Ancienne cote : n° 91. (Voy. le Catal. des mss. de la bibliothèque de l'Arsenal, par M. Henry Martin, t. VI, p. 478.)

P. 69, l. 21. Sur le sonnet : « Aciò che le beleze... », voy. encore L. ROCCA, *Di alcuni Commenti*, etc., p. 35, note.

P. 70, l. 1. La leçon *aprilis* est préférée par M. Corrado Ricci, dans l'étude intitulée : *La prima copia della D. C.*, insérée dans les *Studi e Polemiche dantesche di* O. GUERRINI *e* C. RICCI. Cf. L. ROCCA, *Di alcuni Commenti*, etc., p. 34, n. 3.

P. 70, l. 20. Sur les manuscrits de Sainte-Justine de Padoue, voy. ALBERTO FERRAI, dans MAZZATINTI, II, 549 et suivantes.

P. 78. Supprimer la note 2.

P. 86, n. 1. Aux 18 manuscrits du commentaire de Pietro di Dante, cités par M. Rocca, il faut en ajouter deux autres, plus un fragment d'un troisième, signalés par M. Ricci dans le *Bulletino della Società dantesca italiana.*

P. 93, n. 1. Au lieu de : « Voyez plus haut, p. 14 », lisez : « Voyez plus haut, p. 16. »

P. 95, n. 3. Après : « dans le ms. lat. 8702, f. 142 », ajoutez : « et dans le ms. ital. 540, f. 43. »

P. 128, n. 2. Au lieu de : « *Op. cit.*, etc., II », lisez : « *Op. cit.*, II. »

P. 139. Au moment où ces pages s'impriment, le département des manuscrits de la Bibliothèque nationale reçoit en don de M. Edward Spencer Dodgson, bascophile et dantophile anglais, une traduction en basque souletin du premier chant de l'*Enfer* (ms. **Basque 107**, f. 20-23, XIXe s.), « écrite par monsieur le chanoine Inchauspe, Onice-Gainecoa, près Tardets, Basses-Pyrénées » ; l'incipit est : « Gure bizitzéaren bid' érditan... »

P. 141, l. 22. Au lieu de : « des *Capitoli* de Bosone », lisez : « du *Capitolo* de Bosone. »

P. 142, l. 1. Au lieu de : « ils sont précédés de ceux de », lisez : « il est précédé de celui de. »

P. 143, n. 3. Au lieu de : « LEMMA », lisez : « LAMMA. »

TABLE DES MATIÈRES

TOULOUSE. — IMP. A. CHAUVIN ET FILS, RUE DES SALENQUES, 28.

COMUNICAZIONI ED APPUNTI

Un nouveau manuscrit de la « Divine Comédie ». — La Bibliothèque Nationale a récemment acquis un manuscrit de la *Divine Comédie*, qui ne me paraît avoir été décrit ni dans la *Bibliografia dantesca* de Colomb de Batines, ni ailleurs, et dont je crois utile de donner la notice, conformément au plan adopté dans le Catalogue des manuscrits de Dante des Bibliothèques de France, publié il y a quatre ans (1).

Papier. Écriture florentine de la seconde moitié du XIVᵉ siècle. 105 feuillets, paginés anciennement, plus un feuillet A préliminaire. Le texte est disposé sur deux colonnes; il y a 36 vers par colonne.

Incipit (fol. 1 *r*ᵒ, col. 1). « Chomincia la Comedia di Dante Alle[gh]ieri, « poeta fiorentino, nel (*sic*) quale tratta delle pene e punimenti de' vizii, e « de' meriti e premii delle virtù. Canto uno della prima parte, la quale si « chiama Inferno, nella quale l'autore fa prohemio a tutta l'opera ». — Ce même *Incipit* se retrouve dans les manuscrits italiens 69, 71, 76, 527, 532 et 539 de la Bibliothèque Nationale.

Explicit (fol. 105 *v*ᵒ, col. 1). « Finito il libro di Dante Allichieri, poeta fio- « rentino, il quale passò di questa vita nella città di Ravenna il dì di Santa « Croce, a dì XIIIIᵒ del mese di settenbre, anni Domini MCCCXXI; la chui « anima requiescat im pace. Amen. Amen. Deo grazias ». — Cfr. Bibl. Nat., ms. ital. 69.

Arguments. Inf., III (fol. 3 *r*ᵒ, col. 1). « Canto III, nel quale tratta della « porta e dell'entrata del ninferno e del fiume d'Acheronte, della pena di « coloro che vivettero sanza opere di fama degne, e chome il demonio Caron « li traie in su [la] nave e come gli parloe a l'autore. E toccha quì questo « vizio in persona di papa Cilestrino ». — Cfr. mss. ital. 69, [71], 74, 527, 532 et 539.

Commentaire. Aucun; seulement quelques variantes relevées sur un autre manuscrit par une main moderne, ainsi que quelques mots récrits par cette même main; en outre, quelques gloses, fort peu nombreuses, par une autre main plus ancienne.

---

(1) *Giorn.*, XXI, 187.

Dès le XVIe siècle, cet exemplaire, qui paraît avoir beaucoup servi, avait eu besoin d'une restauration; et à cette époque, une main italienne, assez exercée et élégante, a recopié entièrement plusieurs passages et complété les lignes en plusieurs endroits. C'est ainsi qu'ont été récrits les vers: *Inf.*, I, 25-60 (fol. 1 r°, col. 2); *Inf.*, I, 133-11, 132 (tout le feuillet 2); *Purg.*, I, 19, 55 et 91 *(fol. 36); et *Par.*, XIII, 61-XIIII, 57 (tout le feuillet 84). Lors de cette restauration, on a omis de copier l'argument du chant II de l'Enfer, qui a été ajouté après coup, par l'auteur des variantes signalées plus haut, d'après un manuscrit qui n'avait certainement rien de commun avec le nôtre. Mais c'est bien la main du XVIe siècle qui a copié l'argument du chant XIV du Paradis: « Dove Salamon solve alcuna cosa . . . . . », conformément au texte que notre manuscrit devait certainement donner avant sa mutilation.

Il manque depuis fort longtemps, car la pagination, qui est ancienne, ne tient pas compte de cette lacune, un feuillet entre les feuillets actuellement cotés 48 et 49; sur ce feuillet disparu étaient écrits les vers du *Purg.*, XIII, 73-144.

Je n'ai aucun indice sur l'histoire de cet exemplaire, exemplaire non de luxe assurément, mais de travail, et d'apparence modeste. On n'y trouve ni miniatures, ni lettres ornées. Les arguments, ainsi que l'*explicit*, l'*incipit* et les initiales de chaque chant, ont été écrits en rouge.

En tête du premier feuillet se lisent les anciennes cotes G., S. 2 et 34. — Au bas du feuillet 22 r°, se trouvent quelques notes tracées au XVIIIe siècle, parmi lesquelles le nom de Baptista.

Ce nouvel exemplaire a une très grande affinité avec le manuscrit italien 69 de la Bibliothèque Nationale; en outre, on pourra remarquer que l'*incipit* et les arguments sont les mêmes que dans les manuscrits italiens 71, 527, 532, 539; il n'est pas inutile de rappeler que les manuscrits 527 et 539 sont certainement de la même famille, et que le texte de ce dernier passe généralement pour très correct.

Comme je l'ai fait jadis pour les autres manuscrits de Dante conservés en France, j'ai relevé, dans ce nouvel exemplaire, les passages de l'*Enfer* indiqués par M. Monaci, comme fournissant des variantes particulièrement caractéristiques et intéressantes; j'ajouterai seulement à la liste le vers XXVIII, 135 de l'*Enfer*; notre manuscrit porte *re Giovanni*, non *re giovane*, leçon adoptée par M. Moore dans sa récente édition des Œuvres complètes de Dante.

Ce nouveau manuscrit a été inscrit dans le fonds italien de la Bibliothèque Nationale sous le numéro 2085.

CHOIX DE LEÇONS FOURNIES POUR L'*Enfer* PAR LE MANUSCRIT ITALIEN 2085.

I, 4. — E quanto addir...	II, 60. — [...quanto l' moto lontana.]
28. — [Com'io posat'un poco...] (1)	93. — [Ne fiamma d'esto...]

---

(1) Les passages entre crochets [ ] appartiennent à la partie du manuscrit qui a été refaite au XVIe siècle.

LUCIEN AUVRAY.

Estratto dal *Giornale storico della letterat. italiana,* vol. XXVIII, p. 271.